紛争の記憶と生きる

北アイルランドの壁画とコミュニティの変容

福井令恵

青弓社

紛争の記憶と生きる——北アイルランドの壁画とコミュニティの変容

目次

装丁——斉藤よしのぶ

はじめに

筆者と北アイルランドの関係は、いまから十数年前、筆者が北アイルランドのアルスター大学大学院に留学していた一九九七年にさかのぼる。アルスター大学大学院のメディア・スタディーズのコース内容に関心をもち、北アイルランド紛争について詳しいことを知らないまま進学を決めた。当時はベルファスト和平合意締結前だったこともあり、あえて「紛争地」を留学先に選ぶのかと家族に尋ねられ、場所に関して特別な思い入れもなかった私は返事に窮してしまった。実際に大学生活を送ったのは北アイルランドのコルレーンという小さな町で、穏やかな場所だった。地元の人はみんな親切で、留学生活のなかで感じる治安はむしろよかった。現実は報道とはずいぶん違うものだ、と思った。ただ、人々の行きつけのバーや店が違うこと、それはどうやら単なる趣味の問題だけではないことなど、一見すると穏やかな日常生活のなかでの紛争の影響に徐々に気づくようになった。また紛争の影響については本書で示すが、北アイルランドのなかでも非常に地域差が大きいといえる。

大学院の講義についていくのに必死の毎日のなかで、一、二カ月に一回ほどの頻度で、気分転換を兼ねて北アイルランドの首都のベルファストに買い物に出かけた。ほとんど日用品を購入するだけだったが、大学と部屋をひたすら往復する生活のなかで、ベルファストに出かけることは大きな楽しみだった。小さな大学町のコルレーンとは異なり、ベルファストにはホテル、デパート、大きなスーパー、ファッションブランドの店が一通りそろっていて、人々の往来も活発だった。しかし、店が閉まる夕方以降の繁華街は閑散としていて、主要駅の前でさえ薄暗かった。現在では観光客などが連れだって歩いている姿が見られるが、当時の景色はまったく違っていた。

北アイルランドの壁画の存在を初めて知ったのは、この頃である。紛争の被害が激しい地域などに多数描かれているという壁画のことを、大学院の講義で知った。数枚の壁画の写真をもとに北アイルランドの紛争表象についての解説を聞き、紛争と深く関連する地域メディアであることを知った。この時期は、ベルファスト和平合意に向けた協議の最終段階にあり、私が留学していたアルスター大学のキャンパスにも何人かの政治家――イギリスのトニー・ブレア首相、和平合意にいたる交渉のとりまとめに大きな力を発揮したモー・モーラン北アイルランド相、同じ大学の別キャンパスにはアメリカのビル・クリントン大統領――がやってきていた。私のまわりの地元の人々は、一定の保留をつけることはあっても、和平に向かっていく社会を喜んでいた。以前より明るく感じられるようになった社会のなかで、一度現物を見てみたいという気持ちが強くなった。

しかし和平合意前後の混乱が続く時期でもあり、壁画がある現場に行くことはかなわなかった。地域に詳しい知人がいるわけでもなく土地のことをよく知るわけでもない筆者が一人で現地に行くことに、北アイルランドの友人・知人たちは、みな反対したためである。それは、当時の私の状況を考えれば、とても妥当な助言だったと思う。とはいえ、壁画を見て回る、個人が実施するタクシー・ツアーが始まったという記事が当時新聞に掲載されていたことから、外部者の訪問も増え、地域はそれなりに安定し始めていたと考えられる。

その後、二〇〇〇年代初頭になって、初めて現物を目にした。壁画を目の前にしたとき、その大きさ、色彩、図柄、スタイルに圧倒された。壁画を描くという活動には長い歴史があり、街のあちらこちらに数多く存在していた。多くの場合、いわゆるアーティストではなく、絵を描くことが得意な住民が描き手になって、地域が抱える問題や課題などを、過激に、真剣に、またときにはユーモラスに描いていたところに改めて興味を引かれた。何よりも、住民の身近なメディアとして壁画という形式が選ばれ、利用されていることに関心をもった。

壁画へのアプローチの手順としては、まずは、ベルファスト市営の観光バスで車窓から壁画群を眺めた（現在は市営から民間会社の観光バスに運営が変わっている）。次に、一九九八年の和平合意後から、徐々にビジネスとして広がってきた個人のタクシーによるツアー（後述するブラックタクシー）に申し込み、地元のドライバーの解説付きで、バスのときとは異なって車を降りて壁画を見た。それから、一人徒歩でじっくりと見て回るようになった。場所は、観光バスのルートに沿って歩くことから、徐々にその周辺地域へと範囲を広げた。住宅地の奥に入っていくと、壁画がひょっこり路地の角から姿を現すこともあった。

そうしていくつも見ているうちに、壁画とひと言でいっても、非常に多様な題材とスタイルがあることがわかった。何を表現しているのかを知りたくて、存在する壁画を可能なかぎり見ようと町中を歩き回った。車などを利用すると建物の角などに存在する壁画を見落としてしまうため、調査は徒歩でおこなった。毎日二十キロほど歩き回ったために足の裏の皮がそのたびにめくれてしまったが、夢中になって壁画を探し、写真を撮り続けた。

このようにして、まずはベルファスト市にある壁画すべてを見てみようと思って始めたのだが、すでに調べ終えた場所を通りかかると、一部が新しいものに変わっていたり、存在していたはずの壁画がなくなっていたり、あるいは、以前には何も描かれていなかった場所に壁画が描かれていたりすることに気づいた。何が描かれているかだけではなく、どのように壁画が変わっていくのか、正確な記録を取ろうと思った。

そこで、調査のたびに新しく地図を購入し、その地図の上に引かれた升目の線に従ってできるだけ見落としがないように壁画の有無の確認をおこなった。壁画があれば写真を撮り、地図上に番号を記入していった。一つの升目が終わると、その隣の升目へ、さらにその隣へと進み、可能なかぎり広い範囲を網羅するように努めた。

こうした記録を経年で見ると、壁画の変化が大きい場所とそうではない場所があることがわかった。より詳しく一点一点を眺めると、さらにいくつか発見があった。ある壁画を例に挙げれば、退色すると消してほとんど同じ主題・色・構図で新たに描かれていた。大切にすることは、もとの壁画をそのまま保存するだけではないことを知った。地域でいちばん古い壁画だ、と地元で話されていたものが、大きな議論もなく、いともあっさり描き直されたときには驚いたものである（当時、描かれてから三十年近く経過していたはずである）。「重要な文化」は保存されるものだと思っていた私にとって、これは発見だった。経年の記録から、都市の壁画の存在は、静的なものではなく、動的なものであることを知ることができた。こうして、およそ一年から二年に一回のペースで、定点観測をおこなった（二〇〇三年、〇四年、〇六年、〇七年、〇九年）。

本書で示す、紛争を経験し長年対立してきた北アイルランドの二つの住民集団の集合意識と記憶についての知見は、こうした定点観測をベースに得たものである。また、観測をもとに得た知見を補完するために、壁画の関係者や和平促進の組織の担当者と政府・行政の関係者を対象にインタビュー調査をおこなっている。さらに一定の信頼関係を築くことができた壁画家の壁画制作の現場に同行し、彼らの制作作業を手伝うことで参与観察をおこなった。

ここで、北アイルランド社会での壁画の位置づけについて確認しておく。壁画についての認識は、壁画が存在する地域とそうでない地域、中産階級《ミドルクラス》の人々と労働者階級の人々では概して異なる。二〇〇三年の調査を開始した当初、壁画の調査について話すと、中産階級の人々からは危険なので夕方までには戻るようにとアドバイスされることがしばしばあった。地元のタクシー運転手やバーで知り合った労働者階級の人々に同じことを聞くと、危険なことはなく、大丈夫だと言われた。

こうした壁画に対する認識は、研究対象としての壁画の扱われ方にも関係していた。北アイルランドを扱った研究は、その地域の大きさ（岩手県より小さく、福島県よりも大きい面積）を考えると、非常に多い。しかし、壁画は、北アイルランド社会で百年を超える歴史があるにもかかわらず、比較的最近まで、学問対象として取り扱われることは少なかった。

美術的な観点からは、壁画が労働者の生活文化だと考えられていたことが、研究対象にされなかった理由の一つと考えられる。もう一つの理由は、紛争との関わりである。一九六九年以降三十年に及ぶ紛争の時代には、壁画で表現されていた主張が、北アイルランドの紛争社会に非常に強く結び付いたものだったため、壁画は、紛争解決の障壁になる強硬派の手による「宗派主義的《セクタリアン》な主張」を表すもの、対立をあおる「プロパガンダ」だとみなされてきたことが影響していた。

和平合意を経た二〇〇〇年代の後半になると、壁画研究をめぐる状況も、また人々の壁画に対する認識も、変化している。和平合意後の住民がどのような集合意識と記憶を、壁画という媒体を通じてどのように表現してきたのか、また集合意識の形成と記憶の維持における壁画の役割はどのようなものか、本書で明らかにしたい。

さて、ここで本書の構成について述べておきたい。

第1章「北アイルランド紛争後社会と壁画――本書の目的と意義」では、本書の研究の目的と意義、すなわちなぜ壁画を研究するのか、何を明らかにするのか、壁画を研究対象にする理由・目的・意義について論じる。

第2章「北アイルランドという場――フィールドの政治・社会背景」では、調査地である北アイルランドという場について述べる。特に壁画の分析の前提になる北アイルランド紛争を、先行研究の成果を踏まえながら概観しておきたい。さらに、ベルファストの都市空間の分断状況を示すことで、社会内での壁画の位置づけを確認する。

第3章「北アイルランドの壁画の歴史と壁画研究――先行研究から明らかにされたこと」では、壁画の歴史、壁画の先行研究の成果と課題を整理する。前半は、先行研究の成果に基づいて、壁画が北アイルランドでどのようにして生まれ、描かれ、存在し続けてきたのか、その歴史を概括する。後半は、その歴史を踏まえたうえで、壁画がこれまでどのように研究されてきたのか、先行研究の方法論、成果と課題を整理して、第1章で示した問題意識に基づいた本書の研究方法について述べる。

第4章「壁画の表象における顕在と不在――何を記憶し、訴えるのか」では、壁画に描かれる題材について考察する。特に二〇〇七年におこなった現地でのフィールドワーク調査をもとに、「描かれる題材」と「描かれない題材」が、二つの住民集団によって、どのように選択されているのかを明らかにする。

第5章「壁画のイメージの流通――イメージは、コミュニティでどのように受け継がれ、共有されていくのか」では、壁画の表現に注目する。壁画に用いられるイメージがコミュニティのなかでどのように共有されてきたのか／いくのか。イメージの継承・伝播はどのような過程をたどったのか／たどっていくのか。コミュニティで重視される題材は、どのように表現されてきたのか／いくのか。こうした問題を、空間と題材の関係性を考えながら、検討する。

第6章「観光と社会統合とローカル・コミュニティ」では、政府・行政による観光と都市計画関連の政策を考察する。このような政策は、壁画の生成に一定の影響を及ぼしている。では、観光や都市計画は、壁画にどのような動態をもたらしたのだろうか。また、そのなかで変わる壁画／変わらない壁画について注目し、コミュニティで何が重視されているのかを検討する。

第7章「二つのコミュニティ――和解プロジェクトに見る可能性と限界」では、壁画を通じた「和解プロジェクト」について論じる。二〇〇七年に、対立関係にある二つの住民集団出身の壁画家が協力して一つの壁画制作をおこなった。北アイルランドの壁画の歴史のなかで、こうした共同制作プロジェクトは初めてのことである。どのようにしてこのような和解プロジェクトが始まったのだろうか。このプロジェクトの成立要件を明らかにするとともに、壁画の歴史のなかでの和解プロジェクトの位置を明らかにする。

第8章「壁画と紛争経験の表象」では、第7章までの議論を踏まえて、壁画という視覚メディアの特徴と、壁画が北アイルランド社会で果たした役割を改めて考察する。

壁画は、伝えたいメッセージを外部に向けて表現する。紛争という特別な経験をした土地の住民は、決して特別な集団ではなく、現在の生活のなかでの実感と感情を壁画で訴えかける。そうしたものは一定の理解が可能であり、自分がその立場にあればどうなのかを想像できるものとして示すことができればと願っている。

第１章

北アイルランド紛争後社会と壁画

——本書の目的と意義

北アイルランド社会は、長年にわたる紛争のため住民集団間の分断がより深くなった。そうした状況はベルファスト合意後も緩和されず、現在の重要な社会的課題になっている。記憶や集合意識は、紛争後の住民の外部に対する認識や他者との関係性のあり方に影響を与えるため、特に紛争被害が深刻なコミュニティの記憶の内容については、近年関心がもたれている。

記憶はコミュニティでどのように形成されるのか。本書では記憶の共有を可能にする壁画という伝達行為に注目する。壁画は長年地域の人々の手によって描かれ、コミュニティのなかで内容を吟味され、維持されてきた。こうした記憶の伝達行為を通じて、地域の集合意識は形作られていく。本章では、本書の目的、次になぜ北アイルランドの壁画というメディアを扱うのかを論じ、最後に筆者、すなわち外部の調査者による調査の意味について確認する。

本書での問い

ここで確認しておくと、本書で検討するのは以下の点である。

1、和平合意締結後の北アイルランド社会で、長年対立関係に置かれた二つの住民集団が、どのような集合的意識や記憶を表現しているのか。
2、和平合意後の社会で、壁画はどのような役割を果たしたのか。

本書では、表象のレベルでの変化を扱うことになるが、それは以下の三つの仮説による。第一に、紛争跡地での語りは、多様化・複雑化しているのではないかということ。第二に、第一の仮説と表面的には相反するようだが、その多様性・複雑性は表通りからは見えにくい場合があるのではないか――すなわち、空間と題材の間にはある関係性が存在するのではないかということである。第三に、記憶の表象は、政府や他者との交渉の産物だが、そうした様々な要素が壁画に表現される過程を分析することを通して可視化できるのではないかという仮説である。

1▼他者との〈共生〉と北アイルランド紛争後社会

紛争の影響を強く受けた地域の住民集団は、どのような集合意識と記憶をもちながら生活しているのだろうか。また、そうした集合意識や記憶はどのように表現されるのだろうか。本書で扱うのはこうした問いだが、この根本にあるのは、北アイルランド社会からどうしたら対立がなくなるのかというものではなく、対立関係を保持したまま、どのようにともに暮らすのかという問いである。

北アイルランドという地域は、一九六九年以降にカトリック系住民とプロテスタント系住民との間で激化した紛争が、九八年の和平合意（以下、本書ではベルファスト合意という表現を使用する）の締結で一応の解決をみたという歴史をもった場所である。ベルファスト合意から十数年が経過して、北アイルランドの住民は一見平和な日常を送ってはいるが、紛争の影響は根深く、問題が根本的に解決されたわけではない。そこで、感情面の和解をどう進めるのかという点が、紛争後の社会の大きな課題になっている。

地域やコミュニティの記憶のあり方やゆくえは、こうした感情面の和解に関わり、コミュニティ間の関係性に大きな影響を与えるため重要になる。特に集合的想起の内容、すなわち、過去のどの出来事が（ほかの過去の出来事よりも）焦点化され、地域でコミュニティの歴史として記憶され、想起されていくのか、といった点は、コミュニティ間の緊張の程度に影響を及ぼすため、紛争後社会の中心的な課題になっている。

様々な背景をもつ人が、同じ場所でともに暮らす状況で、そのことが生み出す葛藤や緊張にどのように向き合うのかということは、日本社会でも重要な課題である。異質なもの、自分とは異なる信条・意見をもつ人々に対する不寛容さは強まっているように思われる。一方で、ますます進展するグローバル化社会のもとで、異文化理解が重要だとする意見も聞かれる。異なる背景をもった人々の接触の機会が増加する社会で「異文化理解」はこれまで以上に重要になるが、そもそも異文化理解とは、複雑さをそぎ落とした安全な他者の文化を、マジョリティが消費することを意味するのではない。異文化は、その文化を共有しない集団にとっては安全な文化とはかぎらず、異文化を理解するためには、そうした自分にとってよくわからない他者に対しても、自己を開いた状態にしておく必要がある。

他者とともに生きる、自分の「外部」と同じ社会で暮らすということは、有益な人、おもしろい人、変わった人だけではなく、自分にとって不都合な人、場合によっては自分の「敵」と生きることである。目障りな存在を目障りだと思いながらも、完全に排除することをせず、同じ社会で生きる。社会で何かを決定する際には、敵対する側からの異議が出ることは少なくないが、そうした意見を無視することなく、調整や対応を繰り返しながら、事を進めなければならない。したがって、他者とともに生きるということは、痛みと忍耐とコストをともなう。

北アイルランド社会の取り組みは、現在の日本社会にとって参考になるはずである。

北アイルランド社会は、「外部に共同体を開放すること」という非常に困難な試みに取り組んでいる。それは耳に心地いい理念としてあるものではなく、相手を絶滅させるまで互いに戦うか敵と共存するかの二者択一しかない北アイルランド社会が、昨日までの敵という他者との共存の道を、これしかないという決意のもとで選択したものである。北アイルランド社会で、ある住民集団側から見た他者の文化とは、多くの場合、自分たちにとっては危険な文化である。そうした文化に対して、強く反発しながら完全な排除は決して許されない状況下で生きることを選択している。そこではどのような文化的な交渉と対話が存在するのだろうか。

2▼なぜ壁画なのか

住民集団の情緒面を考察するためにここで分析の対象にするのは、北アイルランドの屋外に多数存在する壁画である。北アイルランドの壁画の多くは、紛争の「当事者」とみなされてきた地域住民によって描かれ、屋外の公共空間に多数存在している。それらは、作家や芸術家としての個人の表現や思索表現の発露という点でだけ捉えることはできないものであり、地域の人々などコミュニティの承認のもとで存在する。地域の承認を得られないものは、いったん描かれたとしても、ほとんどの場合その後、短期間で消えていく運命にある。本書では壁画に注目して地域住民の集合的意識を分析するが、壁画を集合意識や記憶を探るのに適切な対象と考える理由は、壁画がもつこの「公共性」という特徴にある。まずは、現地での調査を通じて得られた、壁画の公共性を示す根拠を示したい。

壁画は誰のものなのか

壁画は、建物の壁や塀などに描かれる。しかし、壁画はその壁の所有者のものと必ずしもみなされず、壁画と壁の「所有者」はまったく無関係とされている場合も少なくない。たとえば、図1の写真は、ベルファストのシ

図1 「エリザベス女王の母」の壁画とサンドイッチ・チェーン店

ャンキル地区（プロテスタント系住民の居住区）にある壁画を撮影したものである。世界的に有名なサンドイッチ・チェーンのサブウェイの建物の壁に「エリザベス女王の母」の壁画が描かれている。このサンドイッチ・チェーン店は、筆者の現地調査では、二〇〇七年から〇九年の間のいずれかの時点で、テナントとしてこの建物に入居した。その際、店の横の壁に以前から長く存在したエリザベス女王の母の壁画を消さず、手もいっさい加えないまま、営業を始めている。ちなみに内装や看板は、日本でもおなじみの緑と黄色の色彩・統一されたロゴのスタイルに変更されている。こうした例は、サブウェイだけに見られるのではない。題材が王室以外の場合でも、また商店だけではなく住宅の壁の場合にも、同様の事例が確認されている。[1]

　このような事例からわかるように、壁画が描かれた壁を私有財産だとする認識は、少なくとも北アイルランドでは非常に曖昧である。壁画と所有権の関係がコミュニティでどのように考えられているのか、さらに関係者の話から確認してみよう。

　東ベルファストのショートストランド（東ベルファスト内のカトリック系住民が住む飛び地）に存在する壁画（図２）について、壁画家は次のように説明している。

〔壁画の写真を見ながら〕十五年くらい前〔一九九四年頃〕かな。この壁画〔女神「エール」を描いたもの〕は、ショートストランドの、この商店の横の壁にもともとあった。その土地を購入した男が、壁画を消してしまった。地域の若者は怒ったんだ。彼らにとっては、生まれたときからずっとあるものだったから。それで、彼らが僕に同じものを描けるかと言っ

図2　東ベルファストのショートストランドにある「女神エール」の壁画

てきてね。再度、その商店のすぐ横の塀に「エール」の壁画は描かれることになった。（二〇〇九年九月十日　筆者が撮影した写真を見ながら）

ここでは、描かれていた壁画を建物の所有者が消したことに地域の若者たちが腹を立てたこと、彼らの依頼によって、「同じ壁画」が前の場所のすぐ横の塀に再度描かれたことが語られている。北アイルランドの住民は、壁の所有者だからといって壁画を当然のように処分できるとは考えていない。壁画は個人のものではなく、一定の公共性をもつものだと認識されているのである。

オープニングという行為

従来の壁画研究で言及されることが少なく、あまり注目をされていないイベントに、「オープニング」と呼ばれるものがある（図3・4）。一部がローカル新聞の記事として記録される以外に言及されることはほとんどないが、オープニングというイベントの存在は、壁画をめぐる営為が集合的な行為だということを端的に示している。

オープニングとは、壁画の完成時に関係者や有力者を招いて、壁画の完成を披露するイベントである。完成したばかりの壁画の前に聴衆を集め、制作者側が壁画の制作目的やコミュニティの歴史を話し、関係者数人がスピーチをするというスタイルが一般的である。時間は多くの場合数十分程度であり、招かれる「有力者」や「関係者」は、壁画の題材・依頼者・場所によって異なる。[2]

　題材にふさわしい人物による挨拶というコミュニティでのお披露目を経て、壁画は、地域でより公式な存在になる。オープニングがおこなわれるかどうかは、資金提供者・依頼者・壁画家を含めた「壁画の作り手」側次第であるが、比較的大きなプロジェクトで制作された壁画でとりおこなわれる傾向が強いようである。すべての壁画の完成時にオープニング・セレモニーがおこなわれるわけではないが、こうしたセレモニーが示すのは、個人的な思いだけで壁画は存在するのではないということである。

　誰が壁画を所有しているのかということの曖昧さ、および壁画のオープニングの実施から、壁画は個人的な作

図3　オープニングの様子。完成したばかりのブラックタクシーの壁画の前で話をする、西ベルファストタクシー協会関係者と地元議員と聴衆。ブラックタクシーとは、シティセンターと西・北ベルファストにある住宅地を結ぶタクシーである。紛争の時代に公共交通がしばしばサービスを中断したのに対して、ブラックタクシーは運転手に死者を出しながらも、営業を続けた。現在までコミュニティの重要な交通網として位置づけられている（ブラックタクシーについては第4章と第5章で扱う）

図4　オープニングの様子。スピーチを終えた後のシン・フェイン党リーダーのジェリー・アダムズと、元PUP党首の夫人ジャネット・アーヴィン。『ゲルニカ』の壁画前で（『ゲルニカ』については、第7章で詳しく扱う）

品というより、コミュニティに根づいた集団的な営為として北アイルランド社会に存在していることがわかるのである。

壁画家

壁画は、作家や芸術家としての個人の表現や思索表現の発露という点だけで捉えることはできない。と同時に、壁画の描き手は、壁画に表現される集合表象を考えるうえで、非常に重要なアクターである。壁画家とはどのような人であり、どのような役割を担っているのだろうか。

一般的な見方に従えば、壁画家の社会的な地位は決して高くない。壁画の制作だけで生活ができる壁画家は非常に少なく、多くが普段は別の仕事(たとえば、内装の仕事やタクシーの運転手など)に従事している。収入が安定的ではないため、配偶者(多くの壁画家は男性のため、その妻)が仕事をするなどして、家計を支えているケースが多い。

けれども、壁画が存在するコミュニティ内での彼らへの信頼は、決して低くない。壁画は描き手が好きなところに好きなように描くものではない。地元の依頼者が存在し、内容の合意があり、多額ではないものの一定の報酬が支払われ、壁画は完成する。したがって、コミュニティ内で一定の信頼を得られなければ、壁画をいくつも制作することは困難である。

多くの依頼を受けるには、それまでの実績と地域での認知が必要になる。壁画の制作依頼は、壁画の作業中に直接次の話が持ち込まれる場合と、知り合いなどを通じて依頼者から電話などによって連絡がある場合がある。依頼者の多くが、依頼する段階で壁画家のほかの作品や個々のスタイルの違いを知っている。色のトーン、レタリング、コラージュの特徴(イメージの配置の仕方)、またときには壁画に書かれた引用文に、壁画家の個性が表れる。(3)

一般的な手順として依頼者はまず、壁画家に描いてほしいテーマや題材を伝える。それを受けて壁画家は作品のイメージ案をスケッチして依頼者に見せ、合意を得たうえで作業に取りかかる。壁画家は、依頼者の期待——自分たちが描いてほしい内容をわかってくれているか、それをわかりやすくビジュアル化してくれるか——に対して応えられなければならない。

壁画家にさらに必要なのは、様々な人と良好な関係を築いて話し合う交渉能力である。壁画家と地域の有力者が一定の信頼関係を構築していることは少なくない。(4) 紛争を経験した土地では、複雑で微妙な問題や感情があり、地域に対する様々な配慮が重要である。そうした状況を理解し、さらに地域の組織や多くの住民たちが納得し支持するようなイメージの作品にしなければならない。様々な人から意見や感想を聞き、制作の途中で壁画の表現に一部変更を加えることもある。さらに描くものに関して、壁画家みずからがしばしば人々に説明し、了解と支持を得て作品を完成させる。

こうした描き手の点からも、交渉を通じてコミュニティのなかから生まれるという壁画の共同性が確認できる。本書の目的の一つは、三十年にわたる長い北アイルランド紛争を経験し対立してきた住民が「紛争後」の現在、どのような集合的意識や記憶を表現するのかという点であり、この点を明らかにするために、壁画という対象が有用であることをここまで確認した。次に実際の分析に入る前に、社会学で記憶はどのように議論されてきたのか確認しておきたい。

3▼集合的記憶への接近

集合的記憶——記憶の「空間性」「物質性」「現在性」

近年、記憶の研究は盛んにおこなわれているが、それらは主に、モーリス・アルヴァックスの先駆的な集合的記憶論にさかのぼることができる。(5) 彼の研究は、次の二点で、社会学の領域に重要な示唆を与えている。第一に、集合的現象としての記憶という視点、第二に、第一の点に密接に関わるが、記憶の「空間性」や「物質性」という視点である。

彼の研究がもたらした重要な貢献は、記憶を個人的現象としてではなく、他者とともに記銘し、他者とともに想起するという集合的な現象として捉えた点にある。それは、記憶がどこかに保存され、それが再生されるというモデルを否定し、人が集団の一員として、過去を想起するという点に注目するものである。

記憶は、社会学で長らく心理学的概念とされてきた。[6] 心理学の扱う記憶が、「情報を覚え(記銘)、脳に貯え(保持)、それを思い出す(想起)、一連の情報処理過程」[7] としての個人的な記憶だと捉えられているのに対し、アルヴァックスは、記憶を「集合的想起」と呼ぶほうがふさわしいものと捉える。[8] このことによって、記憶のアリーナを個人的なものから公共的なもの――「社会」――に開いていったのである。

アルヴァックスの集合的想起という考えは、物質や空間のなかにある過去の保持のあり方への注目をもたらす。記憶の物質性、記憶の空間性が重要になるのである。それは、社会学が記憶を研究する際の方法論とも深く関連する。すなわち、何が、どこに、どのような形式で保持され、想起されるのかを検討することが必要になる。被験者の頭のなかを探る心理学の方法論ではなく、社会学では、過去が刻まれた空間や物質の配置、またそれらをめぐって営まれる人々の活動の編成を観察するという方法を通して、記憶が研究されることになった。[9]

記憶の物質性・空間性から導き出される重要な帰結は、想起の主体が直接的な当事者には限定されないということである。記憶が、集団の記憶の枠組みを用いてなされる想起であり、想起が開かれた空間や物質を媒介にして生じるのであれば、記憶は直接経験した当事者に限定されるものではないからである。さらに、集合的想起としての記憶は、その社会や集団の、そのときどきの問題関心や価値観の影響を受け、変容する(記憶の現在性)。そしてその際、往々にして歪曲や忘却がともなう。アルヴァックスは「社会を構成する様々な集団は常に自分たちの過去を再構成することができるが、再構成をおこなうとき、それらの集団は非常にしばしば過去を歪曲する」[10] と述べる。不断に作り直されていく歴史と記憶という視点を明確に示すのである。

フランスの歴史学者であるピエール・ノラは、物質であれ、非物質であれ、重要な含意を帯びた実在として「記憶の場」を捉え、歴史や時間や変化が介入する空間を「記憶の場」[11]と呼ぶ。ノラは、「記憶の場」には、史跡、歴史的建造物、博物館、記念碑、銅像、絵画などの「物質的な場」、戦友会や同窓会、歴史書や暦などの「機能的な場」、記念行事、葬儀、黙禱、巡礼などの「象徴的な場」があると論じる。これらに加えて、映画、テレビ、マンガなどの大衆文化、それと、電子情報技術の拡大によって爆発的に増大した、文書・映像・音声などの電磁的記憶も、現代では重要な記憶の場になっている。[12]

図5　プロテスタント系住民の居住地区シャンキルにある、瓦礫のなかにたたずむ2人の子ども。「69年の夏」とある。私たちの多くは、これをプロテスタントの子どもの表象だと見るだろう。この壁画にはイメージのもとになった写真が存在するが、それは制作に関わった地域の関係者によれば、カソリックの子どもを写したものである。その写真をもとに、プロテスタントコミュニティに合うように、手に持っている太鼓をイギリス旗の配色に変え、見る側がプロテスタントの子どもだとみなすような変更が加えられる。しかし、壁画のイメージの来歴を知ってもなお、この壁画には訴えかけるものがある。筆者は壁画に描かれている歴史と事実が異なることを指摘したいのではない。様々なイメージのなかから、好みの表現やふさわしいと考える表現を描き手や依頼者などが採用し、ときにイメージの変更を加えながら作り出すという壁画のメディアとしての特性に基づいて分析をする必要性を言いたいのである

ノラの区分に従えば、「物質的な場」[13]に該当する北アイルランドの壁画は、現在インターネットを通じて、広くその画像が流通している。「Googleストリートビュー」や「Googleマップ」に載せられた写真から、旅行者が撮った写真を個人のウェブサイトにアップしたものまで、多数のイメージを見ることができる。[14]

壁画という物質的な場

本書ではアルヴァックスとノラのこうした研究を踏まえ、「過去が刻まれた物質」の個々の特性——壁画

という物質的な場の特性——に注目したい。歴史や時間や変化が介入する空間のうち、物質的な場の例に挙げられている史跡、歴史的建造物、博物館、記念碑、銅像、絵画などの間には、それぞれ記憶を構成していく具体的な場面で、記憶の構成方法ともたらされる効果に明確な違いがあると考えるからである。

壁画には、記憶の再構成の際に、一つ、あるいは複数の適切なイメージを選び出し、一つの作品のなかに構成するという特徴がある。制作にそれほど労力がかからず、物理的な制約も少ないため、壁画は比較的自由にイメージを作り上げることができる。そしてその過程で、様々な手が加わる。また、いったん表現された後でも改変が容易なため、通常変化のスピードは、ほかのもの——たとえば銅像や石碑など——に比較すると早い傾向がある。

さらに表現様式についても、絵は文字をベースにしたものとは異なる特徴をもつ。絵は正確な情報を伝えるのには不向きだが、多くの人に一定の理解をもたらすのには向いている。また絵は、それを見る多くの人の感情に訴えるが、それは一体感や高揚感をもたらすわけではない。こうした「絵」による表現という壁画の特性は、二つの分断したコミュニティで、コミュニティの外にも、ある種の「理解」をもたらす。「壁画」に固有の記憶の形成について、第8章で検討する。

4▼外部者である調査者(私)の調査地への接近

さて、筆者は、コミュニティの外部者にもある種の理解をもたらすという壁画の特性に影響を受けた一人である。初めて目にしたときは、描かれているものの具体的な意味内容を読み取ることはできなかったが、それでも何か伝わってくるメッセージを感じ、関心をもったことが、そもそも調査を始めたきっかけになった（こうした経験をしている研究者は決して少なくない）。したがって、私の現地調査は、当時はまだそれほど多くなかった観光客とほとんど同じスタンスで調査地に入るところからスタートしている。

調査地は複雑で微妙な問題を抱える土地である。外部者である筆者が調査することについて、どのような制約と限界があり、どのような可能性があるのか、ここで考えておきたい。これは、調査の根本的な問題である研究の妥当性の程度と範囲について示すことになる。同時に、この研究（本書）自体が、外部の調査者が紛争後社会というフィールドへと接近する際の一つのサンプルを提示することになればいいと願っている。壁画（絵）を媒介にして、外部の調査者がどのようにフィールドを読むのか。このことは、壁画のもつ対話の可能性へと開かれるものにつながると考えるからである。

調査者の立場性と当事者性

「日本人」である私は、北アイルランドの調査地では「よそ者」であり、外部者である。外部者の制約と限界を十分に認識しながら、調査相手について可能なかぎり理解しようと試み、また問題関心の理解と共有に努めながらも、自分の問題関心の枠組みに基づいた調査を実施している。したがって、私の調査は、彼らが私に伝えたいいちばんの関心事と必ずしも一致しているわけではない。

紛争地に生まれ育ち、現在もその土地で生活している多くの調査対象者にとってのおそらくいちばんの関心事は、この場所でおこなわれてきた不正義と現在まで続く不平等の実態と、土地の歴史を外部の人に知らせたいという想いである。そのため、日本からやってきた調査者である筆者に対し、最初は警戒心を示していたが、協力的な態度で調査に応じてくれるようになった。[15] 彼らが聞き取りのなかで強調するのは、どれほど自分たちのことが理解されてこなかったか、あるいは誤って語られてきたか、という点である。つまり、彼らが伝えたいいちばんの関心事は、主に彼らが置かれた現在の状況がもたらされた〈原因〉に深く関わるものだが、筆者の関心事は、紛争を経験した場所での現在の住民の記憶と集合意識という〈結果〉のほうに重点を置いている。

五つの論点

そもそも調査者の立場性は、その調査方法の議論とともに様々な学問領域、特に社会学や文化人類学で重要な問題であり続けてきた。この調査者の立場性については、主に次のような五つの議論がある。

第一に、調査という行為がなされる空間の権力関係についてである。調査者とインフォーマント（調査対象者／情報提供者）との関係は、様々な権力関係に影響された空間で作られている。透明な、あるいは中立な調査者というものは存在せず、権力関係が横たわる空間のなかで調査者とインフォーマントの相互関係のもとで調査は成立している。研究はその文脈のなかで生まれているものであることを十分に認識する必要がある。

第二に、研究者や調査者による代弁＝表象が支配的だった調査に対して、当事者からの異議申し立てがなされた。誰が文化を語ることができるのか——当事者が語ることの重要性——とともに、どのように当事者が語りうるのかという論点がある。ポストコロニアル批評を経た文化人類学は、観察する者と観察される者、語る者と語られる者の関係を問い直し、現地社会の政治的文脈のなかで対話を繰り返すことのなかから、どのようにして特権化されない多声的な語りを生み出すことができるのかを課題にしている。

第三に、近年のマイノリティー研究では、唯一の属性に焦点を当てるのではなく、様々な複数の属性をもつ個人という観点から、当事者性の概念自体を問い直す研究も現れている。差別問題の研究者である山本崇記が述べているように、研究者・調査者と当事者・被調査者との関係は複雑であり、ときに曖昧である。みずからが当事者であり、その当事者性に関わる問題群に取り組む人、また、みずからマイノリティーの属性を抱えながら、別の属性のなかに生きる人を対象に研究をおこなう研究者がいる。(16) 当事者とは何か、当事者とは何を意味するのかという当事者概念について、検討がなされている。

第四に、「当事者学」では、そもそも「非当事者」は存在しないとする議論がある。たとえば、障碍者の自立支援に関わってきた中西正司と社会学者の上野千鶴子は共著『当事者主権』のなかで、社会に存在する差別の構造には、そのなかに生きている構成員という点でその構造に広い意味での無関係な人間は存在せず、各人がその立場のもとで何らかの責任を負っていると論じている[17]。

第五に、調査者自身も被調査者から様々な属性をもって見られる点が注目された。たとえば、日本で寄せ場や野宿者の研究をおこなっている社会学者の中根敏光は、「被調査者集団において、調査者がどのようなタイプの人間として定義されているかによって、被調査者が語る内容は異なる傾向がある（略）参与観察においては、被調査者（集団）によってどのような役割を付与された人間として定義されているかは、データの取得とその解釈の際に決定的な影響力を及ぼす[18]」と強調する。

外部者のポジショニング

私は、中西と上野がいう非当事者は存在しないという主張に、基本的に同意する。とはいえ、非当事者と当事者という区分を無効化しても、どのようにその問題に関わるのかという点で、ポジショニングの違いや関係性の濃淡は存在する。外国人研究者の私が、北アイルランドという地域の問題に、どのように関わることができるのだろうか。

日本のアイルランド研究者の一部には、「対立の記憶がなくなればいい。したがって「壁画」は将来的にはなくなればいい」というような、過去の遺恨を忘れることが大事とする見方がある。これは、社会が抱える対立の根強さと複雑さ、また紛争が北アイルランド社会をどれほど損ねてきたのかを十分に踏まえての発言である。ただ、ここで考えたいのは、こうした意見の表明がどこからなされているのか、という点である。

赦しは被害者から発せられる言葉だから重要なのであり、加害者が「過去を忘れて前進しよう」というとき、それは、重大な暴力や抑圧としか被害者には聞こえない[19]。むろん外部の研究者は、北アイルランド紛争での直接の加害―被害の関係にはない。ただし、不正や差別の存在する構造について知り、「外国人」であっても、みずからアイルランドに関わることを選んだ研究者は、その時点で関係性の網のなかにいる。研究者としての立場から、その構造のなかでの当事者として、他者を研究対象にすることにともなう不可避の「暴力」[20]を引き受け、関わらざるをえない。

「外部者」に必要なのは、まずは語られている内容を聞くことである。紛争地の記憶の表象は、様々な経験が排除され、歪みをもつものであることは事実である。壁画という媒体は、透明な容器ではなく、複数の人や組織によって生み出され、維持されている。より弱い立場や深刻な経験を経た人のなかには声を発することができない人もいて、集合表象のなかに表現しえない記憶があることには、十分に留意する必要がある。しかし、歪みをもつものであっても、それは紛争地で生きた人の感情を知る、一つの重要な経路である。歪みを含む記憶の表象を聞き取る方法（調査方法）を注意深く検討し、また必要によって修正・工夫を施す。しかし、歪みがあるから無視すべきということにはならないだろう。

見られる調査者

先の中根の議論にあるように、調査者もまた、調査地では見られる存在である。ここでは、一つの例を挙げたい。二〇〇七年夏におこなった調査で、私は数週間にわたって壁画家の活動に同行していた。当時、毎週数人ずつ、様々な国や地域の研究者・大学院生・ジャーナリストが彼らにインタビューをしに来ていた。私は現場で立ち会いながら、調査者の質問事項がしばしば重なっていて関心が同じだということに、当初はただ感心していた。ところが、しばらくそうした場面が繰り返されるうちに、質問に対する壁画家の返答に、違いがあることに気づいた。

壁画家の返答に嘘や明らかな矛盾があるわけではない。しかしどの程度詳しい情報を出すのか、あるいは返答のなかでどこを強調するのか、に違いがあるのである。この点は、繰り返しおこなわれるインタビューの内容を聞いているうちに気づいたものであり、インタビューする側の研究者らに許可を取っていなかったため、そのときの会話をここで再現することはできない。調査者の属性と取得されたデータの関係については、今後の課題として改めて調査し考察したい。しかし、壁画家が調査者や質問者を見て対応と返答を変化させていたことは記しておきたい。

さらに指摘しておくべきは、私が様々な現場に立ち会うことが可能だったのは、おそらく私の「日本人女性」という属性と無関係ではないことである。そもそも、私はアイルランドともイギリスとも直接強い利害関係がない「日本人」であるため、どちらのコミュニティに対しても同じようにアクセスができ、初期の段階での関係構築が比較的容易だった。また、二〇〇七年以前から調査を通じて私が壁画家と知り合いだったことが、立ち会いができた条件の一つであった。私は、彼らとは家族ぐるみの付き合いをするようになっていたが、それは、しばしば彼らの妻や母からの誘いで自宅や外での集まりに招かれ、そこでさらに友人、子ども、親戚などに紹介してもらうというかたちで関係が広がっていった。日本人の「女性」であることは、初対面の人を含め、おそらくあまり警戒される存在ではなかったと思われる(21)。

さらに別の要因として、当時北アイルランドでは「最新」にあたる日本製の小型パソコンとカメラを私が所有していて、それらを使用して壁画の画像データの蓄積をおこなっていたことが挙げられる。壁画制作の現場、彼らのスタジオ、またときに地元の放送局の会議室でおこなわれるインタビューに、私は同席するように依頼された。彼らは、私が撮った過去の壁画の写真のほか、本人たちが所有する過去から現在にいたる壁画の写真データをすべて私のパソコンに入れ、インタビュー中の相手に説明する際にそれらを見せるように私に指示していた。また、カメラで新しい壁画の撮影をすることもしばしば依頼された。

壁画家も、属性を含め、私のことを見ているのである。つまり本書での聞き取り調査は、属性に強く影響を受ける個人としての調査者と、調査地の対象者が、それぞれの関心と目的をもちながら関わり合い、その相互関係のなかで成立したものである。

注

（1）たとえば、筆者の調査では、シャンキル・ロードのフィッシュ&チップス（労働者階級の人々に親しまれているファストフード）の店の横にある「死者のメモリアル」（テナントの変更があるにもかかわらずそのまま残されている）の例や、住居用の建物に壁画が描かれた状態で売りに出されたり貸し出されたりしているバリーマーフィー地区の例などが確認できた。

もちろん、建物の所有者や関係者が、組織・団体の主張を壁に表す例もある。人権団体が団体の主張を表現する例（シャンキル地区）、金融機関「クレジットユニオン」が地域とのつながりを表現する例（フォールズ地区）、シン・フェイン党の事務所の壁にアイルランド共和国独立運動の英雄たちを描いた例（リパブリカンの居住地区のなかに複数存在する）などである。こうした例では、それぞれの組織・団体の主張や意見を表現した壁画が建物の壁に描かれている。

（2）オープニングの実施例をいくつか挙げておく。アードイン地区にある子どものプロジェクトで作られた壁画のオープニングは、アードイン地区出身の当時のアイルランド共和国大統領を迎えておこなっている。また同じアードイン地区でも、ブラックタクシーの壁画は、西ベルファストタクシー協会（West Taxi Association）のマネージャーと、シン・フェイン党の地元議員がオープニングで挨拶をしている。第7章で取り上げる、ファールズ・ロードにあるインターナショナル・ウォールの『ゲルニカ』の壁画のオープニングは、北アイルランドの社会学者ビル・ロールストンの司会のもと、シン・フェイン党党首であるジェリー・アダムズとPUP元党首の妻ジャネット・アーヴィンが招かれ、とりおこなわれた。

（3）通常、壁画家が描く具体的なイメージを決定するが、もし描きたい内容と依頼者が描いてほしい内容にズレ（conflict）があったらどうするのか、という筆者の質問には、インタビューに応じた五人の壁画家全員（「リパブリカン」側三人、「ロイヤリスト」側二人）が、その場合は依頼を断ると答えている。だが同時に、ほとんどの人がそもそも大きなズレがある壁画の依頼はない、と付け加えた。壁画家によれば、依頼者は一つの壁画に多くのことを盛り込むことを要求しがちだが、「できるだけシンプルに」することを説得し、また心がけてもいる、という。

（4）こうした点から、地元出身の壁画家の手によって描かれる壁画が、全体的には多い。とはいえ、壁画の描き手には、ほかに主に三種類——ⓘ武装組織関係者、ⓘⓘ教会関係者、ⓘⓘⓘ「アーティスト」——が存在する。ⓘの武装組織関係者については、本書で論じることはできない。壁画を考察する際、彼らの存在は無視できるものではないが、接触がきわめて困難でインタビューなどの資料もほとんど存在しないため、間接的状況から推測するにとどめざるをえない。この制約は、とりわけロイヤリストの壁画の考察を限定的なものにしているが、武装組織関係者と日常的に接触しながら仕事を進めるコミュニティワーカーや、元武装組織のメンバーで壁画の制作に関与している人物へのインタビュー調査で、一部補っている。

武装組織の影響力が強い地域の場合、壁画は彼らの管理のもとで描かれることが多かったため、そうした場所では、彼らの意向と大きく異なる壁画は描かれてこなかった。特にロイヤリストの地区の壁画は、ロイヤリスト内部の武装組織同士の対立によって壁画がなわばりのマーカーとして機能している場所もあり、そのような場所では、壁画は直接彼らの管轄下に置かれている。

次にⓘⓘの教会関係者だが、本書ではこのグループについては詳細には取り上げない。描かれる壁画数が少ないこと、さらに、教会周辺の壁や塀、ピースライン周辺など、ごく限られた地区にしか描かれないからである。これらの壁画は、子どもの参加を主たる目的にしたプロジェクトで描かれる場合が多い。

最後のⓘⓘⓘ「アーティスト」と呼ばれるグループについては、本書で取り上げている。通常、「アーティスト」と呼ばれる描き手には、地元以外の出身者が多い。特にロイヤリスト・コミュニティでは、青少年向けのプロジェクトなどで、外部から描き手を招聘しているケースがあり、この場合の「アーティスト」は、武装組織や地域の政治組織とまったく関係がない。

他方で、地元出身の壁画家に目を移すと、彼らは自分自身を必ずしも「アーティスト」と認識していないことがある。また、彼らは「コミュニティ・アーティスト」という呼ばれ方をされる場合もある。外部からの描き手は近年、増加傾向にあるが、地元出身の壁画家が果たす役割が全般的に大きい点に変化はない。

(5) Maurice Halbwachs, *Les cadres sociaux de la mémoire*, Nouvelle edition, Presses Universitaires de France, [1925]1952. (= Lewis A. Coser, trans., "The Social Frameworks of Memory," in Maurice Halbwachs, *On Collective Memory*, University of Chicago Press, 1992, pp.35-189.)

（6）福岡愛子『文化大革命の記憶と忘却――回想録の出版にみる記憶の個人化と共同化』新曜社、二〇〇八年、五七ページ

（7）浜日出夫「歴史と記憶」、長谷川公一／浜日出夫／藤村正之／町村敬志『社会学』（New liberal arts selection）所収、有斐閣、二〇〇七年、一八三ページ

（8）M・アルヴァックス『集合的記憶』小関藤一郎訳、行路社、一九八九年、一九―二〇ページ

（9）同書

（10）Halbwachs, "The Social Frameworks of Memory," p.182.

（11）ピエール・ノラ「記憶と歴史のはざまに――記憶の場の研究に向けて」長井伸仁訳、「特集 記憶の場」「思想」第九百十一号、岩波書店、二〇〇〇年、三〇ページ

（12）テッサ・モーリス＝スズキ『過去は死なない――メディア・記憶・歴史』田代泰子訳、岩波書店、二〇〇四年

（13）壁画のなかには、その前で記念行事や黙禱などがおこなわれるものがある。その点で、「物質的な場」だけでなく、「象徴的な場」としての機能を担っているものも存在する。

（14）インターネットの技術・進歩は目覚ましく、調査の開始時には存在しなかった「Googleストリートビュー」によって、現在、大通りに存在する壁画の様子を見ることができる。しかし裏通りなどのデータが抜けていて、現時点では本書で必要な壁画の網羅的な分布の把握は不可能である。同じく、「Googleマップ」上の写真は、正確な場所と写真が一致していないことが少なくないため、本書のような、場所と壁画を関連付けて分析をおこなう研究では、データとして使用できない。しかし、こうした情報も精度が上がっていけば、将来的には研究に使用できるようになるかもしれない。

（15）警戒の強さは調査開始の二〇〇〇年代の初めは非常に強く、後半ではあまり見られなくなった。同じ人物にインタビューをしていても、経年とともに態度の変化を感じた。より気楽に会話ができるようになったが、これは和平合意後の社会状況が影響していたのではないかと推測する。〇七年夏に現地で出会い、同じ壁画家に対して調査をおこなっていたアメリカ人研究者も同じ感想を述べていた。

（16）山本崇記「社会調査の方法と実践――「研究者」であることの範域をめぐって」「立命館大学生存学研究センタ

ー」(http://www.ritsumei-arsvi.org/publications/read/id/114)［二〇一二年九月五日アクセス］

(17) 中西正司／上野千鶴子『当事者主権』(岩波新書)、岩波書店、二〇〇三年

(18) 中根光敏『社会学者は二度ベルを鳴らす――閉塞する社会空間／熔解する自己』松籟社、一九九七年、四七ページ

(19) Martha Minow, *Between Vengeance and Forgiveness: Facing History after Genocide and Mass Violence*, Beacon Press, 1999, p.20. もちろん、人間の感情が発露する具体的経験では、加害者と被害者の区別が容易ではない場面は決して少なくないだろう。武装組織に一時期加入していた、あるいはメンバーになった経験はないにせよ、協力したという人が道路を挟んで近所に居住している。また、同じグループ内でリンチのような行為があった場合もある。過去を忘却し、「ゼロから始めること」が非常に困難なのである。

(20) 中根敏光はこれを「社会学的暴力」と呼んでいる(前掲『社会学者は二度ベルを鳴らす』)。

(21) こうした個人的な付き合いから学ぶことは非常に多かった。一例を挙げれば、コミュニティ内の相互扶助の仕組みである。

第2章

北アイルランドという場
――フィールドの政治・社会背景

何世紀にもわたってイングランド・ブリテンの植民地だったアイルランドは、十九世紀の様々な抵抗運動や自治運動、二十世紀初めの独立戦争を経て一九二〇年から二二年にかけて独立を達成した。その際、アイルランド島北部のアルスター地方九州のうち、プロテスタントが多数派だった六州がイギリスに残留し、北アイルランド独自の議会と政府のもと、自治をおこなった。これが、今日「北アイルランド問題」と呼ばれるものの起源である。

本章では、調査地である北アイルランドの首都ベルファストの政治的・社会的背景について考えていく。北アイルランド紛争とはどのようなものだったか、どのようなプロセスを経て一九九八年の和平合意にいたったのかを確認する。(1)

ベルファストは、長い紛争によって現在も社会的・経済的困難を多く抱える。さらに紛争の経験のされ方には、大きな地域差が存在した。紛争の影響を強く受けた地域は、その多くが現在にいたるまで、北アイルランド政府の統計資料が発表する最貧困地区（カトリック系住民の居住地区が数は多いが、いくつかのプロテスタント系住民の居住地区も含む）と重なり、コミュニティに多くの問題を抱えている。壁画が数多く存在するのは、こうした地域である。(2)

1▼北アイルランドに関する前提——用語の問題について

本書では、北アイルランドの二つの住民集団を指し示す言葉として、主にロイヤリストとリパブリカンという用語を使っている。だが、二つの住民集団は、いくつかのカテゴリーに従って様々に呼び表されてきた。両者は、プロテスタントとカトリック、ユニオニストとナショナリスト、そのなかでも強硬派とみなされた集団に対してはロイヤリストとリパブリカンという呼び名で、そしてときに、イギリス人（British）とアイルランド人（Irish）という対比で捉えられてきた。

これらの三対の用語の関係、すなわち宗教、政治的立場、ナショナルアイデンティティの関係をめぐっては、カトリック、ナショナリスト／リパブリカンでみずからをアイルランド人とみなすグループと、プロテスタント、ユニオニスト／ロイヤリストでイギリス人と考えるグループという図式が一般に成り立つと考えられてきた（表1参照）。

表1　2つの住民集団の宗教と政治的立場

	宗教	政治的立場
イギリス系住民	プロテスタント	ユニオニスト ロイヤリスト（強硬派）
アイルランド系住民	カトリック	ナショナリスト リパブリカン（強硬派）

大筋でこの図式は有効だが、様々な論者が指摘してきたように、これが常に当てはまるわけではない。たとえば、二〇一〇年の調査（Northern Ireland Life and Times Survey 2010）によれば、全体に占める割合は少ないものの、カトリックを信仰する人のうち八パーセントは、イギリス人（ブリティッシュ）というアイデンティティを表明し、プロテスタントのなかでも四パーセントは、アイルランド人と自任している。また、近年の特徴として、北アイルランド人というアイデンティティを表明する人の割合も、カトリック、プロテスタント、宗教なしの三者のいずれのなかでも、無視できない割合で存在している。[3]

こうした背景から、研究者がどの用語を選択するのかは、学問的な立場によって異なるといえる。北アイルランドの紛争に宗教紛争の含意をもたせることに否定的な立場の論者は、対立する集団を指す言葉としてカトリックとプロテスタントという宗教ラベルを使用することに否定的である。そのため彼らの多くは、政治的立場による区分であるナショナリストとユニオニストという用語を使用してきた。とはいえ政治区分を使用することにも難しさがある。

たとえばナショナリストは、アイルランドの統一を願うという点では一致していても、和平合意後、非常に少数になった武力の必要を主張する強硬派から、平和的手段によって実現の方向を目指すという穏健派まで存在する。さらに、少数ではあるがイギリスとの連合維持を容認する立場まであり、内部には多様な考えをもった人々が含まれる。同様にユニオニストは、アイルランドの統一に反対する立場では一致していても、強硬派と穏健派の違いが存在し、さらには、自分をイギリス人と考えるのか、北アイルランド人と考えるかというアイデンティティの点で一致せず、政治区分はさらなる下位カテゴリーを必要とする。[4]

もっとも用語については、これまで流行のようなものはあったようである。北アイルランド研究で著名な歴史学者のジョン・ホワイトによれば、二つの集団の呼称は、一九六〇年代では、ユニオニストとナショナリストという用語のほうが多く、また一時は、マジョリティーとマイノリティーという用法もあったが、六九年以降になると、新聞やテレビなどのメディアは、主にプロテスタントとカトリックという用語を使うようになってきたと述べている。これは、宗教的ラベルのほうがより包括的だという利点があること、[5]双方の住民が自分たちをカトリック、プロテスタントと呼ぶ傾向が見られることなどによる。[6]

筆者がおこなったベルファストの調査地でも、住民はみずからをカトリック、プロテスタントと呼ぶことがしばしばあるが、本書では主に「リパブリカン」「ロイヤリスト」という用語を使っている。これらは政治的区分による用語であり、その点で「ナショナリスト」と「ユニオニスト」と同様であるが、リパブリカンとナショナリスト、ロイヤリストとユニオニストの用語がもつ含意は少々異なる。一般にナショナリストとユニオニストのなかでも、強硬派とされる人々が、それぞれ、リパブリカン、ロイヤリストと呼ばれる。

文化人類学や社会学などの分野では、誰が誰に向けて発する言葉なのかという名指しの問題について批判的に議論されてきた。名指す側と名指される側の非対称性とその権力性が指摘されたのである。またそれぞれのコミュニティ内部でも、一つの名前にラベルを貼ることは、多様な考え方やバックグラウンドをもつ人々の経験を一つの視点で代表することにつながり、内部に対して抑圧的に作用する点が議論されてきた。

繰り返しておくと、本書ではロイヤリストとリパブリカンという用語を主に使用し、文脈に応じてユニオニストとナショナリストという用語を使う。プロテスタントとカトリックという用語についても、宗教区分に基づいて記述された資料を参照する場合など、必要に応じて互換的に使う。ここで否定的に捉えられることもある呼称を使用する理由は、本書の調査地で生活する彼らが「強硬派」とみなされてきたこと自体を、重要な問題として捉えたいからである。コミュニティの外部の人々が当該コミュニティについて言及する際は、多くの場合この呼称を用いる。対立関係の視点が色濃く反映された用語であり、当事者が自他を区別する際、また外部者が自分たちとは異なる住民集団として区別して、しばしばこのように呼ぶ。

彼らは同じ民族集団のなかでも「強硬派」として、ときに同じ民族集団内からも、批判の対象になってきた。実際に本書の調査地のコミュニティは、武力闘争や犯罪行為に関与した人を抱え、また、武力闘争などに直接関係しないものの、そうした行為を生み出す一因だった北アイルランド社会や政治に対して、多くの住民が一定の不満を抱いている地区である。その意味で、「強硬派」の住民と呼ばれることには一定の理由がある。

しかし、だからといって、彼らの主張は穏健派の住民とまったく別物であり原理主義的な人々だ、と切り捨てることもできない。紛争の激化とともに、多くの人々がこの地区から離れていったが、経済的な理由も含めて、社会的な弱者は転居が困難だった。また、紛争が激化した時期には、政府・治安当局自体が紛争の当事者だったため、紛争地の住民の保護を行政には期待できなかった。そうした空白地域に武装組織が入り、彼らが地域を守る役割を果たした側面もあった。すなわち、紛争地に住む「リパブリカン」と「ロイヤリスト」は、最も先鋭的に北アイルランド社会の矛盾が表れた地域に居住している住民集団だといえる。そこで本書では、このリパブリカンとロイヤリストの主張を、主流派と別のものとして考えるのではなく、穏健派を含んだ北アイルランド社会とのつながりをもつものとして捉える。

この点は、和平合意後の北アイルランド政府が「穏健派」政党主導から「強硬派」政党主導へと変化していった背景に鑑みても重要である。和平合意当時の政府である「穏健派」の社会民主党とユニオニスト党は、選挙結果によって、それぞれが両派ともに「強硬派」の支持政党であるシン・フェイン党とDUP（民主ユニオニスト党）に取って代わられた。和平合意後の権力分有体制下で、「強硬派」の政党同士が協力して北アイルランド政府を運営していくことになったことを踏まえれば、「強硬派」の主張を考察することは、より今日的な重要性をもっている。

2▼北アイルランド紛争・和平へのプロセス

北アイルランド紛争の概観

およそ三十年続く「トラブル（The troubles：例の問題）」と呼ばれる北アイルランド紛争が一九六九年に勃発した。二一年の北アイルランドの成立後、後述する七二年のイギリスによる直接統治の時代まで、北アイルランドの自治は、プロテスタントの支配体制のもとに置かれてきた。公的諸機関がプロテスタントに占有されていた北アイルランド社会では、公営住宅の割り当て、雇用、教育といった分野で、あらゆることがプロテスタントに有利だった。

一九六八年から六九年に、こうした社会の構造的差別の撤廃を求め、一部の民主的プロテスタントと多数のカトリックにより、公民権運動が起こった。[7]この時期までに、専門職に就くカトリック知識人が台頭していたこと、さらにアメリカの公民権運動に触発されたこと、またテレンス・オニール首相の融和策などが影響したといわれている。

運動は当初、比較的平和裏におこなわれていたが、デモ行進に対するプロテスタント系過激派を中心とした暴力行為によって負傷者が出るようになり、さらにプロテスタントが圧倒的多数を占めるアルスター警察がしばしばデモ行進に対して激しい弾圧を加え、カトリックの住民がそれに対抗するなかで、対立は先鋭化していった。イギリス政府は治安維持を目的に軍を投入し、事態を鎮静化させようとした。当初イギリス軍は、仲介の役割を期待したカトリック住民から歓迎されたが、カトリック地区での徹底的な家宅捜索の実施などによって、イギリス軍とカトリック住民は急速に対立するようになっていった。プロテスタント系過激派と警察などの治安機関の襲撃の恐怖にさらされていた多くのカトリック住民にとって、この時期のＩＲＡ（アイルランド共和軍）はほとんど唯一の守護者だった。

対立の深化と拡大により、一九七一年には特別拘禁制度（インターンメント）が実施された。特別拘禁制度は裁判なしで期限を定めることなく容疑者を拘束できるものであり、カトリック住民からの強い反発を招いたが、政府による強圧政策は遂行され、紛争はさらに激化していった。七二年、北アイルランドの第二の都市デリー[8]で、イギリス軍の発砲によって住民十三人が死亡する「血の日曜日」事件が勃発する。両派の武装組織やアルスター警察、イギリス軍を中心に暴力闘争が展開されるなか、北アイルランド政府による事態収拾が困難と判断したイギリス政府は、二〇年のアイルランド南北分割以来およそ五十年の間続いたプロテスタントが支配する北アイルランドの自治議会と政府を停止させ、イギリス政府による北アイルランドの直接統治に乗り出した。

北アイルランド情勢はいっこうに好転しない状況だったが、それでも和平に向けた努力が続けられていた。一九七三年十二月、イギリスとアイルランドの首脳によって、サニングデール協定（Sunningdale Agreement）が結ばれた。サニングデール協定の骨子は、北アイルランド独自の議会を創設し、両派のコミュニティの立場を代表する議員で構成する行政府を設置することと、南・北アイルランド政府代表が協議する南北評議会を設置することだった。サニングデール協定が提示したこの二点については、その後の和平プロセスの基本路線になった。サニングデール協定によってイギリスの直接統治が中断され、ブライアン・フォークナーを首相とした「権力分有（Power-sharing）」に基づく新政権が誕生して、北アイルランドへの権限の移譲がおこなわれた。[9]

しかし、これに対して多くのプロテスタントが激しく抵抗した。カトリック系政党との権力分有は、彼らにとって到底受け入れられるものではなかった。二月におこなわれたイギリスの総選挙（ウェストミンスターでのイギリス下院議員を選出する総選挙）では、この政権に反対するユニオニストが十二議席中十一人当選し、新政権に大きな打撃を与えた。さらに五月に、この政権と協定批准に反対して、ロイヤリストの労働者団体アルスター労働者評議会（ＵＷＣ）がゼネスト（ゼネラルストライキ）をおこなった。このとき十八万人の労働者が職場を放棄した（させられた）ともいわれている。[10] 石油の不足や電力の削減など、深刻な影響を受けて、北アイルランド社会は麻痺状態に陥った。

ゼネスト実施下、ユニオニストの閣僚が辞職し、フォークナー首相の新政権はわずか五カ月で崩壊する。その後再び北アイルランドはイギリスの直接統治下に戻り、それ以後この体制は、約二十年続くことになった。サニングデール協定によって政治構造の改革が目指され、権力分有制度を導入した北アイルランド政府の誕生という重要な実験は定着することはなかったのである。

一方、一九八〇年から八一年にかけてのリパブリカンによるハンガーストライキ闘争は大きな注目を集めた。ベルファスト郊外のメイズ（ロングケッシュとも呼ばれる）刑務所に服役中のリパブリカン七人が、政治犯としての待遇を要求してハンガーストライキをおこなったのである。従来イギリス政府はＩＲＡの服役者を政治犯として処遇し、平服の着用、レクリエーション施設の自由利用、訪問客を許可していた。しかし、こういった特別待遇によって、彼らが政治犯としての誇りを持ち続け、彼らの政治思想をむしろ強化してしまうと考えたイギリス政府は特別待遇を廃止し、彼らを一般の囚人と同じ扱いにするように改めたのだった。

ハンガーストライキはこれに対する抗議であり、何度か実行された。一回目のハンガーストライキは失敗に終わり、その反省を踏まえておこなわれた第二次ハンガーストライキでは、武器不法所持で逮捕されて懲役十四年の刑で服役中だったボビー・サンズが先頭に立った。ベルファストでは、彼を支持するデモがおこなわれた。こうしたなか、サンズは獄中からイギリス下院の補欠選挙に立候補し、ユニオニストの対立候補を破って当選した。サンズは一度も登院することなくハンガーストライキ開始後六十六日目に獄中で死亡したが、マーガレット・サッチャー政権は強硬姿勢を続けた。ハンガーストライキはその後も別の囚人が順に引き継ぐかたちでしばらく続き、死者は相次いだ(11)。

一九八五年には、イギリス＝アイルランド協定がイギリス・アイルランド両政府の間で締結された。この合意は、イギリス、アイルランド共和国、またアメリカなどの諸外国でも好意的に受け止められた。しかし、北アイルランドでは大きな反対が巻き起こった。特にユニオニスト／ロイヤリストにとっては、この合意は、サニングデール協定よりもさらに自分たちの立場を危うくするものだと解釈された。

サニングデール協定では、「住民の多数派が北アイルランドとイギリスの連合継続を望んでいるかぎり、連合は維持される」と宣言されていた。イギリス＝アイルランド協定でも、北アイルランド住民の多数が同意しないかぎり、北アイルランドの地位は変更されないと述べ、さらにわざわざ、現在の多数派の意思は北アイルランドの地位の変更を求めていないと、ユニオニストに対する配慮をにじませた表現が使われている。

しかし他方で、将来住民の多数が統一アイルランドを求める場合は、イギリス・アイルランド両政府はその法制化に当たると記されていたため、ユニオニストにとってこの協定は、「多数派の住民の意思」が変化しうる点、将来の統一アイルランドの可能性を完全に否定しているわけではない点から、北アイルランドの位置づけの明らかな後退であった。また、これまでは北アイルランド問題を「国内問題」として、アイルランド政府の関与を拒絶してきたのに対し、一九二一年以来初めて、アイルランド政府の干渉（イギリス、アイルランド両政府委員会を設置すること、治安・経済・社会問題についての南北の協力を強めること）を認めたため、連合王国の枠組みを弱体化させ、イギリス社会の構成員としての扱いを否定されたものと感じられた。

この協定は、統一アイルランドへの道を大きく開くものとして、プロテスタント系政党、さらにプロテスタント・コミュニティの大多数の住民の間で、イギリス政府に対する不信感が高まった。彼らは、この合意に強固に反対し、[12]一九八五年末から八六年にかけて、UDA(アルスター防衛協会)・UFF(アルスター自由戦士)などの過激派の抗議活動が目立った。また、この合意がIRA撲滅を目標にしていると考えられることから、強硬派の政党であるシン・フェインも反対し、IRAは反対闘争を強化した。

和平合意のプロセス——どのようなプロセスを経て和平が合意されたのか

一九九〇年代に入ると、和平に向けての動きが活発に見られるようになった。まず九三年十二月、イギリスのジョン・メージャー首相とアイルランド共和国のアルバート・レイノルズ首相によって「ダウニング街宣言」が出された。この共同宣言は、シン・フェインの協議への参加を認めた点で、非常に画期的であった。シン・フェインを完全に排除した和平協議や解決策では、北アイルランド社会の和平プロセスは持続的で安定的なものになりえないという点が、認識されたといえる。

ダウニング街宣言を受けて、一九九四年八月にIRAが停戦を宣言した。一時的ではなく恒久的な停戦が語られたことは、長く続いた紛争の終結を意味するものだと前向きに捉えられた。十月には、IRAとは別のリパブリカンの武装組織INLA(アイルランド民族解放軍)も停戦に入ったのを見て、プロテスタント系武装組織も停戦に踏み切った。

しかしその後の和平プロセスは遅々として進まず、シン・フェインを含めた和平協議は、なかなか始まる気配を見せなかった。当時イギリスのメージャー首相は僅差で政権を維持していたため、ユニオニスト系議員の意向を無視することができなかったことが影響していた。ユニオニスト系議員はダウニング街宣言に基本的には反対であり、リパブリカンが和平協議に参加することを好ましくないと考えていた。イギリス政府が和平プロセスに積極的でないとして、一九九六年二月、IRAは停戦を破棄して、テロを再開した。

翌一九九七年五月、イギリスでブレア労働党政権が誕生した。和平プロセスは政権交代で、再び動きをみせることになった。和平プロセスを持続的に進めるためにはダウニング街宣言で確認されていたシン・フェインの参加が不可欠だが、そのための環境をどのように作るのかが課題だった。そもそも、まずは武装解除が前提だとする北アイルランドのユニオニストの姿勢と、武装解除自体は否定しないが、それは合意が成立して和平が実現した際に実行するとするシン・フェインとの間には、和平プロセスの進め方について大きな隔たりがあった。ブレア政権は、武装解除と和平協議を切り離すとして、シン・フェインが加わりやすい環境を整えた。

さらに、北アイルランド相のモー・モーランは、シン・フェインのジェリー・アダムズ党首と会談し、シン・フェインの姿勢を直接確認するなど、和平プロセス推進の作業を精力的に進めた。こうした態度はユニオニストの強硬派の強い反発を招いたが、その後の和平合意へと大きく寄与した。

こうして、一九九八年四月十日に「ベルファスト和平合意」（「聖金曜日和平合意」「ストーモント和平合意」「復活祭合意」とも呼ばれる）が結ばれた。この合意は、北アイルランドの和平プロセスでの画期的な成果と国内外で高く評価された。ベルファスト合意は、「アイリッシュディメンション」――北アイルランド問題を「アイルランド民族問題」として捉える視点[13]――と「権力分有（Power-sharing）」――多数派支配ではなく、少数派差別という北アイルランドの紛争の原因を解消するもの――による政治を基本路線としていた点で、サニングデール協定の枠組みの繰り返しといえるものであり、それ以前の和平合意案と同様の基本構造を有していた。

ベルファスト合意がそれまでの和平提案と異なっていた点は、シン・フェインを含め、北アイルランドの主要な政党であるＵＵＰ（アルスター・ユニオニスト党）、ＳＤＬＰ（社会民主労働党）、ＰＵＰ（進歩ユニオニスト党）、ＵＤＰ（アルスター民主党）の合意を取り付けることができたことにある。

プロテスタント系の政党では、和平提案をそれまで拒絶してきたＤＵＰ（民主ユニオニスト党）が、またもや反対の姿勢を貫いた。しかし、北アイルランドの最大政党だったＵＵＰ（アルスター・ユニオニスト党）が、党内に存在する根強い反対意見を押し切って最終的に合意案に調印したことは大きな意味があった[14]。カトリック系政党では、最大政党である穏健派のＳＤＬＰ（社会民主労働党）、また、強硬派の政党シン・フェインが、党内の一部に反対はあったものの、この案を受け入れることを決めた。カトリック系の二大主要政党が賛成し、カトリックコミュニティ全体として和平提案へ賛成の方向に固まった。この合意のもと、一九九九年十二月に政府（「行政府 Executive」）と議会（「北アイルランド自治議会 Assembly」）が開設された。[15]

ベルファスト和平合意以降の北アイルランド

ベルファスト和平合意後、権力分有型の自治政府が誕生したことで、両派住民の意向を反映できる社会に変わった。[16] プロテスタントが九割以上を占めていた警察の改革も順調に進展している。構造的な暴力はおおむね排除されたといっていいだろう。

直接的暴力の排除という点については、小規模な暴動はときおり発生するものの、両派の武装勢力はともに停戦を守り、武器の放棄も一定程度実現してきた。とはいえ、武装解除をめぐる議論が硬直したことで、ベルファスト合意後も北アイルランド自治政府は何度か停止に追い込まれている。イギリスの直接統治が一時導入され、二〇〇四年のイギリス・アイルランド両政府による包括合意、〇六年の「セントアンドリュース合意」を経て自治政府が再開されるなど、現在にいたるまで、政治は相変わらず不安定さを抱えている。そこでの非難の応酬は日常的である。分断された社会での交流は難しく、互いへの不信感は容易に消えることはない。全体としては、和平プロセスが進展して暴力が減少し、公平な社会を目指す基盤が整いつつある現在、互いの不信感、分断社会が抱える心理的・社会的問題に取り組むことは大きな課題である。[17]

3▼ベルファストの空間的概況

地域（東西南北）と宗教的・階級的特徴

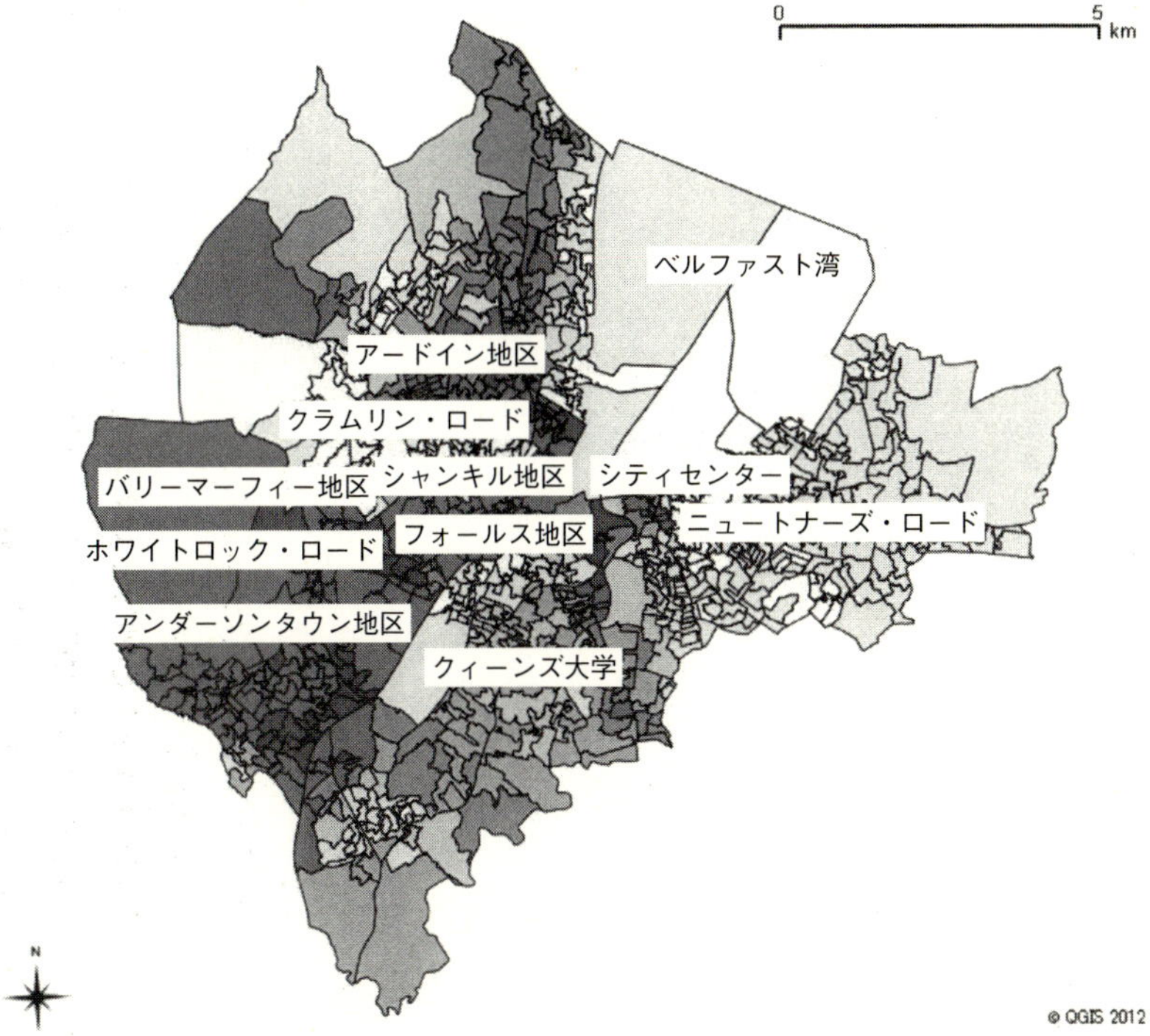

図6　ベルファスト市内のカトリック住民が占める割合
＊2001 CENSUS GEOGRAPHY のデータをもとに GIS を使用し作成[19]。色の濃い部分が、カトリック住民が占める割合が高いことを示す

さて、ここでは、本書のもとになっている調査地ベルファストについて概略を述べておこう。ベルファストの特徴は、比較的コンパクトな都市であり、また、宗教と階級の両方の区分に従って、大きく分断されている点にある。図6を見るとわかるように、ベルファスト湾から市内の西側はカトリック住民が占める割合が高い一方で、東側の人口に占めるカトリックの割合は低い[18]。さらに、階級についても地域ごとに明確な特徴が見られる。

ベルファスト市を東西南北という地域別に分けてそれぞれの階級・宗教的特徴を見ると、東ベルファストは主に労働者階級の居住地区であり、宗教的にはプロテスタントの比率が高い。二十世紀初頭、ベルファストは大英帝国で有数の産業都市だったが、特に造船などの技術は世界最高水準にあった[20]。東ベルファストは、ベルファストの造船業の中心だった。「タイタニック号」を建造したハートランド&ウルフ社は東ベルファストに存在し、多くのプロテスタント熟練労働者が周辺に居住した。一九七〇年代までに造船業が衰退し、その後の紛争のなかでこの地域も長らく荒廃していたが、和平プロセスが進展する九〇年代後半以降は、ウォーターフロントを中心に東ベルファストの再開発が進んでいる。近年はタイタニック号関連の施設の建設など、観光関連事業が注目されている。

南ベルファストは、中産階級の人々が多く住む地区である。住宅一軒ずつの敷地が広く、美しい街並みが広がっている。宗教的には混住地区といえる。大学街があって留学生も多く、様々な国や地域のレストランが存在している。多種多様な文化活動が活発におこなわれ、コンサートやショッピングの中心地であるシティセンター周辺とともに、南ベルファストは多様な国や地域の文化が楽しめる場所である。そのためこの地域は、ベルファストのなかでも「中立的空間(neutral spaces)」と呼ばれることがある[21]。

西ベルファストと北ベルファストは、ともに労働者階級の住民の地区であり、また宗教的には、カトリックとプロテスタント双方の住民が居住している。本書の調査は、主にこの地域でおこなっている。西ベルファストと北ベルファストの特徴は、この地域では道路を挟んでプロテスタント系住民とカトリック系住民が別々に、しかし近接して居住している場所が少なくない点である[22]。二つの住民集団は、場所を接しながらも、互いに固定された居住空間を維持している。

地域の紛争被害と貧困地区の重なり

北アイルランドのなかでも、ベルファストは特に紛争の被害を集中的に受けた場所である。ベルファストの人口は北アイルランドの五分の一程度だが、紛争に関係する死者数のうち、約四〇パーセントの犠牲(地元住民、警察、軍、武装組織を含む)がベルファスト市内でのものである[23]。さらに、ベルファスト市内でも被害の濃淡があり、地域によってその程度は大きく異なる(表2参照)。

表2　ベルファストの紛争が原因の死者数（地元住民だけ）（地区別）1969-99年　（人）

	西	北	東	南	ベルファスト以外の地域	合計
1969―75年	255	233	68	94	179	829
1976―80年	104	118	21	17	65	325
1981―85年	39	32	9	21	31	132
1986―90年	43	42	11	15	31	142
1991―95年	49	45	16	25	24	159
1996―99年	10	11	0	1	4	26
合計	500	481	125	173	334	1,613

（出典：Mike Morrissey and Marie Smyth, *Northern Ireland After the Good Friday Agreement: Victims, Grievance and Blame*, Pluto Press, 2002, p.30）

住民の犠牲者に注目すると、死者のうち六〇パーセントが西ベルファストと北ベルファストで占められている。ベルファスト市内での内訳をみてみると、ベルファスト北部と西部の死者数は七六パーセントを超える。南ベルファストでは一三パーセントを超える程度であり、東ベルファストは一〇パーセントをやや下回る。

こうした死者と被害の集中から、西ベルファストと北ベルファストは、北アイルランド紛争の悲惨な歴史を最も重く記憶する地区だといえる。紛争時、住民集団同士で境を接する場所は衝突が頻発し、戦いのフロントラインになっていた。

特に西ベルファストにはプロテスタントが圧倒的多数を占めるシャンキル・ロード一帯と、シャンキル・ロードから南西側の幹線道路であるフォールズ・ロードに沿ってアンダーソンタウンへといたる、カトリックの多く集住する地区がある。このプロテスタントが多いシャンキル地区とカトリックが多いフォールズ地区は紛争の「中心地」とも呼ばれ、両地区の間にはコンクリートや可動式の鉄柵の壁・塀によって住民の地区を分ける「ピース・ウォール」（ピース・ウォール（ピース・ラインとも呼ばれる）は紛争時期には完全に閉鎖されていたが、現在は夜間を除き行き来が自由にできる状態になっている。

西ベルファストと北ベルファストは、紛争の影響がより強く残り、現在も失業率が高く、経済的・社会的な困難を抱えたコミュニティが多い（表3参照）。二〇一〇年のデータでは、北アイルランドの最貧十地域のうち、九地

表3　北アイルランド最貧100地域のうち最下位10地域

	地域名（Rank Area Name）	地方行政区 (Local Government District)
1	ホワイトロック _2（Whiterock_2）	ベルファスト
2	ホワイトロック _3（Whiterock_3）	ベルファスト
3	フォールズ _2（Falls_2）	ベルファスト
4	フォールズ _3（Falls_3）	ベルファスト
5	ニューロッジ _1（New Lodge_1）	ベルファスト
6	シャンキル _2（Shankill_2）	ベルファスト
7	クラムリン _2（Crumlin_2）	ベルファスト
8	フォールズ _1（Falls_1）	ベルファスト
9	アードイン _3（Ardoyne_3）	ベルファスト
10	クレガン セントラル _1（Creggan Central_1）	デリー

（出典：北アイルランド政府の統計データをもとに作成。"STATISTICS PRESS RELEASE: NORTHERN IRELAND MULTIPLE DEPRIVATION MEASURE 2010," Northern Ireland Statistics and Research Agency〔http://www.nisra.gov.uk/deprivation/archive/Updateof2005Measures/NIMDM_2010_Statistics_Press_Release.pdf〕［2012年12月24日アクセス］）

域がベルファストであり、そのすべてが、西ベルファストと北ベルファストにある。

紛争の影響が深刻だった地域は、コミュニティに経済的・社会的困難を現在まで抱えている。また、そうした地域は労働者階級の居住地区であり、二つのコミュニティ同士が隣り合っているところが多いのである。壁画は、こうした場所に重なって存在している。

注

（1）北アイルランド紛争に関する研究書や学術論文は膨大な数が出版されている。ここでは、定評がある二冊だけを紹介する。John Whyte, *Interpreting Northern Ireland*, Clarendon Press, 1991, Frank Wright, *Northern Ireland Comparative Analysi*, Gill and Macmillan, 1987. 日本語で読むことができるものも相当数存在する。いくつか挙げておくと、堀越智『北アイルランド紛争の歴史』（論創社、一九九六年）、同「北アイルランド和平プロセスの二重路線——ユニオニストに厳しい二つの基本原理」（峯陽一／畑中幸子編著『憎悪から和解へ——地域紛争を考える』所収、京都大学学術出版会、二〇〇〇年、一八三―二二六ページ）、ポール・アーサー／キース・ジェフリー『北アイルランド現代史——紛争から和平へ』（門倉俊雄訳、彩流社、二〇〇四年）などがある。また、松井清『北アイルランドのプロテスタント——歴史・紛争・アイデンティティ』（彩流社、二〇〇八年）、尹慧瑛『暴力と和解のあいだ——北アイルランド紛争を生きる人びと』（法政大学出版局、二〇〇七年）は、プロテスタント／ユニオニストに焦点を合わせた分析を提供している。リパブリカン側に主に焦点を合わせた研究として、鈴木良平『第四版増補　ＩＲＡ——アイルランドのナショナリズム』（彩流社、一九九九年）がある。なお、酒井朋子『紛争という日常——北アイルランドにおける記憶と語りの民族誌』（人文書院、二〇一五年）は、刊行時期が重なるため目を通していないが、本書と問題関心が重なっている。オーラル・ヒストリーという研究方法によって、人々の紛争の記憶を明らかにしようとするものである。

（2）本書では「二つのコミュニティ」の枠組みを用いて議論をおこなう。「コミュニティ」という用語は、研究者によってあるいは研究対象によって様々に用いられるが、おおよそ三つの観点から整理できる。第一に、行政区分にみられるような地理的空間としての「コミュニティ」、第二に、エスニシティや言語などの文化的要因によって境界線が設定された領域としての「コミュニティ」、第三に、パフォーマティブに構築されるものとしての「コミュニティ」概念である。北アイルランドでは、紛争によって強固なものになった二つのコミュニティの境界線がしばしば実体視されてきたが、人々の日常の実践のなかで、境界線は形成・強化されてきた。他方で第二の概念をもとにしたフィールド調査の蓄積により、コミュニティ間の関係性について明らかにされてきた。また、二つのコミュニティの枠組みを超える優れた個人の活動や思想は紛争地に存在してきたが、そうした活動や思想は、必ずしも社会で本流になったとはいえない。したがって、「二つのコミュニティ」をまずは分析枠組みの出発点としながら、和平合意後、社会・政治・歴史的構造の影響を強く受けてきた地域で枠組みが揺れるプロセスを描くことを目的とする。

（3）信仰宗教とナショナルアイデンティティとの関係については、以下のような調査結果がある。

表4「次の言葉のなかで、あなた自身を表すのにどの言葉が最適ですか？（Which of these best describes the way you think of yourself?)」

(%)

	カトリック	プロテスタント	宗教なし
ブリティッシュ (British)	8	61	33
アイリッシュ (Irish)	58	4	18
アルスター (Ulster)	1	5	5
北アイルランド人 (Northern Irish)	25	28	37
その他 (Other)	8	2	8
わからない (Don't know)	0	0	0

（出典："Northern Ireland Life and Times Survey 2010" をもとに作成〔http://www.ark.ac.uk/nilt/2010/Community_Relations/NINATID.html〕［2012年12月24日アクセス］）

（4）Whyte, *op.cit.*, p.20、前掲『北アイルランドのプロテスタント』二〇六―二〇七ページ

（5）Whyte, *op.cit.*, pp.18-22.

（6）前掲『北アイルランドのプロテスタント』二〇七ページ

（7）彼らが目標にしていたのは、住宅制度と選挙制度の抜本的改革だった（モリス・フィッツパトリック「聖コルンバの申し子たち（1）」市川仁／ジョン・ドーラン訳、「中央学院大学人間・自然論叢」第三十二号、中央学院大学、二〇一一年、一〇一ページ〔http://wwwlib.cgu.ac.jp/cguwww/06/32/032-05.pdf〕〔二〇一一年八月十七日アクセス〕）。また、活動の担い手は特定の政治思想をもとにした集団ではなく、穏健な立憲主義者も含めた幅広い集団だった（前掲『北アイルランド紛争の歴史』一五八ページ）。

（8）本書では「デリー」と表記する。同じ都市が「ロンドンデリー」と呼ばれることがある。このデリーという名称は、北アイルランドでは主にカトリック系住民が用いているのに対して、プロテスタント系住民は同じ都市を「ロンドンデリー」と呼ぶ。かつてロンドンからデリーに移民してきた人々が、その地に出身地の「ロンドン」をつけてロンドンデリーという名称にしたのが始まりである。しかし、カトリック系住民は当然ながらこれに反発する。デリー／ロンドンデリーのどちらの名称を使うのかが、政治に深く関わるのである。

（9）それまでは、多数派がすべての閣僚ポストを確保するウェストミンスター方式だったが、各派の議席数に応じて閣僚ポストを配分するなど、ナショナリストの意見の反映が可能な権力分有（Power-sharing）に改めた。

（10）これについては、UWC参加の組合はそれほど多くなく、武装したメンバーが商店や工場の入り口に立って労働者の就労を阻止したのが実態であり、ゼネストというよりも、ロックアウトだったという指摘もされている（前掲『北アイルランド紛争の歴史』二〇〇―二〇一ページ）。

（11）死者を十人も出しながら、結局のところサッチャー政権の強硬姿勢を変えられなかったことから、無駄死にではないのかという声が家族から上がるなど、ハンガーストライキに対しては批判も出された。

（12）世論調査によれば、七五パーセントから八〇パーセントのプロテスタント住民が反対した（James Loughlin, *The Ulster Question since 1945*, Macmillan, 1998, p.98.）。

（13）これには、アイルランド島の五分の四が共和国として独立したことだけでなく、一九九〇年代のスコットランドや

ウェールズの民族自決の主張の盛り上がりも影響していたと考えられている（前掲「北アイルランド和平プロセスの二重路線」一八五ページ）。

(14) 五月には、和平合意の賛否を問う住民投票がおこなわれ、賛成七一パーセント、反対二九パーセント（投票率八一パーセント）という結果だった。カトリックの九割以上が賛成したのに対して、プロテスタント系の住民の票は真っぷたつに割れており、和平プロセスが予断を許さない状況であることを示していた。

(15) 一九七三年のサニングデール協定では、政府を「Government」から「Executive」へ、議会を「Parliament」から「Assembly」へと、それぞれ名称を変更した。それ以前の体制との決別を言葉によっても示すものであり、サニングデール協定以降（ベルファスト合意でも）、こうした言葉は引き続き使用された。

(16) 自治政府は、二〇〇三年の議会選挙で躍進したプロテスタント系の民主統一党（第一党）とカトリック系のシン・フェイン党（第二党）によって運営される体制が生まれ、現在までこの体制は継続している。

(17) 元服役囚の団体、教会関連組織、遺族組織、インターフェースのクロスコミュニティ活動を進める団体など、若者向けの文化活動団体などが、それぞれ、地域内で現在活動している。

(18) 市内を流れるラガン川が、一つの大きな境界線になっている（Frank Gaffikin and Mike Morrissey, "The Role of Culture in the Regeneration of a Divided City: The Case of Belfast," in Frank Gaffikin and Mike Morrissey eds., *City Visions: Imagining Place, Enfranchising People*, Pluto Press, 1999, p.166.）。

(19) 九州大学の山下潤先生に地図の作成と本書での地図の使用許可をいただいた。深く感謝を申し上げる。

(20) Frank Gaffikin and Mike Morrissey, "The Urban Economy and Social Exclusion: The Case of Belfast," in Frank Gaffikin and Mike Morrissey eds., *op.cit.*, p.43.

(21) Gaffikin and Morrissey, "The Role of Culture in the Regeneration of a Divided City," p.178. 南ベルファストや西ベルファストのなかにも、宗教・階級によって、さらにモザイク状に細かく居住地区が特徴づけられる場所が存在する。たとえば、中産階級の住民が多い南ベルファストにあるサンディー・ロウ地区は、プロテスタント系労働者階級の住民の割合が非常に高い地域である。また、東ベルファストには、飛び地のようなカトリック系の居住地区（ショートストランド）が存在する。

（22）なお政府・行政は、階級間の分断よりも労働者階級の居住地区内のエスニック集団間の分断を問題にして、対策をおこなってきた傾向が強い。

（23）Mike Morrissey and Marie Smyth, *Northern Ireland After The Good Friday Agreement: Victims, Grievance and Blame*, Pluto Press, 2002, p.29.

第3章

北アイルランドの壁画の歴史と壁画研究

――先行研究から明らかにされたこと

本章では、北アイルランドの壁画の歴史と壁画研究の経緯を概観する。はじめに、先行研究が明らかにしてきた北アイルランドにおける壁画と住民との関わりについて歴史的にたどる。壁画は時代によって、北アイルランド社会でどのような役割を果たしてきたのだろうか。壁画は北アイルランド社会の特に労働者階級の二つの住民集団のなかで、身近な表現媒体として存在してきた。壁画活動が活発な時期は、北アイルランド社会の政治体制が大きく変化し、それがもたらす日常生活への影響が懸念された変動期とおおむね重なっている。そうした壁画がどのように研究されてきたのか、先行研究を概観したうえで本書の研究方法を確認したい。

1▼壁画の歴史

壁画の伝統は一九〇八年にさかのぼることができる。ウィリアム三世の像をベルファストの労働者階級の居住地区に描いたのが、その始まりである。(1)壁画が北アイルランド社会に現れた当初は、主に造船業に従事している人々が描いていた。(2)造船業で使用する身近なペンキを使って描く、労働者階級の人々の日常的な活動だったが、それは単なる文化ではなかった[3]。

一九一九年のアイルランド独立戦争開始、二一年の北アイルランド議会発足を経てアイルランドが南北に分断した後、ユニオニストの指導層は北アイルランドの機構やシンボルからカソリックを完全に排除してユニオニズム一色にしようとした[4]。初代首相ジェイムズ・クレイグの三四年四月二十四日の議会答弁の言葉、「わが議会はプロテスタント議会であり、我が国はプロテスタント国家である[5]」は、このことを非常に明確に示したものである。

労働者階級の居住地区でおこなわれていた壁画活動は、ローカルレベルでこれに応じたものと捉えることができるため、ビル・ロールストンは、この時期までのロイヤリストの壁画と国家との関係は軽視できないと論じる。壁画を描くことは、ロイヤリストの居住地では、「市民の権利であり、市民の義務」になっていった[6]。

ボイン河の戦いでのプロテスタントの王ウィリアム三世の勝利が壁画として繰り返し描かれた。ユニオニスト／ロイヤリストにとっては、ウィリアム三世こそが、自分たちに「自由、宗教、法律を与えた[7]」のである。ボイン河の戦いの記念のために行進がおこなわれ、かがり火（bonfire）がたかれ、アーチが建てられ、それぞれの地区では、ウィリアム三世の壁画が競い合って描かれた。この時期には、ほかの題材――ソンムの戦い、タイタニック号沈没、ジョージ五世と女王メアリーの戴冠式――も描かれてはいた。こういった題材も、やはりユニオニスト／ロイヤリストの支配の正統性を示そうとするものだが、数としては、ウィリアム三世ほど多くは描かれていなかった[8]。こうした文化活動は、ユニオニスト／ロイヤリストの内部に存在する大きな階級差を超えた、ユニオニズムを構成する共通のコミュニティを作り出すのに役立ち、ローカルな次元を国家につなげる儀礼として機能したという[9]。

他方、ナショナリスト／リパブリカン住民の状況は、ユニオニスト／ロイヤリストとはずいぶん異なっている。一九四九年のアイルランド共和国成立後、北アイルランドでは、五四年にユニオニストが支配する政府によって、「旗章法（Flags and Emblems Act）」が可決された[10]。この法案は五項からなる、全体として二ページに満たないとても短いものだったが、ナショナリスト／リパブリカン住民にとっては非常に抑圧的な内容をもつものだった。[11]
第一項では、土地や建物にイギリス国旗であるユニオン旗を掲げることを妨害しあるいは妨害のおそれがある行為については違法とすること、第二項では、治安を乱す可能性があるいかなる象徴の撤去も警察官は命じることができる、また責任者がいない、あるいは同意しない場合は、警察官がその場に入って撤去することができるというものであった。[12]

この法案は、端的にいってナショナリスト／リパブリカン住民が、アイルランドの国旗やそのほかのシンボルを掲げることを禁止するものだった。したがって、彼らがアイルランドの歴史や英雄を記念して、屋外の壁画に表現することは、きわめて困難だった。[13]

とはいえ、むろんリパブリカンはこれに粛々と従ったわけではなかった。一九六四年の選挙キャンペーンでは、アイルランドの三色旗が西ベルファストのフォールズ地区のディビィス・ストリートにあるリパブリカン政党の事務所に掲げられたが、ユニオニスト強硬派の指導者イアン・ペーズリーがこれに対して抗議行動を起こした。[14]この抗議行動によって警察が動き、旗は撤去された。[15]さらに次の日には再度旗が掲げられて、また撤去されたが、この二度目の撤去の際には騒動が起き、少なくとも三十人が重傷を負って病院に運ばれた。[16]六九年一月には、ベルファストだけでなく北アイルランド第二の都市であるデリー市でも、カトリック住民の居住地区であるボグサイトに警察の侵入を防ぐバリケードが築かれ、近くの壁に「フリーデリー（You Are Now Entering Free Derry）」とスローガンが書かれ、それが抵抗のシンボルになった。[17]さらに七〇年には、南ベルファストのアナデル通りで「アイルランドの解放なくして、平和なし（Ireland Unfree shall never be at Peace）」というスローガン[18]と三色旗を壁に描いたことにより、二人の男が半年の禁固刑を命じられたなどのナショナリスト／リパブリカンの抵抗の記録が残されている。[19]

紛争時代、マスメディアは北アイルランドの状況をどのように伝えていたのだろうか。地域での壁画の役割と位置づけに関係すると思われるため確認しておきたい。ひと言でいえば、マスメディアは概して紛争地の住民の視点、とりわけナショナリスト／リパブリカンの視点を十分に反映できなかった。[20]

紛争下のマスメディアの状況については、メディアに対する国家の介入が大きな影響を与えていた。一九七四年に「テロ防止法（Prevention of Terrorism Act）」が定められ、これによってジャーナリストの取材活動は制限されることになった。この法案は、テロリストあるいはテロリズムについての何らかの情報を得た場合は、それを警察に通報する義務があるというものだったため、特にイギリス国家と闘うリパブリカン側の主張を取材する際の障害になり、紛争の一方の当事者への取材が困難になった。

さらに一九八八年十月十九日には「放送禁止法（Broadcasting Ban）」が導入され、十一の組織に対するインタビューが制限された。[21]ここでも、主たるターゲットはリパブリカンだった。[22]放送禁止法は、ニュース報道でＩＲＡ支持者の声を使うことを禁じ、[23]さらにはＢＢＣの上級記者の一人であるジョン・シンプソンの表現によれば、支持者とのインタビュー自体も「時間を無駄にする長話」であり、注意するように言われたという。[24]グラスゴーのメディア研究者グループの調査では、この禁止法の導入以後、リパブリカンの政治組織のシン・フェインのメンバーがテレビに映る頻度は、導入以前と比べて約六〇パーセントまで落ち込んでいった。[25]

主要テレビ局のＢＢＣとＩＴＶ[26]は、ともにニュースで北アイルランドの対立について報道する際、全体的な傾向としては当時の政府の検閲に逆らうことは少なかった。[27]そのために、結果として、対立の構図が一部の武装テロ集団とそのほかの一般社会という枠組みで報じられることになったが、少なくともこの視点は多くのナショナリスト／リパブリカンの人たちの見解とは大きく異なるものだった。[28]

マスメディアがリパブリカンの要求に応えられていない状況下、一九八一年のハンガーストライキ運動を契機に、壁に主張を書き表す活動が爆発的に広まった。ベルファストでは、少なくとも百点以上の落書きのような壁画がこの時期に描かれた。[29]

まず、一九七九年の夏に、リパブリカンの囚人たちがブランケット・プロテスト（囚人服の着用を拒んでブランケット［毛布］だけを着用する抗議活動）をおこなった際、ボビー・サンズは「コム（Comm）」（Communications

を短縮した表現――刑務所と外部の間に秘密のコミュニケーション）を送り、囚人たちへの支援と意識の高まりを目指した「大規模なペンキとポスターのキャンペーン（A Massive Paint and Poster Campaign）」をおこない、「リパブリカンが住む全域で描きまくる」ようにはたらきかけた[30]。決まったスローガンやシンプルなイメージが現れだし、これがリパブリカンの壁画のもとになったと考えられている[31]。

しかし実際に壁画が急増したのは、サンズのハンガーストライキによる死の直後からである。サンズの死後に描かれていた題材は、「ボビー・サンズ」「長髪の囚人の姿――キリストの受苦の姿になぞらえたもの」、またこうしたリパブリカン運動とともに、数は前者に比べると少ないものの、この時期には「ＩＲＡの姿」も描かれていた[32]。

一九八〇年代以降、とりわけ西ベルファストで盛んだった壁画を描くという活動は、文化による抵抗の重要な一部分だった[33]。当初は囚人の闘争に焦点が当てられていたものの、その後多くの壁画は、ＩＲＡの主張と無関係なものを題材にしていった[34]。

他方、ロイヤリストのコミュニティでは、一九七〇年代頃には壁画があまり描かれなくなっていった[35]。ロールストンによれば、人権運動家、ナショナリストの活動家、外国人ジャーナリスト、イギリスの政治家から、ユニオニスト／ロイヤリストの「優位のシンボル」を北アイルランド社会で掲げることに対して異議が表明され始めたことが大きな要因の一つだという[36]。優位のシンボルを掲げることに対する批判のなか、ユニオニスト／ロイヤリストがどのように自分たちを外部に向けて表現できるのか。この大きな課題に対して、壁画が単独で解答を用意することは到底できるものではなかった[37]。

そのため、この時期に壁画に描かれたのは、「絵」というよりは、主に旗・記章などのシンボルや紋章だった。以前の人物を描いた壁画――ロイヤリストの人物、ジョージ五世などの過去の王――は姿を消していった。この時期のロイヤリストの壁画で人物が描かれることは、ほとんどなくなっていった[38]。

例外は、オレンジ公ウィリアムである。地域で競って多数描いていた頃に比べると壁画数は大幅に減少したが、完全になくなることは決してなく、引き続きコミュニティでは描かれた[39]。これについては、自分たちの優位の確認というよりノスタルジア的なものだという見方もある[40]。いずれにしても、ウィリアムの描かれ方自体には大きな変化はなく、またロイヤリスト・コミュニティの壁画の全体数が減るなかで、ウィリアム王の壁画は、それでも姿を完全には消すことなく、引き続きロイヤリスト・コミュニティに存在し続けた[41]。

次にロイヤリスト・コミュニティで大きな変化が見られたのは、一九八五年にイギリス＝アイルランド協定が結ばれた際である[42]。前章でふれたようにイギリス＝アイルランド協定は、北アイルランドが連合王国の一部として残りながらも、北アイルランドに関するアイルランド共和国の発言権を公式に認めるという内容であり、八五年末から八六年にかけて、これに対する大規模なユニオニスト／ロイヤリストの抗議行動が起きた[43]。

この時期、こうした世情を反映して、壁画でも題材の変化が表れた。一九六〇年代から活躍したＵＶＦ（アルスター義勇軍）やＵＤＡ（アルスター防衛協会）といった武装組織は、それまでロイヤリストの壁画にほとんど描かれていなかったが、八五年頃から武装したロイヤリストの兵士――覆面をして銃を構える男など――が描かれるようになった[44]。

一九九〇年代半ば以降、ＩＲＡの武器放棄交渉の開始などを経て、和平の機運が高まり和平合意に達した。リパブリカンの壁画では、ＩＲＡなどの武装組織の壁画はほとんど消えていった。ロイヤリストの壁画には、和平合意前後に一時的に武装組織の壁画が多数現れることはあったが、その後新たに描かれることは少なくなった（以前に描かれたものが残ることはあった）。代わりに描かれたのは、囚人の解放を訴える壁画である[45]。

住民は和平を望んでいて、大きな流れとして戦争状態に戻ることはできない。リパブリカンの壁画に描かれたのは、大きな政治的な課題というよりも、様々な団体・組織からの依頼を受けた題材を扱う壁画であり、ロイヤリストの壁画には歴史（ソンムの戦い）を題材にしたものが多く取り上げられるようになった。和平合意後の壁画については、次章でさらに詳しく取り上げる。

2▼壁画研究の歴史

ロールストン以前――壁画研究の不在

人類学、社会学、政治学の領域の研究で、壁画そのものを論じた著書や論文はそれほど多くない。多くの場合、壁画はフィールドワーク過程の付随物としての記録にとどまっていた。北アイルランド研究で、文書に残されている言説が、政治家の発言から武装組織に近い集団の発表する意見まで一次資料として検討されてきた一方で、壁画については一九八〇年代後半から九〇年代になってようやく、一部の研究者が記録の保存・整理に着手して体系的な研究が始まった。

過去の壁画についての研究、あるいは壁画の変化を体系的に論じる際に問題になるのは、写真などの一次資料と、壁画についての文字による記述を含めた過去の資料の不十分さである。(46) 過去の壁画は資料のなかに散見されるものの、全体像を正確に把握するほどの量は保存・整理されていなかったために実証的研究が困難だった。

資料が体系的に蓄積されてこなかった理由は、紛争時期の壁画のサイクルがとても短かったこと、つまり、その場所に存在する期間が短期間であり、描き替えられる頻度も高かったことが挙げられる。さらに治安当局に破壊されることもあったために、記録に残せなかったという事情もある。(47) このような状況下で、資料の獲得はほとんど、個人的努力にかかっていた。

また、当時の壁画に対する認識が影響していることも、指摘されている。壁画は、北アイルランドの労働者の生活文化に根づいたものである。美術(ファイン・アート)を専門にする研究者の間では、稚拙なアマチュアの手による到底作品とはいえないようなものであり、真剣な学問的議論の対象として壁画はみなされてこなかった。さらに、一九六九年以降三十年に及ぶ紛争の時代に彼らの表現したものの多くが北アイルランドの紛争社会に非常に強く結び付いたものだったため、壁画は紛争解決の障壁になる、強硬派によるプロパガンダであるとみなされがちだったことも理由として挙げられる。[48]

他方でこうした紛争との関係から、一九八〇年代以降、社会学や人類学で壁画に関心をもつ研究者が現れたが、体系的な研究には結び付いていなかった。この時期の社会学の主な研究関心はむしろ、テレビなどのメディア報道の分析に向かっていた。[49]

ロールストンによる壁画の「発見」

このような壁画についての研究状況を大きく変化させたのが、北アイルランドの社会学者のビル・ロールストンである。ロールストンの仕事は、のちに壁画研究を目指す者に大きな影響を与えた。彼は北アイルランドの公式の表象から除外されてはいるが、地域住民による重要な表象として壁画を捉えた。壁画をマスメディアに対するオルタナティブ・メディアとして提示したのである。

彼は紛争期に撮影した写真をまとめた壁画に関する本格的な著作を、一九八〇年代以降、とりわけ九〇年代から二〇〇〇年代にかけて続けて出版した。[50] 彼は、記録が少ない紛争の最中の壁画の写真を中心的主題別にまとめている（一九九〇年代以降のものが多いが、貴重な七〇年代後半のものも一部含まれている）。そうした作業を三冊[51]の本のなかでおこなっているが、これにより壁画の題材の全体的な推移をおおよそつかむことができる。

ロールストンは、壁画がリパブリカンのコミュニティとロイヤリストのコミュニティの主張を映し出す窓であり、壁画の変化を見ることで主張の変化も読み取れると説明する。[52] 彼の研究では、主に壁画の題材のシンボリックな内容の展開に焦点が当てられる。彼は、ユニオニスト／ロイヤリスト側とナショナリスト／リパブリカン側の壁画の特徴を、時代背景、とりわけ当時の政府の政策や軍との関係から論じている。これによってマスメディアが伝える内容とは異なる、壁画を描く人々が住む地域の問題や分断社会の問題を浮き彫りにした。

オルタナティブ・メディアとして壁画を捉える彼の研究と、その後に続く研究者たちによって、壁画に表現される紛争地住民の異議申し立てが取り上げられ、検討されるようになっていったのである。こうした研究は、壁画という媒体とそこに住む人々に対して、それまでの北アイルランドの社会学関連の研究が向けてきたまなざし自体を問い直したといえる。ロールストンの研究によって、北アイルランド社会に長く存在してきた壁画の研究対象としての意義が見いだされ、壁画が「発見」された。

ロールストン以降――壁画研究の推移

ジャーマンの研究

ロールストンの一連の研究が、北アイルランド研究への問題意識から生まれた点、壁画を見ることによって軽視されがちだった当該社会の労働者階級の主張を知ることができるとする視点と議論には、非常に大きな意義と根拠があった。しかし、ここで注意したいのは、ロールストンの研究は結果として、壁画の意味を直截的に捉えること、すなわち壁画に描かれるイメージの内容が直接社会の反映だとする見方につながってしまう点である。

ロールストンの研究では、ロイヤリストやリパブリカンのイデオロギー分析がなされるが、ある場所を占める物理的なモノとしての壁画の側面にはあまり関心が払われない。しかし、壁画は単なる静的なイメージでなく、物理的なモノとしてある具体的な場所に存在しているのであって、この意味で場所特有のものである。

この点について、ロールストンの研究を補完する研究が北アイルランドの社会学者のニール・ジャーマンによって進められている[53]。彼は、壁画をモノとして捉えることの重要性を指摘する。

ジャーマンは、壁画が都市空間のなかで象徴的なモノとして使用される方法について目を向ける。彼はまず、壁画と壁画が描かれる場所の関係に注目し、壁画が描かれる場所とコミュニティ内のパレードのルートが重なる場合が多いこと、また、地域住民がよく集まる場所に壁画が多数描かれていることから、主にコミュニティ内部の住民に向けて壁画が利用されてきた点を指摘する。

またジャーマンは、壁画と空間の分断関係について議論している。壁画は、混住地区では、その場所がどちら側の地区なのか明示する看板の役割を果たし、「プロテスタントの住民が住む地域を、プロテスタント地区にし、（略）別の地区は、カトリックの地区として認識されるようになった[54]」と壁画が北アイルランド社会で分断状況を強化するものとして機能した点を指摘する。

こうして、場所に密着した壁画という視点を明確にしながら、ジャーマンはもう一方でマスメディアなどによって壁画の映像が繰り返し報道されることで、コミュニティの境界を超えて地域外へと拡散する点にも注目している。テレビのニュース報道、ドキュメンタリー、映画、テレビドラマ、新聞では、紛争地のしるしとして壁画は用いられていった。紛争の激化とともに、紛争地を表すシンボルになった壁画は、そのイメージが北アイルランドの外へと広がり、北アイルランドという土地と結び付いたものと広く認識された結果、国内外の有力な政治家が訪れてその前でスピーチをするなど、政治の舞台になっていったのである[55]。

ここではモノとしての壁画、すなわち、描かれ、取り替えられ、最終的には物理的に消えていくが、ほかの媒体によって流通することで生き残り、そのため時と場所の文脈を超えるという壁画の特性が指摘される。ある場所に固有のモノが、広がり、そして新しい意味を生み出し、解釈が生まれる。

ライルの研究

国際関係論と文化研究を専門にする研究者であるデビー・ライルは、こうしたジャーマンの立場を支持し評価する一方で、ロールストンとジャーマンの壁画の分析枠組みを、伝統的な「二つのコミュニティの枠組み（Two communities framework）」に基づいたものだとして異議を唱える[56]。

確かに、二つのコミュニティの分断は、境界線が日々確認され続けることによって再生産され、対立の結果であると同時に原因にもなっている[57]。そうした状況のもとで、これまでの壁画研究が境界線を解消する方向へ向かうのではなく、結果として再生産することになっている側面をライルは問題にする[58]。

ライルが目指すのは、壁画をより広い文脈で捉え直す試みである[59]。それによって、特に和平プロセス下の現在、伝統的な二つのコミュニティの枠組みを揺らし、二つのコミュニティによる対立の文脈でだけ論じられがちな壁画の別の可能性を探ることを目的にしている。

様々な力の影響を受ける場で壁画が生まれる、というライルの指摘は重要である。彼女は、壁画の表象もグローバル化の影響のもとにあること、また、壁画全体での女性表象の少なさを指摘したうえで、フェミニズム・ムーブメントの影響を受けた壁画を紹介する。[60] 彼女が指摘するような、リパブリカンとロイヤリストという枠組みに収まらない壁画は、数は限られているが、一九八〇年代から存在していたことがいくつかの記録に残されている。[61] また、和平プロセスが進展する九〇年代以降も、そうした壁画は、記録に残された数は多くないが、少なくともいくつか現れていたことが確認されている。

しかしこうした壁画は、彼女自身は論じていないものの、残された記録によれば、比較的短期間でなくなっている。また、ほかの壁画にイメージが採用され、複製されていくなどの流通は、ほとんどしていない。[62] 壁画の生成の性質を考慮すれば、問題にすべきは描かれた一作品の題材ではなく、その影響や受容のされ方であり、したがって分布・複製・転送・管理などの過程に注目する必要がある。

ここで強調したいのは、壁画が比較的手軽な表現媒体である点である。ある一つの例外的な題材が、コミュニティ内に一時的に生まれること自体はそれほど困難なことではない。様々な題材が生まれては消えていくという性質をもった媒体なのである。したがって、ある壁画がコミュニティにとって重要な意味をもつという議論を展開する際には、それが研究者の恣意的選択に基づく解釈ではないことを示すために必要な手続きがある。それは分布・複製・転送・管理を見るという方法であり、あるいは少数であっても、そうした壁画の存在期間や住民との関わりを通して、その存在が重視されていた根拠を示すという方法である。[63]

こうした点から検討すると、伝統的な「二つのコミュニティの枠組み」に基づく研究がもはや適当でない根拠として彼女が挙げる事例は、全体から見ればごく少数にとどまり、影響が限られている（あるいは、影響があったことを示す根拠が明確ではない）ことから、限定的なものといわざるをえない。強力なイデオロギー的枠組みについての彼女の問題意識は理解できる（また共感する）ものの、二つのコミュニティという枠組みを揺るがすための、十分な反論を提供するものにはなっていない。

多くの壁画は、二つのコミュニティの枠組みに強く影響を受けざるをえない住民の居住地区にあるのであり、枠組みの性急な解体を目指しても成功しない。二つの境界をもつコミュニティの場所を知らせ、包摂と排除の政治的実践に参加することを奨励するのに役立ってきたという、壁画の歴史的側面は軽視できないのである。

むしろ必要なのは、二つのコミュニティの枠組みがどのように再生産されているのか、また、同時にコミュニティ内にも揺らぎが存在する場合は、どのようなかたちで生じるのかを検討することである。枠組みは存在し、構築され続ける。しかし、枠組みの内部を詳細に検討すると、決して従来言われてきたような、変化の少ない、固定的なものではないことがわかる。内部に複雑さや多様性を含みながらも、しかし、枠組み自体は現在も確かなものとして存在している。[64]

必要なのは、二項対立的な関係で構築された集団内部の揺らぎを見る研究方法の検討である。またそうした枠組みに収まらない表現が存在するとすれば、それはどのようなかたちであるのか、どのような条件下で出現するのかという点を明らかにすることである。

ロフタスの研究

もう一人、壁画研究で言及すべきは、ロールストンと同時期から長く研究をおこなっているベリンダ・ロフタスの研究である。ロフタスは、美術と社会学の学位をもつイギリスの研究者であり、壁画そのものについてはあまり論じていないが、壁画で頻繁に採用されているイメージを取り上げて分析している。[65]

特にロフタスは、ユニオニスト／ロイヤリストの壁画にしばしば描かれてきたオレンジ公ウィリアムに注目し、その受容のされ方がどのように変化したかを丁寧に検証している。[66] 彼女は、十七世紀以降の社会環境の変化を踏まえ、一部の人しか目にすることがなかった絵画のなかで描かれてきたウィリアム三世像が、どのようにして一般の民衆に利用可能な、より大衆的な視覚イメージへとその存在様態を変化させていくのか、その過程を説明している。

ロフタスはまず、ダブリンのトリニティカレッジ正面に、一七〇一年から一九二九年まで存在したウィリアム三世の銅像を挙げている。彼女はダブリンでのこの銅像の社会的影響は限定的だったとしているが、少なくともこれにより、市民が日常的にウィリアム三世像を目にする機会が生まれた。

また、十八世紀後半の歴史画に対する需要の拡大とそれに対応する地元の画家の出現によって、歴史画がより廉価で供給可能となり、幅広い購買者層に行き渡るようになった。さらに、ウィリアム三世像はハンカチやグラスなどの製品にも描かれることがあったが、そこではより簡素でわかりやすい姿が用いられるようになった。そして、オレンジ会の存在と政治状況の変化のなかで、ウィリアム三世は一つのイメージへと収斂していき、現在の壁画に見られるウィリアム像に帰着したという。

ロフタスの研究は、壁画の研究を紛争や対立の文脈だけでなく、「なぜオレンジ公ウィリアムが、現在なじみのある白馬に乗った姿で表現されるのか」という問いを、複製技術メディアの普及という広い社会変化を視野に入れて、明らかにした点で優れている。壁画研究に重要な視点を提供したといえるだろう。

これまでをまとめると以下のようになる。

1、壁画を紛争地の住民の声を映すオルタナティブ・メディアと捉えて、壁画に描かれるイメージをもとに主張の分析をおこなう研究。

2、壁画をモノとして捉え、壁画の場所との関係、空間の分断の成立と壁画の関係、メディアでの壁画の流通について論じる研究。

3、壁画研究が分断の再生産をおこなっている側面を問題視して、二つのコミュニティの枠組みからはみ出る壁画についての研究を試みたもの。

4、壁画にしばしば描かれるイメージとより広い社会でのイメージの流通を明らかにした研究。

3▼本書の方法

ここで、本書の研究方法を確認しておきたい。本書は彼らの研究の成果に非常に多くを負っている。ロールストンが学術世界に開いた壁画を研究対象に、さらに議論を進める。それは、コミュニティを映し出す「窓」とロールストンが述べる壁画について、具体的に何をどのように映し出すのかを問題にするものである。どのような壁画が、どのようなかたちで受け入れられているのか、何がコミュニティのなかで重要な記憶とされているのか。

こうした点の解明を目的に、以下の調査をもとに、記述と分析と考察をおこなう。

ⓘベルファストの壁画の全体数を把握し、それぞれのコミュニティで描かれる題材の傾向を理解する。
ⓘⓘ定点観測――題材の変化の有無を調べる（どこに存在するのか、どのくらいの間存在しているのか、どのような変化があるのか／ないのか。変化する場合は、どこの場所にある、何が消され、何が新たに描かれるのか。壁画のイメージの伝播・流通状況：社会のなかにどれくらいの広がりをもつのか）。
ⓘⓘⓘテキスト間分析――より広い社会生活のなかに壁画の表象を位置づける。
ⓘⓥ壁画家へのインタビューと参与観察によって、右の調査で不十分な点を補う。

主に、第4章ではⓘ、第5章ではⓘⓘⓘ、第6章ではⓘⓘ、第7章でⓘⓥの調査方法を用いている。

本書ではまず、任意の壁画をピックアップするのではなく、壁画の全体像を明らかにし、そのなかで個別の壁画を位置づけたうえで議論を展開したい。また、壁画を再度、壁画がない地域も含めた北アイルランド社会全体に接続し、イメージがどこから採用されているのか調査をおこなう。壁画というメディアが、どのような「かたち」と「表現」によって人々により身近なものとして受け入れられるのか。この点については、ロフタスのウィリアム三世像のイメージについての重要な先行研究はあるものの、それ以外のものについては、十分に論じられてはいない。本書では、いくつかの事例とともにその点を明らかにしたい。また、壁画の制作後の成り行き――流通・管理状況――を見ることで、コミュニティ内の位置づけや、壁画に変化がある場合は変化の意味を推測することが可能である。さらに、和平プロセスの進展のなか、非常に例外的ではあるが、二つのコミュニティの枠組みを超える壁画が新たに現れた。そうした壁画がどのような条件下で出現したのか、詳しく論じたい。

繰り返せば、本書の独自性は、モノとしての壁画の生産・流通（伝播）・管理状況を観察し、そこに生きる住民の集合意識と記憶を探ることにある。壁画は、生産・受容・変容・流通という一連の過程のなかで位置づけられる必要がある。この点についてジャーマンの研究と視座を共有するが、ジャーマンが、壁画のイメージが北アイルランド社会の外部へと広がっていく過程に注目したのに対して、本書では、コミュニティ内部での分布と生産・需要・流通過程に分析の主眼を置く。次章以降では、右の研究方法を用い、それぞれ壁画の具体的な分析をおこなっていこう。

注

(1) Belinda Loftus, "Loyalist Wall Paintings," *CIRCA*, 8, 1983, p.11.

(2) 記録に残されているベルファストの最初の壁画は、造船所の労働者ジョン・マクリーンが東ベルファストのビアーズブリッジ・ロード（Beersbridge Road）に描いたものである（Ibid., p.11.）。第2章でふれたように、ベルファストの造船業で働いていた労働者は、ほとんど全員がプロテスタントだった。

(3) Bill Rolston, *Drawing Support: Murals in the North of Ireland*, Beyond the Pale Publications, 1992, i.

(4) Bill Rolston, "From King Billy to Cu Chulainn: Loyalist and Republican Murals, Past, Present, and Future," *EIRE-*

IRELAND, 32(4), 33(1), & 33(2), 1999, p.12.

（5）前掲『北アイルランド紛争の歴史』一一〇ページ

（6）Rolston, "From King Billy to Cu Chulainn," p.12.

（7）Ibid., p.12. なお、ボイン河の戦いは、プロテスタントの王であるウィリアム三世がカトリックの王ジェームズ二世に勝利したことから、プロテスタントの勝利を象徴する戦いとみなされている。しかし、カトリックのローマ法王のアレクサンデル八世は、プロテスタントのウィリアム三世を支援していた。当時、フランスのルイ十四世は、フランス国内の教会に対するローマ法王の権力を制限しようとし、ローマ法王とは対立関係にあった。ルイ十四世はカトリックの王ジェームズ二世を支援していて、法王は、ジェームズ二世と戦うウィリアム三世を支援したのである。したがって、歴史的にはボイン河の戦いは、必ずしも「プロテスタント」と「カトリック」の間の戦いと捉えることはできない（Gerard Brockie and Raymond Walsh, *Focus on Irish History: BK.1*, Gill & Macmillan, 1993, p.128.）。

（8）Rolston, "From King Billy to Cu Chulainn," p.12.

（9）Ibid., p.12, Bill Rolston, *Drawing Support 3: Murals and Transition in the North of Ireland*, Beyond the Pale Publications, 2003, v.

（10）「旗章法（Flags and Emblems Act）」は、直接統治下の一九八七年に廃案になった。

（11）法案の内容は、以下のＣＡＩＮのウェブサイトで確認することができる。"Flags and Emblems (Display) Act (Northern Ireland), 1954," (http://cain.ulst.ac.uk/hmso/fea1954.htm)［二〇一五年一月十一日アクセス］

（12）Lucy Bryson and Clem McCartney, *Clashing Symbols?: A Report on the Use of Flags, Anthems, and Other National Symbols in Northern Ireland*, The Institute of Irish Studies, The Queen's University of Belfast, 1994, p.145.

（13）Neil Jarman, *Material Conflicts: Parades and Visual Displays in Northern Ireland*, Berg, 1997, p.232.

（14）Andrew Boyd, *Holy War in Belfast*, Anvil Books, 1969, pp.179-189.

（15）当時、シン・フェインの事務所横に、警察の派出所が設置されていた（*Ibid.*）。

（16）*Ibid.*, p.181.

（17）この壁画は、ボグサイトの再建の際にもそのまま残され、現在まで定期的に塗り直されている。詳しくは、Neil Jarman, "Painting Landscapes: The Place of Murals in the Symbolic Construction of Urban Space," in Anthony D. Buckley ed., *Symbols in Northern Ireland*, The Queen's University of Belfast, 1998, p.85を参照のこと。

（18）このスローガンは、もともとアイルランド独立運動の指導者であり、イースター蜂起で処刑された指導者パトリック・ピアースによる有名なフレーズである。ピアースが一九一五年のオドノヴァン・ロッサ（フィニアンの革命家）の葬儀でスピーチの結びに用いた言葉だった。

（19）*Irish News* Jul. 23, 1970, Jarman, *Material Conflicts*, p.232からの引用。

（20）とはいえ、紛争初期の一時期の報道状況は、ナショナリスト／リパブリカンの視点も反映されたものだったようである。一九六〇年代末に紛争が発生し、七〇年代初頭の暴力がエスカレートしていくにつれ、世界中から、とりわけ、イギリス本土から多くのレポーターやフィルムクルーがやってきた。当初は、彼らがナショナリスト／リパブリカンの主張する大義に同情的だったこともあり、報道は量もさることながら、質的にもかなり詳しく報道されていた（Bill Rolston, "Selling Tourism in a Country at War," *Race & Class*, 37(1), Jan, 1995, p.25.）。さらに、ロールストンとディビッド・ミラーによれば報道の「バランス」や「客観性」についての激しい議論がなされていたという（Bill Rolston and David Miller eds., *War and Words: The Northern Ireland Media Reader*, Beyond the Pale Publications, 1996, p.1.）。しかし次第に、IRAというテロリストに対する「民主国家イギリス」の防御の戦いとしてみなされるようになり、政府の利益と公共の利益が同一視されていった（Rolston, "Selling Tourism in a Country at War," p.25.）。

（21）David Miller, "The History Behind A Mistake," *British Journalism Review*, 1(2), 1990, pp.34-43. Reprinted in: Rolston and Miller eds., *op.cit.*, p.244.

（22）Colin Coulter, *Contemporary Northern Irish Society: An introduction*, Pluto Press, 1999, p.195.

（23）放送禁止法は、実際には主としてリパブリカンの政治組織シン・フェインの活動家を対象にしていた。テレビやラジオで、ジェリー・アダムズやマーティン・マクギネスなど、シン・フェインのリーダーたち本人の声を直接放送することができなかったため、彼らの発言は字幕がつけられるか、プロの役者によって吹き替えられた。吹き替えは、プロの役者の力強い明確な発話といった魅力によって、本人のものよりかえって聞き手に説得的に聞こえたこともあったという。

(24) アイバー・ゲーバー「紛争と妥協──北アイルランド紛争報道の諸問題（メディア・政治・権力）」渡辺武達訳、「マス・コミュニケーション研究」第六十一号、日本マス・コミュニケーション学会、二〇〇二年、四五ページ

(25) Lesley Henderson, David Miller and Jaqueline Reilly, *Speak No Evil: The British Broadcasting Ban, the Media and the Conflict in Ireland*, Glasgow University Media Group, 1990, p.37.

(26) ＩＴＶ（The Independent Television）とは、イギリスの各地方に存在する放送局の連合体である。複数の放送局が一つのネットワークを構成するが、北アイルランドではＵＴＶ（Ulster Television）がライセンスを保持し、放送を担当している。

(27) とはいえテレビ局と政府との対立も何度かあった。たとえば、ＢＢＣが編集した北アイルランド紛争の特集番組のなかでＩＲＡ指導者のインタビューが含まれていることを知った当時のサッチャー首相が放送中止を要請し、ＢＢＣの理事会が中止を決定したところ、一九八五年八月七日に放送ジャーナリスト組合が二十四時間のストを決行した。ＢＢＣとＩＴＶはともにニュース番組をいっさい中止し、組合側は記者会見の場で問題の番組のビデオを上映し、さらに特設テレビで街頭の人々に見せた。このときは、部分修正して翌月放送することで一応の決着をみた（前掲『北アイルランド紛争の歴史』二一三ページ）。

　また、そもそも「放送禁止法」以前にも、検閲は存在していた。リズ・カーティスは一九五九年から九三年の間に、放送ではどのような検閲が存在したのか、禁止法の前後で分けて、放送局・番組名・内容を明らかにした非常に詳細なリストを作成している（Liz Curtis, "A Catalogue of Censorship 1959-1993," in Rolston and Miller eds., *op.cit.*, pp.265-304.）。

(28) 前掲「紛争と妥協」四六ページ

(29) Bill Rolston, "Politics, Painting and Popular Culture: the Political Wall Murals of Northern Ireland," *Media, Culture and Society*, 9(1), Jan, 1987, p.15.

(30) Padraig O'Malley, *Biting at the Grave: The Irish Hunger Strikes and the Politics of Despair*, Blackstaff Press, 1990,

p.54.

（31）Jarman, *Material Conflicts*, p.234.

（32）*Ibid.*, p.234.

（33）James C. Scott, *Domination and the Arts of Resistance: Hidden Transcripts*, Yale University Press, 1990, Jeffrey A. Sulka, "The Politics of Painting: Political Murals in Northern Ireland," in Carolyn Nordstrom and Joann Martin eds., *The Paths to Domination, Resistance and Terror*, University of California Press, 1992, Jeffrey A. Sulka, "Domination, Resistance and Political Culture in Northern Ireland's Catholic-Nationalist Ghettos," *Critique of Anthropology*, 15(1), 1995, pp.71-102.

多くの人が、一斉にイメージを描き出すことが可能だった背景には、「教育・訓練」機関としての刑務所「インターンメント・センター」の存在があるという（Jarman, *Material Conflicts*, p.233.）。彼らはここで政治思想・アイルランド史・アイルランド語を学び、さらに革製品やハンカチに絵を描く技術を自分たちで磨いた。これらは友人・家族に作って送ることを目的に制作されたものであり、描いた題材はナショナリスト／リパブリカンのシンボル、ケルト模様の十字架、ハープ、フェニックス、リパブリカンの英雄的指導者（コノリーやピアース）だった（Gerry Adams, *Cage Eleven*, Brandon Books, 1990, Bill Rolston, *Politics and Painting: Murals in the North of Ireland*, Associated University Presses, 1991）。リパブリカンのシンボルのほかにも、チェ・ゲバラのポスターをコピーして描くこともあった（*Ibid.*, p.74.）。そうした作業のなかで、みずから、あるいは仲間から絵の才能を見いだされ、さらに技術を磨いていった。絵の才能がそれほどない人は、誰かの作品を手本になぞることをしていた。壁画家やその友人たちの話では、刑務所の構内の壁にそうしたイメージを描くこともしていたという。彼らが出所後、それを街の壁に描き始めたのである。

（34）Jarman, *Material Conflicts*, p.234.

（35）Coulter, *op.cit.*, p.203.

（36）Rolston, "Politics, Painting and Popular Culture," p.12.

（37）Rolston, "From King Billy to Cu Chulainn," p.13.

(38) Bill Rolston, *Drawing Support 2: Murals of War and Peace*, Beyond the Pale Publications, 1998, ii-iii.

(39) とはいえ、一九六〇年代頃には、ウィリアム三世の壁画を描く活動が地域でかなり停滞していたことが、記録に残されている。たとえば、六四年一月二十六日の *Sunday Press* には、ウィリアム三世の壁画の管理状態について記事が載せられている。数年前までは真っ白な馬にウィリアム三世はまたがっていたのに、うすよごれた灰色の馬になってしまっていると嘆く (Rolston, *Politics and Painting*, p.26.)。新たに描かれることや描き直されることが少なくなっていることがわかる。

(40) Rolston, "Politics, Painting and Popular Culture," p.13.

(41) 二〇〇七年夏、シャンキル・ロード沿いのコミュニティセンター (SPECTRUM) で、ウィリアム三世の壁画の写真展示会がおこなわれた。地域住民に呼びかけて、個人が所有している過去のウィリアム三世の壁画の写真を持参してもらい、その写真を拡大してコミュニティセンター内で展示するというものである。

展示している写真を見ると、多くがシャンキル、またいくつかはほかのロイヤリストの居住地域（サンディー・ロウなど）に存在したものである。時代は一九二〇年代から三〇年代のものが最も多いが、六〇年代の写真もいくつか展示されていた。

(42) Rolston, *Drawing Support*, ii.

(43) たとえば一九八六年十一月十五日には一万人を超す人々がシティセンターに集まって抗議のデモが実施されている（前掲『北アイルランド紛争の歴史』二二三ページ）。

(44) Rolston, *Drawing Support*, ii.

(45) Neil Jarman, "The Ambiguities of Peace: Republican and Loyalist Ceasefire Murals," *Causeway*, 3(1), 1996, pp.23-27.

(46) 紛争時期の資料の多くはビル・ロールストンの手によるものである。なお、壁画のデータの整理に関しては、一九九〇年代後半になってようやくまとまった記録が公表され始め、二〇〇〇年代に入って、その数も増えてきた（特にＣＡＩＮ、ロールストン、Linen Hall Library のプロジェクト、Claremont College Digital Library のデジタル・アーカイブが包括的なデータを公開している）。ただし、現時点ではそれらによって入手できる情報は一九九〇年代以降のものが多く、それ以前の資料は限られているため、年代別の推移を詳細に知ることが困難である。

（47）Rolston, *Drawing Support*, i.

（48）*Ibid.*, i.

（49）この時期の報道が、警察や軍以外の政治暴力については、「テロリスト」と同一視するような視点をとっていたことを、社会学やメディア研究では、明らかにした（Coulter, *op.cit.*, pp.158-164.）。

（50）Rolston, “Politics, Painting and Popular Culture,” Rolston, *Drawing Support*, Rolston, *Drawing Support 2*, Rolston, *Drawing Support 3*.

（51）Rolston, *Drawing Support*, Rolston, *Drawing Support 2*, Rolston, *Drawing Support 3*.

（52）Rolston, *Drawing Support 2*, p.i.

（53）Jarman, “Painting Landscapes”

（54）Ibid., p.84.

（55）Ibid., pp.81-89.

（56）Debbie Lisle, “Local Symbols, Global Networks: Rereading the Murals of Belfast,” *Alternatives: Global, Local, Political*, 31(1), Jan 1, 2006, pp.27-52. ダウンロードで入手可能（[http://alt.sagepub.com/content/31/1/27.short?rss=1&ssource=mfr]［二〇〇九年八月十七日アクセス］）。

（57）前掲『暴力と和解のあいだ』五〇―五一ページ

（58）Lisle, op.cit., p.38.

（59）Ibid., pp.39-40.

（60）Ibid., pp.45-46.

（61）ＣＡＩＮのアーカイブのなかにそうした例を見ることができる。“A Directory of Murals in Northern Ireland,” (http://www.cain.ulst.ac.uk/mccormick/)［二〇一一年十二月二十三日アクセス］

（62）ＣＡＩＮのアーカイブ内の記録、またこれまでの壁画研究の蓄積からは、こうした壁画の複製はほとんど見当たらず、壁画数自体も全体数のなかで非常に少ないため、そのように結論づけられる。

（63）壁画のなかには、非常に長期にわたって存在するものがある。たとえば、デリーのファウンテン地区（Fountain）の、ボイン河を渡るウィリアム三世を描いた壁画は、一九二〇年代初頭から約六十年にわたって存在し続けたことが記録されている（Rolston, "Politics, Painting and Popular Culture," pp.9-12.）。また、ベルファストのフォールズ地域にあるフェニックスの壁画（Clowney Street）は、ベルファストのリパブリカン・コミュニティで現存する最古の壁画だが、これは、八〇年代初頭に描かれたものである（その後、二〇一三年にこの壁画は消され、まったく同じデザインと配色で描き直された）。

（64）壁画の題材の分析だけでなく、それと同時に「壁画」を成立させる様々な外的な要因を考察することが重要である。こうした分析方法を採用するのは、そうした視角を加えなければ「政治的」やときには「宗派主義的《セクタリアン》」（とりわけ対立している住民集団から）といわれる壁画と、「平和的」な壁画（たとえば子どもの未来へ向けた壁画）は、しばしば同じ壁画家が同じ時期に描いているという事実を説明できないからである。異なるのは、描かれる場所と依頼者であり、またそれらと不可分の関係である壁画の制作の目的である。「壁画を作ること」全体を包括的に検討する必要がある。

（65）Belinda Loftus, *Mirrors: William III & Mother Ireland*, Picture Press, 1990, Belinda Loftus, *Mirrors: Orange & Green*, Picture Press, 1994.

（66）Loftus, *Mirrors: William III & Mother Ireland*.

第4章
壁画の表象における顕在と不在
——何を記憶し、訴えるのか

紛争地の経験や記憶は、紛争後の現在、どう表象され、言説化されているのだろうか。本章では、まず題材について注目し、どのような題材が両コミュニティで描かれるのか概観する。ここでは、「描かれる題材」とともに「描かれない題材」についても、従来の北アイルランド研究を参照しながら可能なかぎり明らかにしたい。以下、多数の題材をいくつかのジャンルに分類してそれぞれ論じていく。現在ベルファストにある壁画を全体として見通すと、二つのコミュニティの間で描かれる壁画がまったく重ならないものから、少数ではあるものの両者が重なるものが存在する。歴史や文化を含む、紛争後社会の現在の生活——多くが紛争経験と密接に関わっている——について、壁画は表現している。そして、そうした一つひとつ相互には直接関係しない記憶や主張を刻んだ壁画が、ベルファストの都市空間内に多数存在している。

1▼ベルファストの壁画数と題材

「記憶」は、現在の社会的・政治的文脈で構成されたものとみなされる。(1) 記憶の営みは、「数知れぬ過去の出来事事のなかから、現在の想像力に基づいて特定の出来事を選択し呼び起こす行為、表象を媒介とした再構成の行為[2]」なのである。それでは「紛争後」の現在、数多く存在する壁画には、どのような種類の出来事が選択され、どのように再構成されているのだろうか。

壁画はかなりの数になるため、喚起し定着させようとする出来事の表象と記憶も当然錯綜したものになる。[3] 全体として見れば、ロイヤリスト・コミュニティよりもリパブリカン・コミュニティのほうが多数描かれ、題材が多様で豊富である。こうした違いは、コミュニティ内部のまとまりの程度の違いや、ロイヤリストの置かれた歴史的・社会的立場が大きく影響している。以下、どのような題材がどの程度の数存在するのか、見ていきたい。

壁画数と題材についての調査は、以下のとおりおこなった。

ⓘ調査期間：二〇〇七年七月九日から〇七年十月十八日。

ⓘⓘ調査地域：ベルファスト市の地区、Cliftonville, New Lodge, City Centre, Sandy Row, Short Strand, Falls, Shankill, Andersonstown, Ardoyne, Peace Line, Black Mountain。＊この調査に含まれない地域：Ballymurphy（リパブリカンの地区）、一部の地域を除き東ベルファストのロイヤリストの地区。[4]

ⓘⓘⓘ調査方法：地域を歩き、壁画を写真で撮影し、地図に壁画の場所を記録した。

分類に関しての付記

壁画の分類に関しては、一つの壁画がカテゴリーのどちらにもとれるような曖昧な場合が少なくない。追悼と武装組織の壁画の違いについては、本書で扱う「追悼」は、追悼対象としての「個人」が強調されている場合を基準にしているが、武装組織の壁画にも戦いのなかで死んでいった者への追悼の気持ちが表現されている場合がある。個人の顔が肖像として描かれているものを「追悼」とし、武装組織のロゴやマークが大きく描かれている場合など、個人よりも組織に比重が置かれていると思われるものを「武装組織」と分類した。

また、リパブリカン・コミュニティの壁画で、「ハンガーストライカー」として分類したものに、追悼の意味合いが含まれている場合は決して少なくないが、ハンガーストライカーを扱った壁画数が多いため、「追悼」とは別のカテゴリーを設け、独立の項目にしている。

他国の闘争（パレスチナ）とアメリカ政府への抗議は、ともに外国政府による他国への抑圧的な政策についての異議申し立てであるため、まとめて一つの項目として分類することも可能だが、パレスチナへの言及がこの地域で以前からあることから、今後の比較のためここではいったん分けて分類した(5)。

ロイヤリスト・コミュニティの「和平プロジェクト」の分類には、両住民集団の居住地区の境界に設置された、長い分断の塀「ピース・ウォール（平和の壁）」に描かれたものを「和平プロジェクト」としている。この場所に描かれている壁画は子どもが参加するプロジェクトが多いが、象徴的な場所であるピース・ウォールにはまとまった数の壁画が存在するため、「子どものプロジェクト」とは別に分類している。また、子どものプロジェクトのなかには、歴史を題材にしたものなども存在する（その場合は「歴史」に分類）。

テーマ／ジャンル別分類

まずは、壁画全体の題材をジャンルごとに分類して俯瞰してみよう。どのくらいの数が存在し、どのような内容が描かれているのか。表5と表6は、コミュニティ別の題材ジャンル一覧である。

最初に壁画数に関しては、ロイヤリスト・コミュニティが計八十一点であるのに対し、リパブリカン・コミュニティは百二十五点であり、リパブリカン・コミュニティで、より多くの壁画が存在していることがわかる。

ジャンル別では、いくつか共通の傾向が明らかになった。まずロイヤリスト・コミュニティでは「歴史」の二十四点が最も多い。リパブリカン・コミュニティでは、「子どものプロジェクト」が二十六点と最大数であるものの、歴史を題材にした壁画は、二十点と二番目に多い。両コミュニティともに、「歴史」が主要な題材として採用されている。また、「子どものプロジェクト」についても、リパブリカン・コミュニティでは最大数であり、ロイヤリスト・コミュニティでも八点、さらに和平プロジェクトの十四点と合計すると二十二点と二番目に多い題材になっている。両コミュニティで積極的な活動として存在していることがわかる。さらに、両コミュニティともに「メモリアル（追悼）」と「地域の問題」については一定数存在している。

他方で、両コミュニティを比較してみると明確な違いが存在する。ロイヤリスト・コミュニティの壁画の題材のジャンルには、「武装組織のシンボル・ロゴ」が十五点存在するのに対し、リパブリカン・コミュニティではまったく見られない。[6] リパブリカン・コミュニティでだけ描かれる「ハンガーストライカー」は数が多く、コミュニティ内での存在が大きい。また、リパブリカン・コミュニティでは、「文化」のジャンルの壁画が比較的多数であるのに対して、ロイヤリスト・コミュニティでは少ない。

表5　ロイヤリスト・コミュニティの壁画

壁画（ジャンル）	数
歴史	24
武装組織シンボル・ロゴ	15
和平プロジェクト	14
子どものプロジェクト	8
メモリアル（追悼）	5
地域社会の問題	3
王室	2
神話	2
闘争のシンボル	2
文化	2
アメリカ大統領	2
その他	2
合計	81

表6　リパブリカン・コミュニティの壁画

壁画（ジャンル）	数
子どものプロジェクト	26
歴史	20
文化	12
ハンガーストライカー（ボビー・サンズ単体で描かれたもの2を含む）	11
地域社会の問題	8
メモリアル（追悼）	7
生活・交通・闘争（ブラックタクシー）	3
差別（レイシズム・セクタリアニズム）	3
他国の闘争（パレスチナ）	3
アメリカ政府への抗議	2
イギリス政府への抗議	2
「ブランケットマン」	2
女性たちの闘い	2
囚人に対する支援	2
その他（不明含む）	22
合計	125

そこで次節では、二つのコミュニティの壁画の各カテゴリーの題材を検討し、それぞれの特徴を述べる。題材数が多いものを中心に、以下のカテゴリー――「歴史」「文化」「武装組織のシンボル・ロゴ」「ハンガーストライカー」「ブラックタクシー」「差別」「Hブロック」「追悼」「子どものプロジェクト」「地域の問題」を取り上げる。

なお、取り上げる順序は、壁画について語る際に一般に言及することが多い「歴史」と「文化」について、次に一方のコミュニティだけで取り上げられる題材、その後、両コミュニティで共通する壁画とする。

ここでの目的は、それぞれのコミュニティで何が取り上げられ、何が取り上げられないかを明確にすることにある。また、二つのコミュニティ間の境界が、どのように存在するのか、また共通の経験があるとすればそれは何なのか、どういうかたちで表現されるのかを浮かび上がらせることにある。

2▼カテゴリーとその特徴

分断社会を描き出すもの――「歴史」と「文化」

以下では、まず「歴史」と「文化」について論じる。ともに、北アイルランドの壁画では、言及される頻度と壁画数の面で代表的なジャンルといえるものである。

(1) 歴史――両コミュニティとも取り扱うジャンル。別々の題材を取り上げて表現

壁画で描かれる「歴史」は、北アイルランド社会の二つのコミュニティの分断を反映している。壁画が描き出す歴史は、直線的なクロノロジカルな歴史とは異なる。取り上げられる歴史的出来事の時代はバラバラであり、ロイヤリスト・コミュニティはイギリスという国家に対して払った犠牲と自分たちの北アイルランドでの地位の

正当性、リパブリカン・コミュニティはイギリスによってもたらされた苦難と抵抗の歴史を語る。近年の歴史学の成果とともに、イギリス・アイルランド両政府間レベルでは、新たな歴史認識に基づいた歩み寄りの動きが見られるが、調査時点で壁画にそうした影響を見て取ることはできない。

以下、コミュニティ内の壁画の総点数と、テーマ、各テーマの壁画点数を枠内に示す。

ロイヤリスト・コミュニティ（計24点）
カーソン（5）、ソンムの戦い（5）、大戦間のＵＶＦの活動など（3）、ソンムの戦い以外の第一次世界大戦を扱ったもの（2）、デリー包囲（2）、女性と闘争（2）、地域史（紛争時期のコミュニティ）（2）、オリバー・クロムウェル（1）、オレンジ公ウィリアム（1）、カトリックによるプロテスタント虐殺（1）

リパブリカン・コミュニティ（計20点）
イースター蜂起（6）、リネン工場の様子、ニューロッジ（6）、ジャガイモ飢饉（出移民を含む）（4）、ジェームズ・コノリー（2）、マス・ロック（礼拝）（1）、野外学校（1）

ベルファストという同じ場所に住んでいるものの、両住民集団が取り上げる歴史的出来事は重なることがなく、二つの別々の歴史を記憶する。ここでは近年の歴史研究の動向を参照しながら、どのような歴史が壁画の題材として選択されているのかを論じる。

まず、ロイヤリスト・コミュニティで壁画の題材として採用される歴史的出来事は、大きく二つの時期に集中していることがわかる。一つは十七世紀、およそ一六四〇年代から九〇年の間の出来事である。この時代は、イギリス史では、ピューリタン革命から名誉革命にいたる時期であり、アイルランドにおけるイングランド支配を決定づける出来事が起きた時期である。壁画では、「カトリックによるプロテスタント虐殺」（図7）、「クロムウエル」（図8）、「デリー包囲」（図9）、「オレンジ公ウィリアム」（図10）が描かれる（表7参照）。

一六四一年から九〇年という非常に短期間の時代の出来事に壁画の題材が集中するが、これら一連の題材は、プロテスタントを敵からの攻撃にさらされた「被害者」として捉える視点に基づいている。十六世紀後半から十七世紀にかけて、アイルランドでは植民地化政策が進み、イングランドやスコットランドから多数のプロテスタントが入植した。彼らに土地を奪われた先住者のカトリックが、四一年にアルスター地方で「大反乱」を起こし

図7　カトリックによるプロテスタント虐殺（壁画では1600年と書かれているが、1641年の誤り）

図8　クロムウェルによるアイルランド侵攻

たが、このときプロテスタントに多くの死者が出た。プロテスタント側は、この反乱をカトリックによるプロテスタントに対する「虐殺」と捉える。図7の「カトリックによるプロテスタント虐殺」は、これを表現したものである。四二年から四九年のピューリタン革命で共和制を樹立したクロムウェルは、四九年にアイルランドに侵攻して多数のカトリックを殺害するなど、徹底的に弾圧した。プロテスタントにとって「虐殺」に対する報復という「聖戦」を描いたのが図8である。

その後の王政復古は、アイルランドのカトリックには大きな希望だったが、名誉革命によってカトリックの王ジェームズ二世は王位を奪われ、フランスへと逃れた。一六八九年には捲土重来を期して、フランス軍をともな

図9　城門を閉めるアプレンティス・ボーイズ

図10　ボイン河の戦い

表7　略年表

年	壁画の題材となった出来事	年	壁画の題材となった出来事
1641年	カトリックによるプロテスタント虐殺 「虐殺の様子」（図7）		
1649年	クロムウェルによるアイルランド侵攻 「クロムウェル」（図8）		
1689年	デリー包囲 「城門をアプレンティス・ボーイズが閉める様子」（図9）		
1690年	ボイン河の戦い 「オレンジ公ウィリアム」（図10） ＊1650—1702年（1691年名誉革命体制の確立）		
		1698年	刑罰法 「刑罰法 Penal Laws 下での教育、宗教」（図14）（図15）
		19世紀半ば（おおよそ1845—50年頃）	ジャガイモ飢饉 「飢饉の姿とそれを原因にした移民の出発の様子」（図16）
1912年	アルスターの誓約 「カーソンの「アルスターの誓約」にサインする姿」（図11）		
1913年	アルスター義勇軍（UVF）結成 「結成時の様子」（図12）		
1916年	ソンムの戦い 「ソンムの戦いの様子」（図13）	1916年	イースター蜂起 「ジェームズ・コノリーがダブリン中央郵便局で負傷した様子」（図17）

いジェームズ二世を支持する勢力が優勢なアイルランドに上陸した。アイルランドにおけるプロテスタントの拠点の一つだったデリーでは、ジェームズ二世が率いるカトリック軍に、プロテスタント軍とデリー市民が攻め込まれ、彼らは城壁内で包囲された。これが図9の「デリー包囲」である。壁画には、城内のプロテスタントをカトリック軍の攻撃から守るために、「アプレンティス・ボーイズ（徒弟たち）」が機転を利かせ、城門を閉める様子が描かれる。

ウィリアム三世みずからがその後アイルランドへ上陸し、「ボイン河の戦い」で決定的な勝利を収めた（図10）。このように、敵の攻撃という苦難に負けず、勝利するプロテスタントという視点によって、この時期の題材が集中して描かれている。

もう一つは、第一次世界大戦前後の時代であり、壁画数としては、こちらの時代のもののほうがかなり多い。「反自治法運動」や「第一次世界大戦」など、北アイルランドの帰属に関わる激動の時代であり、ロイヤリストにとってこの時期の出来事が現在も重要だと捉えられている証左だと考えられる。この時代を扱った壁画の題材は、「カーソン」（図11）、「ＵＶＦの活動」（図12）、「ソンムの戦い」（図13）、「女性と闘争」（同時期の女性の闘争を描いている）である。

なお、それぞれの壁画数は、本カテゴリー冒頭に示したように、ロイヤリスト・コミュニティで取り上げられ

図11　「アルスターの誓約」にサインするカーソン

図12　アルスター義勇軍（UVF）結成時の様子

図13　ソンムの戦いの様子

る歴史は、「エドワード・カーソン」にまつわるものが五点（内訳は「カーソンと誓約」三点、「カーソンの西ベルファスト訪問」一点、北アイルランド議会前の「カーソン像」一点）と、「ソンムの戦い」五点である。ソンムの戦い以外の第一次世界大戦を扱ったもの二点、第一次世界大戦前後のＵＶＦの活動など三点、「女性と闘争」二点、「デリー包囲」二点、「カトリックによるプロテスタント虐殺」一点、「クロムウェル」一点、「オレンジ公ウィリアム」一点、「地域史」二点（紛争時期のコミュニティの様子を描いたもの）である。

次に、リパブリカン・コミュニティで扱われている歴史を確認する。「イースター蜂起」六点、「ジェームズ・コノリー」二点、「ジャガイモ飢饉（とそれを原因にした移民）」四点、「地域史」六点（そのうち、リネン工場などでの労働者の様子を描いたものは二点、地域の人・街の様子を描いたものが四点）である（図18・19）。また、少数ながら「野外学校」(7)一点（図14）や「マス・ロック」(8)一点（図15）という、カトリック刑罰法（Penal Laws）の制定といった、一連の刑罰法の弾圧下での宗教・教育の様子を扱う題材についても取り上げられている。

やはり、帰属をめぐる動きが非常に活発だった一九一六年前後の時代についての出来事（「イースター蜂起」（図17）や「ジェームズ・コノリー」――蜂起の責任を問われて処刑された指導者）が最多である。また、「地域史」に次いで、十九世紀半ばの出来事である「ジャガイモ飢饉」も多く描かれる。

地域史を扱った壁画が多い点は、リパブリカン・コミュニティで見られる特徴である。取り上げられる地域史の時代は、紛争の時代がやや目立つ程度で、一様ではなく、年代よりも当時の人々の生活に視点が向けられている。

こうした壁画では、いわゆる国家の帰属に関わる枠組みに基づいた歴史観とは密接に関連しながらもやや異なる、小さい地区のコミュニティの歴史が焦点化されている（コミュニティの歴史は、ⓘニューロッジ——北ベルファストにあるリパブリカン・コミュニティ——の歴史三点［内訳は、以下、各一点ずつ。㈠ニューロッジの街中での抵抗運動の様子、㈡ニューロッジの街並み・人・二十世紀、㈢同二十一世紀］、ⓘⓘリネン工場二点——コンウェイ・リネン・ミル一点、リネン工場の労働者たちの様子一点、ⓘⓘⓘ地域コミュニティ［フォールズ？］の歴史——一点、である）。

まとめると、ロイヤリスト・コミュニティは、第一次世界大戦前後の出来事に関連した題材が最も多い。また

図14　刑罰法 Penal Laws 下での教育。野外学校

図15　刑罰法 Penal Laws 下での宗教。マス・ロック

図16　飢饉とそれを原因にした移民の出発の様子

図17　イースター蜂起

リパブリカン・コミュニティではロイヤリスト・コミュニティに比べ、扱う歴史的出来事や題材は多岐にわたるが、そのなかでは独立運動の前後の出来事が多い。

ここで、歴史学の研究を参照して同じ場所に住む両コミュニティの歴史が決して重なり合わず、別々の物語が占有的に語られていった経緯を論じる。また、そうした作業のなかで、〈歴史学〉と〈壁画のなかの歴史〉の違いについても明らかにしたい。すなわち、ロイヤリスト・コミュニティとリパブリカン・コミュニティは、同じ歴史の解釈をめぐって争うのではなく、別々の歴史的出来事をそれぞれが取り上げ描くが、歴史研究が明らかにしてきた歴史と社会の関係はもう少し複雑である。

そこで以下では、まず両コミュニティでそれぞれ中心的に語られる題材であり、一九一六年という同じ年に起きた二つの出来事――「ソンムの戦い」と「イースター蜂起」――に着目する。次にリパブリカン・コミュニティでだけ語られ続けるアイルランド大飢饉の歴史解釈について論じる。ここでは、北アイルランド社会のコンテクストについて記述するが、なぜ壁画で、限られた歴史的出来事だけが交錯することなく、別々に繰り返し描かれているのか、また壁画に表現される歴史とは何かを理解するうえで必要な作業だと考える。

図18　1900年ニューロッジ（北ベルファスト）の町の様子

図19　コンウェイ・リネン工場（フォールズ）の様子

①ロイヤリスト・コミュニティにおける「ソンムの記憶」

一九一二年から一六年という時期は、北アイルランドの帰属をめぐる激動の時代だった。一二年にイギリスのハーバート・ヘンリー・アスキス内閣が提出した、アイルランドに大幅な内政上の権限を移譲する第三次アイルランド自治法案は、その前年に可決された議会法改正によって成立が必至になっていた。[9]

こうした動きに危機感を募らせた北アイルランドのユニオニスト／ロイヤリストは、大規模な反対運動を展開した。この運動の中心になったのが、弁護士の経歴をもちユニオニスト党の指導者だったエドワード・カーソンと、のちに北アイルランド初代首相を二十年にわたって務めることになるジェイムズ・クレイグである。一九一二年九月には、自治法への反対姿勢を示すために、二十一万八千人による「アルスターの誓約」[10]への署名がベルファストのシティホールでおこなわれ（図11）、さらに自治法を阻止するために一三年一月には十万人の武装した市民からなるアルスター義勇軍（ＵＶＦ）が結成された（図12）。しかし第一次世界大戦の勃発によって第三次自治法案の執行が延期され、自治法に対抗するために結成されたアルスター義勇軍（ＵＶＦ）は、すぐさまイギリス軍として参戦した。

第一次世界大戦中の「ソンムの戦い」（図13）では、イギリス軍は、開戦初日の七月一日だけで五万七千五百人の死傷者を出すなど凄惨な戦いになった。[11] アルスター義勇軍のメンバーが属する第三十六師団――メンバーには、現在壁画が多数描かれているベルファストのシャンキル地域の出身者も含まれていた――もまた、甚大な被害を出すにいたった。[12] この戦いで「イギリスのため」に払った献身的犠牲とその意味は、ユニオニスト／ロイヤリスト・コミュニティでは非常に重視されている。

②リパブリカン・コミュニティでのソンムの記憶の不在とイースター蜂起の表象

第一次世界大戦中のソンムの戦いは現在、ロイヤリスト・コミュニティ内でだけ語られるが、実際には北アイルランドのプロテスタントだけでなく、アイルランドからも多数の兵士が参加していた。[13] 当時、アイルランドの大英帝国内自治領化を主張し、その実現の一歩手前まで到達していた主流派のアイルランド国民党は、イギリスへの戦争協力に積極的な姿勢をみせていた。アイルランド国民党党首のジョン・レッドモンドは、大英帝国のために尽くしてこそ、自治を担える「民族」として認められると主張し、従軍志願を奨励したのである。[14]

しかし、独立戦争を経てアイルランド自由国が誕生すると、アイルランド自由国で第一次世界大戦は「アイルランドのため」の戦いではなく「イギリス（ブリテン）のため」の戦いだとみなされ、その戦死者の公的な追悼に対して抑制されるようになった。[15] 他方で、北アイルランドのロイヤリスト・コミュニティでは、この甚大な犠牲を出した戦いは、「イギリスのため」にみずからが支払った献身的な犠牲としていっそう重要な位置づけをされるようになっていった。

また、リパブリカン・コミュニティでアイルランドの国家の独立物語の中心に位置づけられている「イースター蜂起」についても、アイルランド社会での見方が劇的に変化したことが指摘されている。[16] イースター蜂起は、勃発当時、アイルランド社会で支持が少ない出来事[17]だったが、イギリスが「首謀者を処刑するという政治的には破滅的な決定をした[18]」ため、アイルランドの民衆の反イギリス感情を高める結果になった。一九六六年のイースター蜂起五十周年はアイルランドで大々的に祝われたが、六九年に北アイルランド紛争が激化すると、イースター蜂起の肯定が、ＩＲＡによるテロ活動の肯定につながると考えられるようになった。こうした風潮は和平合意締結直前の九六年頃まで継続し、明確な変化が見られるようになったのは、二〇〇六年におこなわれた九十周年の記念行事以降である。

二〇〇六年四月、アイルランドのダブリンで、中止されていたイースター蜂起の記念パレードが三十七年ぶりに復活した。[19] また、この記念行事の前に、アイルランドのバーティ・アハーン首相はソンム記念館を訪問している。〇六年のソンムの戦い九十年記念式典は、恒例のベルファストでの式典と並行してダブリンでも初めて実施され、メアリー・マカリース大統領、アハーン首相、ダブリン市長と並んで、北アイルランド各党代表が出席した。

このように、歴史学と政治（アイルランド共和国政府と北アイルランド政府）の世界では第一次世界大戦に関する歴史観の一部に重要な変化が見られるものの、壁画の歴史表象ではこうした動きが与えた影響の根拠は、調査時点では見いだせない。「伝統的」な歴史観そのままに、ロイヤリストがソンムの戦いを、リパブリカンがイースター蜂起をそれぞれ表現し、二つの別々の歴史を占有的・排他的に表象する点に変わりはない。歴史学の研究成果とイギリス・アイルランド両政府間レベルでの歩み寄りの動きも見られるが、調査時点で壁画にそうした影響を見て取ることはできない。

③アイルランド大飢饉（ジャガイモ飢饉）

さらに、リパブリカン・コミュニティで描かれている歴史的出来事を題材にしたテーマには、アイルランド大飢饉がある。ここでも近年の歴史学を確認し、壁画の表象と歴史学研究とを対照する。歴史学の解釈のなかでも、壁画の表象には、イギリス政府のアイルランドに対する政策によって引き起こされた悲劇である、という見方がもっぱら採用されている。

一八四五年に発生したジャガイモの凶作は翌年から本格的な飢饉を招いたが、四七年は特に壊滅的な被害が生じ、その後も二年間にわたって凶作は続いた。前述したように、アイルランドはイギリスと特別な関係にあり、歴史解釈も政治状況にしばしば影響されてきた。大飢饉研究はその典型例であり、大飢饉をイギリス政府による「ジェノサイド」とする見方から、当時のアイルランド社会の経済状況の構造的な問題から生じたものであり、イギリスの政治的影響は少なかったとする見方まで様々である。[20]

アイルランドの大飢饉については多様な解釈が存在するが、いずれの見方に立つにせよ、大飢饉は歴史学ではそれ以前と以後とで時代区分できるほどの大きな歴史的出来事に位置づけられている。

多様な解釈を反映して、出来事の名称自体も争われている。この大飢饉を指す言葉には「飢餓（Hunger）」と「飢饉（Famine）」がある。「飢饉（Famine）」という言葉には、自然災害による不作が原因とする考えが含まれるため、イギリス政府の責任を問題にする立場からは当然ながら支持されず、「飢餓（Hunger）」が使われることが多い。

現在にいたるまで定まった見解はなく、多様な解釈が存在している一方で、イギリス政府を批判する民族主義史観は長くアイルランド民衆に受け入れられてきた[21]。「長年にわたるイギリスによる支配と抑圧の不当性」を強調し、それへの抵抗・闘争としてアイルランド史を描く立場である。この大飢饉を引き金にして、人口は大幅に減少したが、それはアイルランド語話者数の回復不可能なほどの激減を意味した。その結果、英語の優位が確立し、アイルランド人は言語を剥奪された[22]。この文化ナショナリズムの観点から、大飢饉は重視され、この視点がリパブリカンのコミュニティで強く支持されている。

図20　アイルランド大飢饉　2007年10月7日撮影

壁画に目を向ければ、一九九五年からの四年間は大飢饉の百五十周年に相当する年のため、西ベルファストフェスティバルの依頼のもと、九五年に大飢饉をテーマにした壁画がいくつか制作された[23]。壁画家マーティーによれば、このイベントでは「Great Hunger」——当然ながらリパブリカンのコミュニティでは、「Famine」ではなく「Hunger」という言葉で語られる——をテーマに、十二の壁画が制作されたという。マーティーは、この「Great Hunger」が起こったのは、「飢饉のせいじゃない、イギリスがもっていった[24]」からだと自分が描いた壁画の前で説明する（図16）。この発言からは、コミュニティの歴史観とそれと重なる壁画家の歴史観が見て取れる。

一九九五年に描かれた十二点の壁画のうち、五点が二〇〇四年の調査で確認され、〇九年の調査でも、四点が残されていた。うち一点は同一テーマで描き直しがされ、残りの三点の状態も比較的いい。これらは、リパブリカン・コミュニティで、保存の対象として管理されていることがわかる。この点から、アイルランド大飢饉は、リパブリカン・コミュニティのなかで重要な歴史的題材として位置づけられているといえるだろう。

これまで、歴史的出来事を題材にした壁画の表象について検討してきた。リパブリカン・コミュニティはアイルランド全島の枠組みから見た、イギリス政府によってもたらされた苦難と抵抗の歴史（イースター蜂起、アイルランド大飢饉、ジェームズ・コノリー、カトリック処罰法下の教育や宗教）を、ロイヤリスト・コミュニティはイギリスのために払った犠牲とアイルランドでの自分たちの立場の正統性を主張するために都合がよい歴史（ソンムの戦い、デリー包囲、クロムウェル、オレンジ公ウィリアムのボイン河の戦い）を取り上げる。

近年政府レベルでは歴史認識の点で大きな動きがあるものの、壁画の表象のレベルでコミュニティ間に共通の歴史題材はない。イースター蜂起とソンムの戦いは二つのコミュニティにまたがって描かれることはなく、したがって、一つの出来事をめぐって別々の解釈を表現し合うわけではない。こうしたことから、一般によく言われる、壁画は分断社会をなぞるものだとする言説は、歴史を題材にしたものに関してはおおむねそのとおりだということができる。

（2）文化――両コミュニティがともに取り扱うジャンル。別々の題材を取り上げて表現（ただし例外的な存在もある）

「歴史」が大筋で帰属をめぐる民族の分断線をなぞるものだったのに対し、「文化」はそれに加えて階級の分断線が大きな影響を及ぼしている。同じイギリス系住民やアイルランド系住民の内部であっても、階級が異なるとその文化は多くの場合、壁画には描かれない。同じ階級――労働者階級――であっても、ロイヤリスト・コミュニティとリパブリカン・コミュニティはそれぞれが同じジャンルの題材を扱いながら、自分のコミュニティ関連の人・文化活動だけに言及する。そのため、分断の深さをより示しているものとも捉えられる。ただし、近年小さな動きだが、これを超える例外的な活動も確認されている。

ロイヤリスト・コミュニティ（計２点）
サッカー（ジョージ・ベスト）（１）、フルートバンド（１）

リパブリカン・コミュニティ（計12点）
ボクシング（４）、ゲーリック・ゲーム（３）、サッカー（３）、音楽家（ショーン・マグワイア）（１）、マリア像（１）

紛争は社会生活に大きな影響を与えたが、文化活動を見ると紛争の時代にもそれなりに盛んだったことがわかる。たとえば、一九六四年に始まったクィーンズ・アートフェスティバルは、こうしたアートフェスティバルではエジンバラに次いでイギリス第二位の規模を誇っている。[25]また詩人のシェイマス・ヒーニー、役者のケネス・ブラナー、音楽家のジェームズ・ゴールウェーなど、世界的に有名な文化人は決して少なくない。

こうした多様な文化が存在しているにもかかわらず、壁画に表現される「文化」の題材にはかなりの偏りが見られる。取り上げられる題材はある程度限られ、また、二つのコミュニティ間で文化の題材を描いた数にも違いがある。

まずは、二つのコミュニティの壁画数の違いについて見てみよう。一九八〇年代以降に文化を抵抗運動の一手段として利用してきたリパブリカンに対して、ロイヤリスト・コミュニティは外部からの承認が得られにくい状況下で壁画に表現する題材が限られ、壁画数自体が少なく、そのなかでも文化を題材にしたものは少ない。そこで、リパブリカン・コミュニティでは何が数多く描かれるのか検討するとともに、数少ないロイヤリスト・コミユニティの題材についても論じる。紛争と直接関係しない題材が全体として描かれにくいならば、なおのこと少数ながら描かれる題材には一定の意味があると考えるからである。

「文化」のジャンルで見られる傾向は、スポーツの圧倒的な存在である。さらに、スポーツのなかでも採用される種類は限られる。結論をやや先取りするが、北アイルランド社会で文化は、ジェンダー、階級、エスニシティ（あるいは、二つのコミュニティ）という三つの要因によって分断されていて、壁画の題材にもそうした状況が反

図21　ゲーリック・ゲームを描いた壁画

図22　マリア像

映されている。

内容をやや詳しく見ていこう。採用される文化の題材は少数であるものの、ロイヤリスト・コミュニティでは、サッカーの壁画一点とフルートバンド一点を題材にしたものが存在している。北アイルランドには、シルバー／ブラスバンド、パイプバンド、アコーディオンバンドなど、様々なバンドパレードの形態があるが、フルートバンドとはそのうちの一つである。[26] 北アイルランドでパレードは、「文化的アイデンティティ」を示す重要な行為として機能している。特にプロテスタントの人々によるオレンジ・パレードは有名であり、毎年のようにプロテスタント系住民とカトリック系住民の衝突が発生するために問題視されることもあるが、プロテスタントのコミュニティでは非常に重要な祭りとして存在している。

また、リパブリカン・コミュニティでは、ロイヤリスト・コミュニティに比較すると「文化」を題材にした壁画数は多く、筆者の調査では十二点の壁画が存在する。礼拝用の「マリア像」一点と「音楽家」一点を別にすると、スポーツを題材にした壁画が十点とその大半を占めている。スポーツの種類は、「ボクシング」を題材にした壁画が四点、「サッカー」の壁画が三点、「ゲーリック・ゲーム」に関する題材が三点である。

ここで、北アイルランドのスポーツについて、描かれているものだけでなく、描かれないものを明らかにするために、アイルランドのスポーツ史を確認したい。まずはアイルランドの分断以前にまでさかのぼり、この分野の先駆的な研究者であるアラン・ベアナーのまとめをもとに、アイルランドでの近代スポーツの成立と、発展の歴史を確認しておくことにする。[27] また、アイルランドとイギリスの関係、アイルランドと北アイルランドの関係について、共通点と相違点も明らかにする。

①アイルランドとスポーツの歴史

いわゆる近代スポーツの多くはイギリス発祥とされるが、アイルランドにイギリス発祥の近代スポーツが入ってきたのは十九世紀のことである。[28] それ以前にもアイルランドの「伝統的なゲームや娯楽」は存在していたが、

表8　アイルランドでのスポーツと階級の関係

(1)	「エリート層」（アイルランドの「親イギリス」派が多い）の人気を得た、イギリス発祥のスポーツ	クリケット、ラグビーなど
(2)	大衆（アイルランドの「反イギリス」の人々を含む）の人気を得たイギリス発祥のスポーツ	サッカー、ボクシング、陸上競技、ゴルフなど
(3)	イギリス文化に対抗する「アイルランド文化」としてのスポーツ	ゲーリック・ゲームス ―― ゲーリック・フットボール、ハーリング、カモギー、（ゲーリック・）ハンドボール

統一ルールによっておこなわれる最初のスポーツはイギリス由来のものであり、当時は主にアイルランドにいるイギリス人やイギリス人兵士、イギリス政府の支配層に近い、アイルランドの「アセンダンシー」と呼ばれるエリート層の人々によっておこなわれていた。その後一部のスポーツについては次第に上流階級とのつながりが弱まり、アイルランドのプロテスタントの労働者階級の人々が参加するようになった。こうした「イギリス」のスポーツは、次第に二つのタイプ（表8の(1)と(2)）に分かれるようになる。[29]

(1)はアイルランドのエリート層によっておこなわれたスポーツである。アイルランド自由国の成立以前だけでなく、それ以後も、「親イギリス」の立場だけではないもののイギリスの支配層の文化に親しんでいた人々が主な担い手になった。クリケットやラグビーなどがこのケースに当てはまる。この二つのスポーツは、アイルランドの南部の分離独立以後も運営組織はアイルランド全島を基盤にしており、国際試合の代表（アイルランドナショナルラグビーチームとクリケットのアイルランドナショナルイレブン）は、アイルランド全体から選抜される。

(2)は同じくイギリス発祥のスポーツであり、当初アイルランドではその「イギリスらしさ」で人気だったが、その後普及が進み大衆化してより広範に人気を獲得していったものである。アイルランド全島でプレーされていて、南アイルランドの分離独立以前、またその後も、反イギリスの人々によってもおこなわれるスポーツである。こうしたスポーツには、ボクシング、陸上競技、ゴルフがあるが、なかでも最も人気が高く重要なものはサッカーである。(1)の「イギリスのスポーツ」とされているものと同様、このカテゴリーのスポーツもその多くがアイルランド全島を対象にした組織が現在にいたるまで存続している。しかし次項で述べるように、サッカー（Association Football）については、労働者階級の人々の人気を最も得たスポーツだったこともあり、南北分離以後、国の分割とともにアイルランドの南北別々に組織が分かれて運営された。その結果、サッカーはアイルランドで強力な文化的アイデンティティの対象になっていった。

ここまでイギリス発祥の「イギリスのスポーツ」の二つの成り行きを見てきたが、それ以外にアイルランドには三つ目のカテゴリーに分類できる重要なスポーツがある。それは、「ゲーリック・アスレチック・アソシエーション」（以下、GAAと略記）によって試合が組織され、運営されているスポーツ（3）である。

GAAはアイルランド文化を守るための全国的な組織として一八八四年にマイケル・キューザックによって設立された。それは単なる文化復古主義というより、十九世紀のアイルランド独立運動を背景にした、生活習慣のイギリス化への反発であり、イギリス帝国支配への抵抗だった。すなわちGAAは、アイルランドの「伝統」としてかつて存在していた――実際にはそのように「発明」された部分もあることが指摘されている[30]――競技をよみがえらせることを使命にしていた（生活面でのイギリス文化を脱することを目的にした文化運動は、このほかにも、文学や言語の復興運動としてのゲーリック・リバイバル運動がよく知られている）。

GAAは現在にいたるまで、アイルランド全島にゲーリック・ゲーム――ゲーリック・フットボール、ハーリング、カモギー、（ゲーリック）ハンドボール――を推進することを使命にしている。

②北アイルランド社会とスポーツ

こうしたアイルランドのスポーツの起源とその後の展開は、北アイルランドのスポーツの現在の状況を理解するうえで決定的に重要である。「イギリスのスポーツ」であるラグビーは、アイルランド共和国では「中産階級」がおこなうスポーツであり、カトリックもプロテスタントもともにおこなう。階級による差はあっても、宗教的な区分による違いはない。

これに対して、北アイルランドでは事情が異なる。中産階級のプロテスタント／ユニオニストが親しむスポー

表9　北アイルランドのスポーツ・階級・宗教／政治的立場

	スポーツ	階級	宗教／政治的立場
(1)	ラグビー	中産階級	プロテスタント／ユニオニスト
(2)	サッカー ボクシング	労働者階級 （中産階級）	プロテスタント カトリック
(3)	ゲーリック・ゲーム	中産階級 労働者階級	カトリック／ナショナリスト・ リパブリカン

ツであり、同じ中産階級であってもカトリック／ナショナリストがおこなうことはまれである。また、同じプロテスタント／ユニオニストのなかでも、労働者階級に属する人がおこなうことも少ない。「アイルランドのスポーツ」であるゲーリック・ゲームをユニオニストがプレーすることは、ほとんどない。

　スポーツとコミュニティの結び付きのパターンが維持されている社会背景には、同じように分断状態にある北アイルランドの教育制度が関係している。北アイルランドの教育システムは、カトリックとプロテスタントが別々の学校で学ぶ仕組みになっている。カトリックの家庭の子弟の多くがカトリックの学校（Catholic maintained）へ通い、プロテスタントは公立学校（Controlled）へ通う。こうした分断を乗り越えるべく統合学校が開校されているが、全体に占める割合は依然として高くない[31]。

　ゲーリック・ゲームの場合、カトリックの学校、特にクリスチャン・ブラザーズによって運営されているグラマースクールが基盤になって活発にプレーされている。同様に、ラグビーとクリケットは、多くがプロテスタントの生徒が通う学校、特にグラマースクールが基盤になっている。二つのコミュニティが別の学校で、別のスポーツに親しむという仕組みが存在するのである。

　こうした仕組みのもと、ラグビーは、主にエリート層が通うパブリックスクールやグラマースクールの体育のカリキュラムの中心であること、また、専門職の人々の付き合いなどを背景に、中産階級のスポーツとして人気を得ている。そのため、アイルランド共和国では、「政治的党派に関係なく」中産階級の人々に親しまれている（むろん階級の点から見れば、政治に関係しているのだが）。それに対して北アイルランドでは、学校のカリキュラム自体がスポーツを分けるという教育システムが存在する（ベアナーはこれを「非公式のアパルトヘイト」と呼ぶ）ために、中産階級一般というより、プロテスタントの中産階級だけがプレーをする。さらにそれはラグビークラブ・ネットワークを通じて、成人生活のなかで再生産されるという。

つまりラグビーは、アイルランド共和国内ではカトリックを除外するようなことはしないが、それは中産階級内部の水平的な統合である。また北アイルランドでは、階級関係が宗派的差異と連動していて、さらに学校教育システムを通じてラグビーが排他的にプロテスタントの中産階級によって占められる状態が再生産される。

これに対して、サッカーの場合は事情がかなり異なる。サッカーは、カトリックとプロテスタントともに非常に人気が高いスポーツであり、シニアレベルであれば、両コミュニティ出身のメンバーが同じチームで試合をすることもある。そのため、原理的にはコミュニティの分断を超える可能性がある。[32]

しかし、別の視点からは、ラグビー以上に分断の溝が深いスポーツともいえる。それは、ゲーリックスポーツやラグビーと違って、サッカーは両コミュニティで非常に人気が高いためである。

北アイルランドには、独自のサッカー代表チーム（ＩＦＡ）がある。しかし、サッカーがカトリックとプロテスタントの双方に広く受け入れられることで、北アイルランド内の各チームがカトリックのチームとプロテスタントのチームというように分断され、むきだしの対立が試合に持ち込まれてきた。さらに、北アイルランドの代表チームはプロテスタント色が強い。北アイルランドのサッカーリーグの雰囲気はプロテスタント／ユニオニスト寄りであり、この状況を変えようとする試みはほとんどされてこなかった。[33]

北アイルランドのサッカーリーグがプロテスタント・コミュニティのものになった理由として、三点が指摘されている。プロテスタント・コミュニティがサッカーで、それまで保持していた自分たちの支配を維持しようとしたこと、また、カトリック・コミュニティは、アイルランド共和国に彼らの応援の対象となる「代わり」があることがその理由として指摘されている。[34]さらに、北アイルランドのカトリックの関与が少ないのは、ＧＡＡの影響も大きいと考えられている。ＧＡＡは当初、メンバーがサッカーを含め「外国」の競技をおこなうことを禁じていた。この規則が廃止された後も、北アイルランドでは、サッカーに対するＧＡＡの態度は曖昧で微妙なものであった。[35]

さらに、サッカーに関するコミュニティ間の分断については、北アイルランド以上の人気をもつスコティッシュ・プレミアリーグの存在を指摘しておかなければならない。長い伝統をもつスコットランドのサッカーリーグの最上位であるスコティッシュ・プレミアリーグには、ともにグラスゴーに本拠地を置くグラスゴー・レンジャーズとセルティックという強豪チームが存在している（二〇一二年にレンジャーズは破産し、降格している）。この両チームは長くライバル関係にあり、その試合は「オールド・ファーム」と呼ばれている。このスコットランドの二つのチームに対して、北アイルランドの人々は熱心に応援をする。

北アイルランドのプロテスタントは、主に十七世紀から十八世紀にスコットランドやイングランドから移住し

図23　セルティックの選手を描いた壁画

図24　セルティックのスター選手ジミー・ジョンストン（1944－2006）

たプロテスタントの子孫といわれていて、同じルーツをもつレンジャーズのファンが多い。それに対して、セルティックは十九世紀にアイルランドから飢饉を逃れて渡ってきたアイルランド移民がルーツとされているため、北アイルランドではカトリック住民が支持をする。北アイルランドでは、北アイルランドの地域リーグと同様、あるいはそれ以上にこのプレミアリーグの二チームに対する人気が高い[36]。

③壁画とスポーツ

さて、ここで話を壁画へと戻そう。「文化」を扱った壁画も、「歴史」を題材にしたものと同様に、分断社会を強く反映したものになっている。分断線は二つのコミュニティ間に存在するだけでなく、階級間やジェンダー間にも見られる。壁画の題材としての「文化」には、両住民集団ともに、女性が取り上げられることはほとんどない。女性の不在が、まずは顕著な特徴として挙げられるだろう。

「階級」については、労働者階級が親しんできた文化だけが扱われている。たとえば「文学」は、アイルランドの独自のアイデンティティを強く打ち出した作家たちが多数存在する重要な位置を占めている「文化」だが、そうした作家を題材にする壁画は、ほぼ存在しない（イギリス統治時代から十八世紀にかけてジョナサン・スウィフト、文芸復興の時代——十九世紀後半から二十世紀前半——にはウィリアム・バトラー・イェーツ、グレゴリー夫人、バーナード・ショー、オスカー・ワイルド、ジェイムズ・ジョイス、サミュエル・ベケットなど、ノーベル文学賞受賞者を含め、文学者なども描かれない[37]）。

スポーツ社会学者の坂なつこは、文学や言語運動は知識人層がもっぱらそれを担ったのに対して、ゲーリック・ゲームは、階級横断的な普及によって大衆的な基盤を獲得したと述べている[38]。こうしたジャンルが労働者階級に属するコミュニティの人々にとって身近ではないため、壁画の題材として採用されてこなかったことが推測される。

この階級と題材の関係について、さらにスポーツのなかでも題材はボクシング、サッカー、ゲーリックスポーツに限られている点から、壁画の題材の選択には階級が強く作用しているといえる。すなわち、北アイルランドの労働者階級に親しまれているスポーツは壁画に描かれるが、そうではないスポーツ、たとえばクリケットやラグビーが採用されている壁画は、筆者の調査では確認できなかった。

仮に壁画を国家の帰属に基づく対立軸を反映している媒体としてだけ捉えると、この点は説明できない。国家の帰属に関わる対立軸を考えれば、描かれても不思議でない題材も、階級軸の外にあればそれは描かれないのである。

さらに二つのエスニックコミュニティの間で、明確な線引きが示されている。労働者階級の人々が親しんでいるスポーツのなかで、ロイヤリストとナショナリストのコミュニティが、それぞれ支持する選手やチームを取り上げて描いている。サッカーに関して北アイルランドでは、ロイヤリストはレンジャーズ、リパブリカンはセルティックと支持するチームが分かれている点を先述したが、壁画に描かれる内容もその点を明確に反映しているのである。

ボクシングについても、階級と文化の関係についてサッカーと似た傾向が確認されるが、さらに紛争を経験した地域ならではの事情が関係する。それは、学校を途中でドロップアウトして文字の読み書きに支障がある十代の若者が一定数存在するコミュニティでの問題である。

紛争を経験したコミュニティでは親子三代にわたって無職という例(39)もあり、地域から外へ出て自活することが困難な住民も存在する。生まれ育った土地で、一度も職に就かず、失業保険を得ながら生活し続けるケースは決して珍しくない。

地域の開発担当者は、ボクシングは彼らにとって数少ない、閉塞した状況を突破するための希望のような対象だと説明する。描かれているのは、地域にゆかりがあるボクサーである。自分と同じ環境で生まれ育った人のコミュニティ外での活躍が、自分たちも努力すれば成功できるかもしれないという可能性を感じさせる。そのため、彼らの姿を描いたボクシングの壁画を日常生活のなかで目にすることは有用だという。

サッカーとは異なり、ボクシングは全アイルランド単位の協会が存在するものの、サッカーと同様、描かれる人物はそれぞれの二つのコミュニティの分断線に従って、ほとんどの場合、明確に分かれている。両コミュニティともボクシングを題材にするが、同じ人物が描かれることはほとんどない。

実際の例で見てみると、フォールズ・ロード近くの聖ペテロ大聖堂（St. Peter's Cathedral）裏の四点のボクシングの壁画が、地元のボクシングクラブの協力によって作成された。そこには何人もの世界チャンピオン、ナショナルチャンピオン、またアイルランド系のチャンピオンが描かれているが、ベルファスト出身のプロテスタントのボクサーは描かれていない（図25）。また、二〇〇七年の調査には含まれていないが、〇九年にはロイヤリ

図25　リパブリカン・コミュニティに存在する壁画（すべて地元出身のボクサーとアイルランドにゆかりがあるボクサーを描いたもの）

図26　ロイヤリスト・コミュニティ（ローワーシャンキル）に2009年に新たに作られた壁画。中央の3人は、フライ級の世界王者ベニー・リンチを2度破ったこともあるジミー・ワーノック、デイビー・ラムア、トミー・アーマー。3人はシャンキル・コミュニティのボクシングヒーローである。

スト・コミュニティであるローワーシャンキルでもボクシングを題材にした壁画が現れた。その壁画に描かれている人物は、やはりロイヤリスト・コミュニティ出身のボクサーだった（図26）。ここでも、コミュニティの分断を反映し、壁画に描かれるボクサーが分断線を超えることはない。

④分断を超える可能性？

とはいえ、スポーツのなかには、今後二つのコミュニティの分断線を部分的に超える可能性をもつと考えられるものも存在する。サッカー選手のジョージ・ベストとボクシング選手のバリー・マクギガンである。

ジョージ・ベストは、スポーツのなかで、比較的両住民集団から親しまれた人物である。彼はベルファスト生まれのサッカー選手で、十七歳で北アイルランドの代表選手になり、一九六四年から七四年までマンチェスター・ユナイテッドで主力選手として活躍した。二〇〇六年には、ベルファストシティ空港がジョージ・ベスト空港と名前を変えた。北アイルランド社会ではカリスマ的なヒーローである。

ジョージ・ベストが描かれるのは、彼の出自から、ほとんどロイヤリスト・コミュニティ側である（図27）。彼の父親は、ベルファストの多くのプロテスタント労働者が働いた造船所のハートランド・アンド・ウルフ社の労働者であり、プロテスタント（長老派）の家系である。しかし、ジョージ・ベストは、現在カトリックのクリスチャン・ブラザーズ運営の学校で体育館の内壁に、ほかのスポーツ選手とともに描かれている[40]（図28）。

学校の体育館という教育施設内であり、この事例だけでは、北アイルランド社会一般に広く受け入れられる証左とはいえないものの、先に述べたように、教育カリキュラムが北アイルランド社会の分断線に従って分かれている環境では特筆すべきものだといえる。

もう一つの事例は、ボクシングの世界チャンピオンのバリー・マクギガンである。彼は、アイルランド共和国出身の選手だが、プロテスタント女性と結婚し、紛争が激しい時期（一九七〇年代から八〇年代）に活躍した。

北アイルランドのローカル紙「ニュータウンアベイ・タイムズ」によれば、二〇〇九年四月に、北アイルランドの二つのボクシングクラブの協力のもと、ある壁画が制作された。ベルファストにあるホーリートリニティー・ボクシングクラブとベルファスト市郊外のモンクスタウン・ボクシングクラブが、ボクシング選手とオリンピック・リングを描いた壁画をモンクスタウンに作ったが、壁画のオープニングにはバリー・マクギガンが招かれた。

二つのクラブは、四年にわたって交流を続け、その関係をもとに、壁画家 Blaze FX と地元の若者が壁画を制作したのである。モンクスタウン・ボクシングクラブのチェアマンのビリー・スノディはこのプロジェクトについて以下のように述べる。

図27　ロイヤリスト・コミュニティ

図28　カトリックの学校（Christian Brothers School）の体育館

スポーツを通じて経済的・社会的に恵まれないコミュニティの子どもたちの生活を豊かなものにするために、この二つのコミュニティの間の強いパートナーシップは、さらに強固なものになるだろう。(41)

マクギガンが、このプロジェクトのオープニングに適任とされ招かれたと考えられるが、理由の一つはマクギガンが表明している彼の社会に対する意見にあるだろう。彼は北アイルランドのコミュニティの分断について、以下のようにコメントしている。

うんざりさせられたのは、どこへいっても縁石がどちらかの集団の色で塗られ、スローガンや壁画が描かれていたことだ。(略)私は自分がそれに加わるのは、ごめんだと思った。自分は人々が一つになってほしいと思っていたし、いちばん大事なことだけれど、自分の試合を見にきた人に、危険を感じてほしくなかった。(42)

分断の象徴に抵抗感を表明し、プロテスタントの女性と結婚したアイルランドのボクシング選手は、ボクシングのクロスコミュニティ・プロジェクトのオープニングにふさわしい人物だったのだろう。

この事例は、政府機関によるプログラム(43)からの多額の資金を得て進められたプロジェクトである点、ほかの場所での別のプロジェクトも含めてこの政府のプログラムに積極的に関わっている壁画家の手によるものである点、またマクギガンの思想などの要因があって、成立したといえる。そのため、こうしたケースは非常に特例的である。しかし、ボクシングというスポーツの労働者階級の人々の生活との関わりから、コミュニティを超えた共同作業が見られる重要な一つの例といえる。

ここでは、「文化」を題材にした壁画について検討してきた。両コミュニティとも、「文化」のジャンルではスポーツが多数取り上げられる。さらにスポーツのなかでも、採用されるスポーツは、「サッカー」「ボクシング」「ゲーリック・ゲーム」に限られている。

北アイルランド社会で、文化は、ジェンダー・階級・エスニシティという三つの要因によって分断されていて、両コミュニティともに壁画の題材に採用されるのは男性と労働者階級に人気が高いスポーツである。また、二つのコミュニティの分断を反映して、同じスポーツ競技の題材で、別々の選手やチームを取り上げて描く。分断の溝は深いが、ごく一部に、そうした分断線を超える可能性があるテーマも現れ始めている。ただしそれは、学校という空間内や、ある思想をもったカリスマ的な人気の選手が関わり、政府の資金拠出プロジェクトによるもの、というように限定的な範囲にとどまっている。

一方のコミュニティだけで取り上げられるもの——「武装組織シンボル・ロゴ」「ハンガーストライカー」「ブラックタクシー」「差別」

壁画には、どちらか一方のコミュニティでだけ取り上げられるジャンルが存在する。コミュニティの抵抗の記憶を明確に現在まで語り継ぐリパブリカン・コミュニティに対して、ロイヤリスト・コミュニティは、コミュニティ内部の分裂があらわになり、より追い詰められた状況にあることがここでは見て取れる。

(1) 武装組織シンボル・ロゴ——現在はロイヤリスト・コミュニティだけで見られる

現在、武装組織の壁画はロイヤリスト・コミュニティだけで見られるが、これは、ロイヤリスト・コミュニティが、コミュニティのまとまりを目指すうえでより厳しい立場にあることを示している。現存する武装組織の壁画の多くは、内部の争いがあった時代に勢力範囲を示すマーカーとして描かれたものであり、それが現在までそのままに残されている。新たに描かれた壁画の数は少なく、消される壁画も出てきているが、それでも一部はコミュニティにしっかりと存在している。

ロイヤリスト・コミュニティ（計15点）
各種武装組織、その兄弟組織名やロゴ
UYMマーク（3）、UVF（3）、RHC（2）、UFF／UDA（2）、C Company（1）、S Company（1）、Sandy Row（1）、UDAモットー（1）、IRVINE AIRDRIE FIFE（1）

武装組織は、ロイヤリストとリパブリカンの両方の側で存在する。リパブリカン側ではIRA[44]とINLA（アイルランド民族解放軍）[45]が主な組織であり、ロイヤリスト側にはUDA（アルスター防衛協会）、UFF、UVF（アルスター義勇軍）、LVFなどの組織がある。しかし、筆者の調査時点で、武装組織のシンボル・ロゴが表現された壁画が見られるのは、ロイヤリスト・コミュニティの地区だけである。

ロイヤリスト・コミュニティの武装組織は、大きくUDAとUVFに分けられ、その下にいくつかの兄弟組織が存在する。彼らが使用するマークには、伝統や過去とのつながりを強調し、組織の正統性をアピールしようとする意図があるようである。[46]

UDAは、薄青色の盾形の記章を有していて、そこにレッド・ハンドと上に王冠、下に「誰が我らを引き離すのか（Quis Separabit〔ラテン語〕＝Who will make us separate〔英語〕）」という言葉が添えられる。この「誰が我らを引き離すのか」という言葉は、もともとは聖パトリック騎士団（The most Illustrious Order of Saint Patrick）の標語だったが、武装組織のUDAが自分たちの標語として流用している。また、UDAの標語とともに、ときに壁画に描き込まれる紋章に図30がある。左には赤いライオンが金色のハープと王冠が描かれた青色の旗を支え、右にはオオツノシカ（Irish elk）がアルスター旗（Flag of Ulster）の黄色の地に赤の十字の旗を支えている。中央にあるものは、北アイルランド政府の旗である。[47]この紋章は、もともと、一九二四年八月のアイルランド自由国の誕生を受けて、イギリス軍人のネビル・ウィルキンソンのデザインによって作られ、紋章役場に登録された、北アイルランドの紋章である。[48] 北アイルランド政府が誕生した七二年にはこの紋章は公に使用されることはなくなったが、武装組織のUDAはこの紋章を用いる。

また、ロイヤリストの武装組織のもう一つの主要な団体であるUVFの旗のデザインは、一九一二年のオリジナルのUVFの旗と、UVFのメンバーが核になっていた三十六師団の旗をもとにしている。[49] えんじ色かえび茶色に、UVFの記章、「神とアルスターのために（For God and Ulster）」というモットーが添えられる。

UVFは一九六六年以降、UDAは七〇年代初頭以降、活発に活動を始めた組織である。[50] 昔からある組織というより近年の紛争との関係が深い団体だが、北アイルランドのシンボルを分析したブライソンとマッカートニー

図29　UDA／UFFの壁画。中央にはレッド・ハンド、やや色が薄いため見えにくいがその下に「誰が我らを引き離すのか（Quis Separabit）」の文字。UDAの文字の上には王冠

図30　「誰が我らを引き離すのか（Quis Separabit）」

図31　UVFの壁画。中央には「神とアルスターのために（For God and Ulster）」という文字がある

の言葉を使うならば、その理由は「このようにして、組織に歴史的・軍事的な重みを加えようとしている(51)」ためである。

ロイヤリスト内部の対立が残る状況で、こうした壁画は地域のなかでそれぞれの武装組織のマーカーとして機能している。紛争時はリパブリカンに対するマーカーとして機能したが、和平合意後はロイヤリスト内部、主にUDA系列の武装集団とUVF系列の武装集団との抗争が起こったため、むしろ内部でのテリトリーの主張のために存在していると考えられる。そのため、ほぼすべてなくなったリパブリカン側とは異なり、和平合意後も一定数、武装組織の壁画がそのまま存在している。

とはいえ、ロイヤリスト側に残されたこうした壁画も第6章で述べるように、年を経るごとに徐々に減少していることがわかる。和平合意後、まずは観光地になった場所に存在していたものが減少した。同時に、住宅地のなかからも少しずつ減少し、観光地ではないが、地元住民の往来が多い場所に一部、残されている状況である。第7章で取り上げるが、地元住民・組織のはたらきかけ、観光、政府・行政のプロジェクトなど様々な要因が、この背景には関係していると考えられる。

（2）ハンガーストライカー——リパブリカン・コミュニティだけで見られる

「武装組織シンボル・ロゴ」に見られるように、現在も完全には終わっていない抗争を表す壁画をロイヤリスト・コミュニティが比較的多数残しているのに対し、リパブリカン・コミュニティでは、過去の抵抗の記憶を表す壁画が描かれる。ハンガーストライカーとブラックタクシーは、そうしたコミュニティの抵抗の記憶を伝えるものである。

リパブリカン・コミュニティ（計11点）
ハンガーストライカー（メモリアル）（9）、ボビー・サンズだけ（2）

一九八一年のハンガーストライキでの死者のメモリアル（追悼）が描かれている。この題材はもっぱらリパブ

図32　ハンガーストライカーと女神エール（図書館の壁）

図33　10人のハンガーストライカー

リカン・コミュニティに見られるものである。広く追悼のカテゴリーに含まれるものでもあると考えられるが、ハンガーストライカーを扱った壁画の数が多いために、ここではカテゴリーを分け、独立した別カテゴリーにした。

ハンガーストライカーは、数人から十人程度を同時に取り上げて描かれることが多いが（図32・33）、地域出身のハンガーストライカーや有名な人物については一人だけで描かれることもある。カリスマ的な指導者ボビー・サンズは、リパブリカン・コミュニティではしばしば一人の肖像で描かれる、抵抗の象徴的人物として位置づけられている。

(3) ブラックタクシー（生活・交通・闘争）――リパブリカン・コミュニティでだけ見られる

リパブリカン・コミュニティ（計3点）
ブラックタクシー（3）

人物だけでなく、交通システムも壁画で取り上げられている。ロンドンのブラックタクシーとは異なり、北アイルランドのブラックタクシーは紛争地域とつながりが深く、地域の重要な交通システムである。それは、西ベルファストと北ベルファストの地域の決まったルートを走る乗り合いタクシーであり、ベルファスト市中心にあるタクシー・ステーションから出発し、市バスのルートと同じ地域の主要道路を通るものである。費用が市バスよりやや安いこと、また人数が一定程度集まるとすぐに出発することから、手軽で安価で便利な交通手段として現在も地域住民に非常によく利用されている。ロイヤリスト・コミュニティにも同様のタクシーは存在するものの、乗り場などの建物や人員などを含め細かく組織的に整備され機能しているリパブリカン・コミュニティとはやや異なり、システム化された組織というより個人事業主の色合いが強いためか、壁画に描かれることはない。

一九七〇年、リパブリカンの居住地区からは公共機関のバスがしばしば撤退した。路上での紛争が日常的に起こり、ときにはバス・トラック・車は奪われて、リパブリカン・コミュニティを守るバリケードとして使用されることもあった。運転手は、燃えている車両や路上の暴動を避けるために迂回する必要がしばしばあった。

タクシーはまた、紛争地で生活する地元住民、とりわけ一度逮捕された経歴をもつ元囚人にとっては重要な雇用先だった。ブラックタクシーの仕組みが広がるにつれ、イギリス軍やアルスター警察（RUC）から頻繁に検問されるようになり、さらに運転手はカトリックだと簡単に認識されるために、ロイヤリストの武装組織の攻撃対象にもなり、運転手が業務中に殺害される事件がしばしば起こった。日常生活、闘争の歴史、地元の出身者が

図34　ブラックタクシーと町の風景。リパブリカンの居住地区名が記されている。「この壁画は、紛争で亡くなったタクシードライバーに敬意を表すものである」という文章が添えられている

図35　2000年ニューロッジの町の様子。図18の「1900年ニューロッジの町の様子」と対になっている壁画。中央にブラックタクシーが描き込まれている

関わっているという点で、リパブリカン・コミュニティにとっては重要な主題になっていると思われる。筆者が調査を開始した二〇〇三年以降、描き直しを経たものも含め、常にブラックタクシーの壁画は三点ほど存在している。また、タクシーを中心的主題にしているもの以外にも、地域史を扱った題材ではブラックタクシーが風景のなかに描き込まれている（図35）ケースもあるなど、コミュニティの住民にとってなじみが深いものである。

（4）差別――リパブリカン・コミュニティだけで見られる

先に、リパブリカン・コミュニティでは過去の抵抗の記憶が中心的に取り上げられると述べたが、数は少ないが、現在まで続く差別を問題にした壁画も存在する。北アイルランドの差別構造を、より広い枠組みで位置づけようとする点に特徴がある。

> リパブリカン・コミュニティ（計3点）
> レイシズム／セクタリアニズム（3）

このカテゴリーの題材は、もっぱらリパブリカン・コミュニティで見られる。地元と国内外の地域の出来事・事件を併置し、両者には同じような「差別構造」が見られると視覚的に訴える手法をとる。北ベルファストのアードインとアメリカ合衆国のアーカンソー、ベルファストとロンドンという地域の、「レイシズム」と「セクタリアニズム」という差別である。

リパブリカン・コミュニティで経験した差別をほかの地域と結び付けていくこの手法を採用した壁画の代表的な作品が、二〇〇一年のアードインで起きた事件を扱った壁画である（図36）。以下、事件の経緯をＢＢＣの報道をもとに簡単に説明する。(52) アードインは、ロイヤリストとリパブリカンのコミュニティが境を接するインターフェースの地区の一つである。地域にあるカトリックの小学校（Holy Cross Girls Primary School）に通う小学生が、通学途中でロイヤリストの一部の住民から脅しや罵声を浴びせられるなどの嫌がらせを受けたことが事件の発端である。嫌がらせはその後三カ月間も続いた。ロイヤリストの住民側の主張は、リパブリカンの武装集団が通学路を使ってロイヤリストのコミュニティを攻撃し、嫌がらせをおこなっているというものだった。

　こうした日常的な衝突については、双方の異なる主張がある。ロイヤリスト側は、自分たちこそがリパブリカンの攻撃にさらされ、「常に包囲された状態にある」（ＣＲＵＡの関係者）と主張する。そこから、二〇〇一年六月十九日には一部のロイヤリストがホーリークロス小学校前を封鎖するにいたったという。他方でロイヤリストの武装集団こそがリパブリカン・コミュニティを攻撃している、という主張をリパブリカン側もおこない、両コ

図36　アーカンソーの事件（左）とアードイン（中央と右）の事件の併置

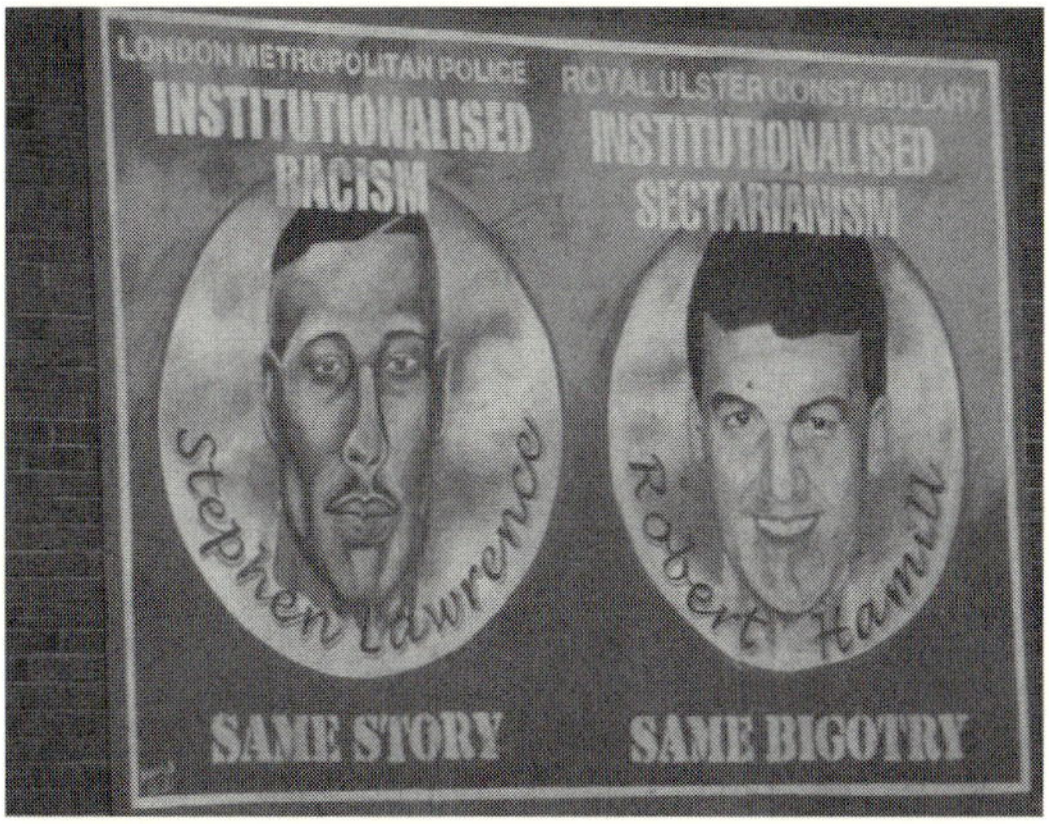

図37　ロンドンの事件（左）とロイヤリストによる事件（右）

ミュニティ間の対立は深まった。

六百人を超える人々が暴動に関わり、爆弾の爆発などの騒ぎに発展した。警察は児童と親に登校しないように伝えたものの、一部の児童と親は登校を続け、警察が通学路に立って児童を保護するまでに緊張が高まった。アードインはインターフェースの地区であるため、以前から衝突はあったが、子どもに対する直接的な攻撃は社会に大きな衝撃を与え、リパブリカン・コミュニティでは非常に大きな事件として記憶され続けている。

これに併置して描かれるのが、一九五七年にアメリカ合衆国のアーカンソー州で起きた事件である。当時のアーカンソー州では、バスや図書館の利用などには人種差別がなくなっていたが、教育機関での「人種統合」が目指されていた。五七年夏、市教育委員会に転入希望を届け出た八十数人のなかから、十人の黒人男女生徒が選ばれ、名門高校であるセントラル高校へ転入することになった。いずれも成績優秀な生徒たちだったといわれるが、この動きを察知した白人の市民は、九月の新学期前に「人種統合反対！」などのプラカードを掲げてデモをし、セントラル高校前には始終数百人の群衆がたむろする状況になった。壁画では、生徒の一人であるエリザベス・エックフォードの九月四日の初登校日の様子が描かれている。彼女を発見した白人生徒を含む群衆は、ぞろぞろと彼女について歩き、口々に罵ったという。壁画に描かれるこのイメージは、そのときのエリザベスの姿を写した有名な写真から取られている。

地元の出来事と、異なる場所で起きた差別による悲劇の併置というスタイルは、外国だけでなくイギリス国内の事件に対しても見られる。北アイルランドのロバート・ハミルの事件と、ロンドンのスティーブン・ローレンス事件の併置である（図37）。この場合は、警察組織の差別性を問うものになっている。

スティーブン・ローレンスは南東ロンドンに住むジャマイカ系の少年で、一九九三年四月、バス停にいるところを人種差別の偏見によって殺害された。その後九九年にはマクファーソン報告書が発表され、そのなかで警察がこの事件に関しておざなりな対応をした点が明らかにされ、制度的な人種差別が指摘された。

他方、ロバート・ハミルは、一九九七年、北アイルランドのアーマ州のポータダウンでロイヤリストの暴徒たちに襲われ、その数日後に死亡した。ロイヤル・アルスター警察の目前で襲撃されたのにもかかわらず警察が介入しなかった[53]ことで、リパブリカンの大きな不信を招いた。この両事件を描く壁画は、警察という組織の内部に存在する差別を問題にしている。

二つのコミュニティの共通性――「Hブロック」「メモリアル（追悼）」「子どものプロジェクト」「地域の問題」

ここまでは相違点がある壁画について論じてきたが、二つのコミュニティ間で共通点が見られるジャンルもある。同じ記号を用いて表現する紛争経験、同じ追悼様式の採用、日常生活のなかでの壁画の位置づけである。紛争を経験した土地が抱える紛争後社会の現在の課題が浮き彫りになっているといえる。

(1) Hブロック――両コミュニティともに利用されるシンボル

二つの住民集団の間に、同じ記号表現が使用されている例を見ることができる。紛争時期に多くの住民が刑務所に収容され、刑務所での経験が共有されていたため、同じ記号が使用される。また、コミュニティ内で、そうした経験に一定の意味づけが与えられる点も共通している。

ロイヤリスト・コミュニティ（計1点）
Hブロック（1）

リパブリカン・コミュニティ（計7点）
ハンガーストライカー（メモリアル）（7）にイメージが何らかのかたちで描かれる

Hブロックとは、メイズ（あるいはロング・ケッシュとも呼ばれる）刑務所の通称である。「Hブロック」と呼ばれるのは、収容所の建物を上から見るとHの形に見えるのがその理由である。一九七一年から二〇〇〇年までの間、主に武装組織の活動に関係したリパブリカンとロイヤリスト両コミュニティの出身者が収容された刑務所で、北アイルランド現代史にとって、また両コミュニティにとって重要な場所である。先のボビー・サンズをはじめ、リパブリカンのハンガーストライキなどの抵抗運動は、ここを舞台にしておこなわれた。

社会学者のニール・ジャーマンは、一九九〇年代後半のリパブリカン・コミュニティでHブロックの壁画は大半が新しい別のイメージに塗り替えられ、少数の壁画が残されているだけ(54)と述べている。おそらくリパブリカン

図38　ロイヤリスト・コミュニティ、2007年7月10日撮影

図39　リパブリカン・コミュニティ、2007年7月15日撮影。また、図33の10人の肖像の下にはＨの図形が描かれている

運動の盛んな時代には、より多くのＨブロックの壁画が存在したのだろう。しかし現在でも、ハンガーストライカーの壁画の背景に用いられるなど、一定の存在感を示している。現在にいたるまで、コミュニティではなじみ深いイメージだといえる。

リパブリカン・コミュニティほど頻繁ではないものの、ロイヤリスト・コミュニティでもＨブロックは壁画のイメージに用いられている。リパブリカンとロイヤリスト双方が、同じ意匠を用いているのである。逮捕・収容された人数は、ロイヤリストよりもリパブリカンのほうが多く、現在壁画に採用される数もリパブリカンのほうが多いが、紛争を経験したことで敵対関係にあった集団間で同じ政治文化をもつ一例を、ここでは見ることができる。

なお、北アイルランドの文化は、北アイルランドの二つの住民の文化に細微な違いがあるだけであり、差異がある場合も双方が同じシステムの要素という場合も珍しくないと主張されることがある。(55)この指摘は、歴史的・社会的な背景が異なる二つの住民の文化について、過度の一般化を避けるためにも慎重に検討する必要があることはいうまでもないが、類似した状況下での生活のなかから生まれた表現であれば、その表現にある共通性が見られるケースがあることは不思議ではないだろう。同じ経験をもとにした題材は存在し、それぞれのコミュニティのなかで身近なものになっている。

ただし、ここでは自分たちのコミュニティの歴史や同じコミュニティ出身者の追悼のための表現であり、相手側のコミュニティへの言及はいっさい見られない。自分たちのコミュニティの文脈で、それぞれが個々に、同じ素材を使って、壁画に表現しているのである。

(2) メモリアル（追悼）――両コミュニティとも取り扱うジャンルであり、同様の形式を用いた「哀悼」の方法

壁画を使用した故人の追悼、またその表現方法の点で、二つのコミュニティは同じ形式を用いる。地元出身で紛争に関係した死者を哀悼する。壁画によって死者はコミュニティに位置づけられ、包含される。

ロイヤリスト・コミュニティ（計5点）
個人の肖像と追悼（4）、地域メンバーの追悼（名前だけ）（1）

リパブリカン・コミュニティ（計7点）
個人の肖像と追悼（7）

ロイヤリスト・コミュニティでは五点、リパブリカン・コミュニティでは七点の「追悼」の壁画がこの調査では確認されている。二つのコミュニティともに一定数存在する種類の壁画である。[56]

図40　リパブリカン・コミュニティのメモリアル（追悼）の壁画（ロイヤリスト・コミュニティの例については、図82・83参照）

　こうした追悼を目的にした壁画では、紛争のなかで死亡した人々を取り上げて描くが、重要なのはその人物が壁画がある地域出身だという点である。「紛争に関わる死亡」という点は、実際には広く捉えられる場合もあり、必ずしも攻撃されたことによる直接的な死だけを意味しないようだ。たとえば、紛争に関与して服役し、出所後に無職になって、アルコール依存症や薬物依存症といった問題を抱え、それによって死亡した人が壁画に描かれる場合もある。

　肖像画のようなスタイルや、生前の全身像を写し取った多くは笑顔の日常の姿が描かれる。「一般人」と「武装組織の人間」というような明確な区分は見られない。たとえ重大な罪を犯した者やならず者だったとしても、死後は同じように扱うという姿勢が見られる。両コミュニティの間で、こうした描かれ方のスタイルに大きな違いはない。この点については次章以降で詳しく論じる。

（3）子どものプロジェクト――両コミュニティとも描くジャンル。壁画という媒体の身近さ（生活への密着）という共通性

ベルファスト市内の中産階級の居住地区と比較するとより明確になるが、壁に絵で何かを表現すること、描くという共通する文化活動は、両コミュニティで生活に身近なものとして存在している。子どもの頃からこうした文化活動になじんでいることが、地域の壁画に対する態度の裾野を形成している。数十年前から活動自体は存在したものの、近年、こうした子どものプロジェクトによって制作される壁画の数は増加しているようである。

ロイヤリスト・コミュニティ（計8点） 町並み・動物・植物・自然などを描いたもの（3）、コミュニティセンター（SPECTRUM）（3）、小学校のプロジェクト（1）、シティホール（1）

リパブリカン・コミュニティ（計26点） ケルト文化（6）、人・街（4）、コミュニティセンター、ユース・センター入り口案内（3）、動物（2）、子どもの様子（1）、Young People's Right（1）、その他子どものプロジェクト（9）

両コミュニティとも子どもに関係したプロジェクトによって制作された壁画は多い。また、ピース・ウォールの壁画も、実際には子どもが関わるプロジェクトの一環として描かれている場合が大半である。題材は、絵本やマンガのキャラクター、飛行機・車などの乗り物や花・鳥などの自然物、街の様子など、様々である。

壁画研究で、子どもが描く壁画が注目されることは決して多くはないが、壁画と北アイルランドの労働者階級

の関係を考えるうえで重要である。両コミュニティともに、壁画を描く活発な活動があること、また第7章で述べる壁画家マークの例のように、子どものときに地域のコンペティションで描いた壁画を評価されてのちに壁画を描くようになる場合もあり、こうした活動は、労働者階級のなかでは日常的になじみがある文化活動であることが理解できる。

分断を象徴する壁に壁画を描くというプロジェクトは、和平合意後の二〇〇〇年代以降、両コミュニティの

図41　シャンキル・コミュニティ　コミュニティセンター（SPECTRUM）脇の壁（ロイヤリスト・コミュニティ）

図42　ニューロッジ・コミュニティ（リパブリカン・コミュニティ）

様々な団体によって活発におこなわれている。特にシャンキル・コミュニティとフォールズ・コミュニティの境に設置されたピース・ウォールは、現在ベルファストに残されている分断の壁としては最も長距離であり、北アイルランドのなかでも象徴的な場所であるため、多くの壁画が描かれる。[57]

図43　ピース・ウォール（ロイヤリスト側）に描かれたもの。教会関係（『聖書』の引用など）

図44　ピース・ウォール（ロイヤリスト側）に描かれたもの。タイタニック、ハート＆ウルフ社のシンボル、ボクシング選手、風景などが描かれている

（4）地域の問題——両コミュニティとも取り扱うジャンル。壁画という媒体の利用という共通性

ロイヤリスト・コミュニティ（計3点）

Justice（1）、Stand Up（1）、自動車犯罪（1）

図45　フォールズ地区（アルバート通り）。ケルト神話（アイルランド出身のアーティスト、ジム・フィッツパトリックの作品を模している。なお、フィッツパトリックの初期の作品には、世界的に有名になり日本でもＴシャツなどにデザインされることでおなじみの、白黒2色で表現されたチェ・ゲバラのイメージがある。これもリパブリカン・コミュニティでは壁画にしばしば描かれる）

図46　フォールズ地区（アルバート通り）。ケルト模様と白鳥（描いた子どもたちの名前が書き込まれている）

リパブリカン・コミュニティ（計8点）
自動車犯罪（2）、ヘルス・ケア（2）、人権（言語）（1）、自殺（1）、溶剤中毒（1）、ドラッグ売人（1）

ロイヤリスト・コミュニティでは三点、リパブリカン・コミュニティでは八点と全体に占める割合は多くはないが、地域の社会的な問題を扱った壁画が存在する。前者は「正義（Justice）」「Stand Up」「自動車犯罪（Joyriding）」各一点ずつの計三点であり、後者は「ヘルス・ケア（Health Care）」（二点）、「自殺」（一点）、「死の運転手（Death Drivers）」（一点）、溶剤中毒に対する警告（一点）、「自動車犯罪（Car Crime）」（一点）、「無謀運転（Joyriding）」（一点）、「人権（Human rights）」（一点）の計八点である。

このジャンルで最も一般的なのは、ある組織・団体の主張や活動の目的にかなう壁画を、それぞれの拠点の建物に描くことだ（図47）。人権団体の事務所が入った建物の壁に描かれている場合（「正義（Justice）」「人権（Human rights）」）や、ヘルスセンターの敷地の塀に描かれている場合がある。

また、一般の住宅や道路沿いの壁にこうした題材を描く例もある。自殺の問題や車の無謀運転が引き起こす悲劇などの題材を描いた壁画がこの例である（図48）。車の無謀運転に巻き込まれて死亡する住民の悲劇については、リパブリカンとロイヤリストの両地域ともに大きな問題になっている。

そのため、同じデザインの壁画を作り、それぞれのコミュニティに設置した貴重な事例——「無謀運転」についての壁画——も存在する（図49・50）。無謀運転（Joyriding）とは、車（多くの場合、盗難車）を高速で乗り回してその後放置したり燃やしたりするなどの一連の行為であり、そうした行為は、アルコールやドラッグの影響下でなされる場合が多い。こうした主に若者による無謀運転とその結果生じる自動車事故が、両コミュニティとも非常に多く、[58] 環状道路に挟まれた西ベルファストの多くの地域（たとえばTurf Lodgeなど）では深刻な問題になっている。

図49・50のイメージは、ベルファストの三カ所に存在する。シャンキル地区（ロイヤリスト・コミュニティ）、ニューロッジ（リパブリカン・コミュニティ）、バリーマーフィー[59]（リパブリカン・コミュニティ）である。これら三点の作品はすべて、地元の壁画家の一人フランク・キグリーによって描かれた。

　この壁画は、リパブリカン・コミュニティとロイヤリスト・コミュニティ、それぞれのコミュニティ内部の地域問題に取り組む組織がパートナーシップを結び[60]、一人の壁画家の一つのイメージの作品を、地域内に設置した

図47　自殺予防と自殺者家族のサポート

図48　「死の運転手がコミュニティを破壊している」

のである。

若者の教育・就職の問題、アルコールやドラッグ問題、自殺率の高さなどは、紛争跡地のコミュニティの共通の問題になっており、これらについてはコミュニティを超えた理解とつながりが見られる。

図49　車の無謀運転に反対する壁画。リパブリカン・コミュニティ

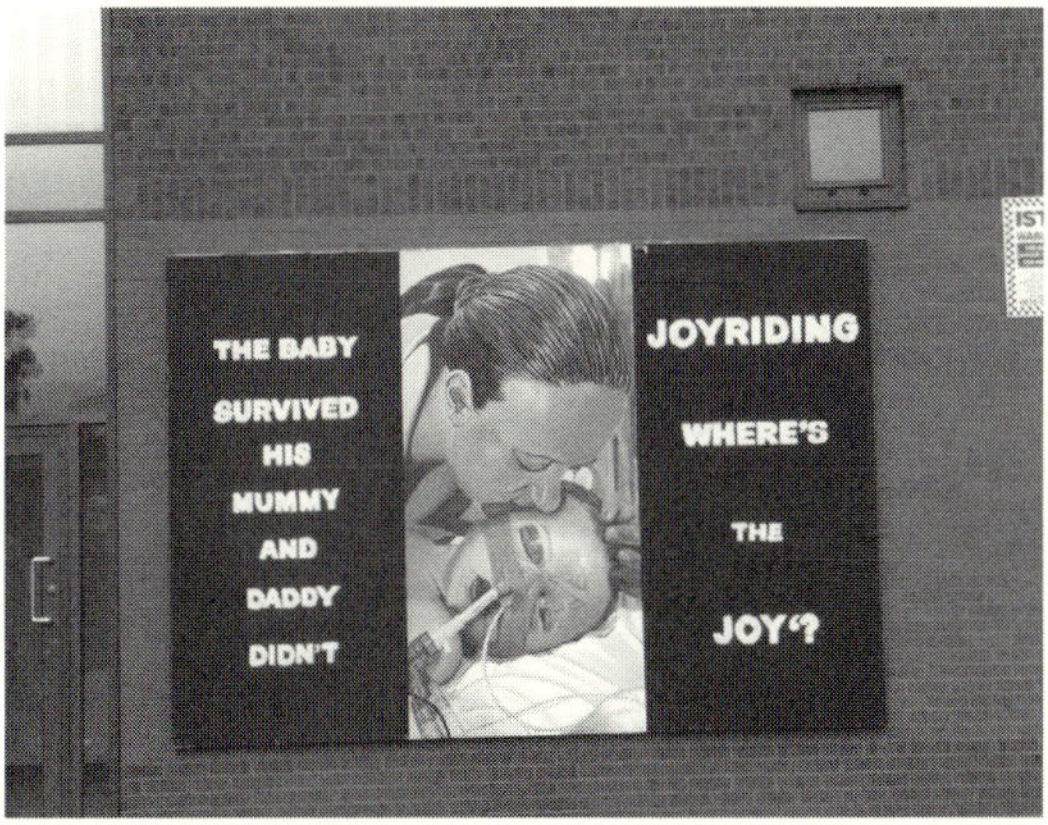

図50　車の無謀運転に反対する壁画。ロイヤリスト・コミュニティ

まとめに代えて

本章では、壁画の題材について全体像の把握をおこなった。主要な題材はすでに取り上げたが、確認のために題材をもう一度まとめておけば表10・11のようになる（本章の最初に示した表5・6のより詳細な内容である）。

壁画には、どちらか一方のコミュニティだけで描かれるジャンルと、両コミュニティに共通して見られるジャンルがある。

一方のコミュニティだけで採用されるジャンルには、現在ロイヤリスト・コミュニティだけで見られる「武装組織シンボル・ロゴ」、リパブリカン・コミュニティだけで見られる「ハンガーストライカー」「ブラックタクシー」「差別」がある。こうした点には、コミュニティが経験した事柄の歴史的・社会的背景の違いが反映されている。

他方で、「歴史」「文化（スポーツ）」「子どものプロジェクト」「メモリアル（追悼）」「Hブロック」「地域の問題」については、両コミュニティが双方ともに壁画に取り上げている。

「歴史」を題材にしたものでは、別々の異なる歴史的出来事を二つのコミュニティが取り上げていて、両者が重なることはない。ここで確認されたのは、壁画に描かれる歴史に関しては、それぞれが別々の異なる歴史観に基づいて描き、北アイルランド社会の分断状況を反映するものだった点である。

「文化」のカテゴリーも同様に、分断社会を反映するものになっている。ただし、ごく一部ではあるものの同じ選手を描く事例が現れるなど、分断線を超える可能性もわずかに見え始めている。

また、「子どものプロジェクト」「メモリアル（追悼）」「Hブロック」「地域の問題」については、同じように両コミュニティの壁画で取り上げられ、描かれる。こういった壁画は、むしろ共通の経験がもとになっている。

表10　ロイヤリスト・コミュニティ壁画内容

壁画（ジャンル）	数	内容
歴史	24	カーソン（5）、ソンムの戦い（5）、大戦間のUVFの活動など（3）ソンムの戦い以外の第一次世界大戦を扱ったもの（2）、デリー包囲（2）、女性と闘争（2）、地域史（紛争時期のコミュニティ）（2）、オリバー・クロムウェル（1）、オレンジ公ウィリアム（1）、カトリックによるプロテスタント虐殺（1）
武装組織シンボル・ロゴ	15	各種武装組織・その兄弟組織名やロゴ UYMマーク（3）、UVF（3）、RHC（2）、UFF／UDA（2）、C Company（1）、S Company（1）、Sandy Row（1）、UDAモットー（1）、IRVINE AIRDRIE FIFE（1）
和平プロジェクト	14	ピース・ウォール（14）
子どものプロジェクト	8	町並み・動物・植物・自然などを描いたもの（3）、コミュニティセンター（SPECTRUM）（3）、小学校のプロジェクト（1）、シティホール（1）
メモリアル（追悼）	5	個人の肖像と追悼（4）、地域メンバーの追悼（名前だけ）（1）
地域社会の問題	3	Justice（1）、Stand Up（1）、Joy Riding（1）
王室	2	エリザベス女王（1）、女王母（1）
神話	2	レッド・ハンド（1）、クフーリン（1）
闘争のシンボル	2	昔の武装組織・リーダー（1）、Hブロック（1）
文化	2	サッカー（ジョージ・ベスト）（1）、フルートバンド（1）
アメリカ大統領	2	ジャクソン（1）、ブキャナン（1）
その他	2	タグ（1）、Can it change?（1）

地域社会の経験を扱う壁画では、労働者階級の生活や紛争後社会の抱える問題――政治犯の社会復帰、若者の教育、生活環境の改善――に関して、ときに感情に訴えかけるような、生活感覚に基づいた主張をおこなっている。そうした主張は、紛争を経験した社会に深く根づくものであるため対立や敵対心を隠さずあらわにする場合もあり、その点で社会の統合よりも分断に向かうように見える場合もある。

しかし、相手側のコミュニティについて直接言及することはほとんどないものの、紛争後にも続くいくつかのコミュニティの問題が同じであり、そのため同じ題材を選んで壁画に表現する場合があること、そうしたコミュニティに内在する問題意識から、ごく少数ながら共同作業が見られること、また特に重要な点として、追悼のあり方、紛争地に住む人々の経験に根差した感情の部分については、紛争地の外に住む人（中産階級の人々）とは異なる、同じ追悼方法が用いられることが壁

表11　リパブリカン・コミュニティ壁画内容

壁画（ジャンル）	数	内容
子どものプロジェクト	26	ケルト文化（6）、人・街（4）、コミュニティセンター、ユース・センター入り口案内（3）、動物（2）、子どもの様子（1）、Young People's Right（1）、その他子どものプロジェクト（9）
歴史	20	イースター蜂起（6）、リネン工場の様子、ニューロッジ（6）、ジャガイモ飢饉（出移民）（4）、ジェームズ・コノリー（2）、マス・ロック（礼拝）（1）、野外学校（1）
文化	12	ボクシング（4）、ゲーリック・ゲーム（3）、サッカー（3）、音楽家Sean Maguire（1）、マリア像（1）
ハンガーストライカー	9	ハンガーストライカー（メモリアル）＊Hブロックの形を壁画に含むもの多数（9）
地域社会の問題	8	自動車犯罪（2）、ヘルス・ケア（2）、人権（言語）（1）、自殺（1）、溶剤中毒（1）、ドラッグ売人（1）
メモリアル（追悼）	7	個人の肖像と追悼（7）
生活・交通・闘争	3	ブラックタクシー（3）
差別	3	レイシズム／セクタリアニズム（3）
他国での闘争	3	パレスチナ問題（3）
アメリカ政府への抗議	2	イラク政策への批判（1）、キューバ政策への批判（1）
ボビー・サンズ	2	ボビー・サンズ肖像（2）
「ブランケット・マン」	2	ブランケット・マン（2）
女性たちの闘い	2	女性活動家（2）
囚人に対する支援	2	コミュニティの囚人支援の表明（2）
イギリス政府への抗議	2	Collusion is not an illusion（2）
その他（不明含む）	22	タグ／グラフィティ（3） 連帯（アイルランド――カタルーニャ）（1） 地元と関わりが深い指導者：ジェイムズ・ラーキン（1）、ショーン・マッコヒー（1）、チャーリー・モナハン（1） 指導者・英雄：チェ・ゲバラ（1）、フレデリック・ダグラス（1） 以下各1点ずつ：「歴史は勝者によって書かれる」（被害者関係者作成）、地球儀と2つの手（黒人と白人らしき手が地球儀を抱えている）、教会の塀に描かれた人物（黒人／白人／アジア人らしき人物3人）、クレジットユニオン、アボリジニアート、フェニックス（フォールズ・コミュニティで現存する最古の壁画）、Coilte、ストリート名　ほか

＊そのほかどちらのコミュニティのものか不明なもの：男女リング、子どものプロジェクト

画の分析を通じて明らかになった。

紛争を「忘れ（られ）ない人々」という共通性がここでは見られる。帰属の枠組み、民族集団としての枠組みにばかり焦点が当たりがちである北アイルランドの壁画で、この点は強調しておいていいように思われる。

次章では、以上見てきたような題材の具体的な内容、すなわちそうした題材がどのように表現されているかについて分析と考察をおこないたい。

注

（1）前掲『文化大革命の記憶と忘却』三七―三八ページ
（2）小関隆「コメモレイションの文化史のために」、阿部安成／小関隆／見市雅俊／光永雅明／森村敏己編『記憶のかたち――コメモレイションの文化史』所収、柏書房、一九九九年、七ページ
（3）壁画の内容をここではかなり単純化して整理することになる。壁画の表現内容については、次章で改めて論じる。
（4）バリーマーフィー（Ballymurphy：リパブリカンの地区）と一部の地域を除いた東ベルファストのロイヤリストの地区はこの調査に含まれていないため、本書で示すベルファストの壁画の全体像に関わる壁画数にやや歪みが生じている。この点については、二〇〇九年と一三年から一四年にかけて実施した追加調査によって、両コミュニティにおける「歴史」「文化」「子どものプロジェクト」を題材にした壁画の数の多さや、一定数存在する「メモリアル（追悼）」や「地域の問題」の壁画という特徴を確認しており、本書での議論は十分に有効だと考える。
（5）なお、他国での闘争に対する壁画による言及については、Jarman, *Material Conflicts* に詳しい。
（6）表6にある「ハンガーストライカー」「ボビー・サンズ」「女性たちの闘い」「ブランケット・マン」の項目をまとめて、「紛争時期の抵抗」という一つの項目として捉えることが可能である。その場合は、総数十六になり、闘いや武装組織に関わる題材は決して少なくないことがわかる。とはいえ、ロイヤリスト・コミュニティの武装組織のロゴとは異なり、ロゴのような記号ではなく、また、それらがあくまで過去の抵抗のシンボルや表象であるため、その表象内容には違いがあるだろう。

（7）一六九五年に、カトリックや長老派などの非国教徒のプロテスタントの自由と権利を大幅に制限する刑罰法が制定された。野外学校は、刑罰法のもとで非合法的に営まれており、垣根で囲まれた「教室」で、子どもたちは読み・書き・算術・宗教などを学んでいた。野外学校は、一八三一年の国民学校の制度が導入されると次第に吸収されていった。

（8）「マス・ロック」は、カトリックのミサをおこなう岩場のことである。刑罰法の時代、カトリックのミサは禁止されていたため、岩場の陰などで秘密裏にミサがとりおこなわれていた。壁画に描かれているのは、司祭とカトリック教徒のミサの様子である。

（9）イギリスの自由党内閣は、三回にわたってアイルランドに大幅な内政上の権限を移譲する自治法案を提案したが、一八八六年の第一次法案や九三年の第二次法案は、否決されていた。

（10）アルスター地方はイギリスとの連合に、また、その忠誠はイギリス国王にゆだねるという宣言である。ユニオニストやロイヤリストにとっては、北アイルランド社会の歴史・政治・闘争で中心に位置づけられる象徴的な出来事である。

（11）Terence Denman, *Ireland's Unknown Soldiers: The 16th (Irish) Division in the Great War, 1914-1918*, Irish Academic Press, 2008, p.79.

（12）開戦初日から五日間で千九百四十四人の死者を出すなど、被害は甚大なものだった（分田順子「記憶の分断／分断の記憶を超えて――北アイルランドにおける新たな storytelling の試み」、都留文科大学比較文化学科編『記憶の比較文化論――戦争・紛争と国民・ジェンダー・エスニシティ』所収、柏書房、二〇〇三年、三二六ページ）。

（13）この点は、たとえば、Denman, *op.cit.*、また *BBC News* Jun. 28, 2006 にも簡潔にまとまった記事 "The Somme: The Irish in the battle" (http://news.bbc.co.uk/2/hi/uk_news/5126128.stm)［二〇一二年十二月二十六日アクセス］が掲載されている。

（14）John Redmond, 1917, "Introduction" Michael MacDonagh 2001, *The Irish on the Somme*, Hodder and Stoughton, pp.1-7. 電子版のダウンロードも可能である（http://www.gutenberg.org/ebooks/34907）［二〇一五年二月十七日アクセス］

第十、第十六、第三十六師団という三つのアイルランド兵士団が結成された。第三十六師団が、主としてアルスターのプロテスタントから構成されており、多大な犠牲を出したのは前述のとおりだが、アイルランドの第十六師団についても、千人以上の死者という大きな犠牲が出ていた（Denman, *op.cit.*, p.101.）。なお日本の研究者では、酒井朋子が第一次世界大戦期の北アイルランドの記憶について研究をおこなっている（酒井朋子「北アイルランド・ユニオニズムにおける第一次大戦の記念と表象――名誉革命期ボイン戦との記憶の接合をめぐって」「宗教と社会」第十一号、「宗教と社会」学会、二〇〇五年、四三―六二ページ）。

（15）Keith Jeffery, *Ireland and the Great War*, Cambridge University Press, 2000, pp.113-131.

（16）三神弘子「記憶装置としての演劇――トム・マーフィーの『パトリオット・ゲーム』」「演劇博物館グローバルＣＯＥ紀要　演劇映像学2011　第三集」早稲田大学演劇博物館グローバルＣＯＥプログラム「演劇・映像の国際的教育研究拠点」、二〇一一年、二一〇ページ

（17）たとえば「オブザーバー」紙の署名記事では、当時アイルランド共和主義者同盟は支持者がほとんどいない小さなセクトだったこと、さらに、自治に賛成して西部戦線で戦っているアイルランド人に対し、蜂起に参加した「義勇兵」はごく少数だったと指摘している（Wheatcroft, Geoffrey, "The evil legacy of the Easter Rising," *The Observer*, Apr. 9, 2006）。電子版（http://www.theguardian.com/commentisfree/2006/apr/09/northernireland.northernireland）［二〇一二年十二月二十六日アクセス］

（18）Tom Peterkin, "Dublin march-past'will romanticize IRA'," *The Telegraph*, April 15, 2006, para.20.（［http://www.telegraph.co.uk/news/uknews/1515786/Dublin-march-past-will-romanticise-IRA.html］［二〇一二年十二月二十六日アクセス］）。なお日本語訳は、堀越智「イースター蜂起九十年に考える」「エール」第二十七号、日本アイルランド協会学術研究部、二〇〇七年、一七五ページを参考にした。

（19）この日の様子はたとえばＢＢＣウェブ版に詳しい。"Dublin commemorates Easter Rising"（http://news.bbc.co.uk/2/hi/europe/4913914.stm）［二〇一二年十二月二十六日アクセス］

（20）「アイルランド大飢饉と歴史論争」のなかで、歴史学者の斎藤英里はアイルランド大飢饉についての研究動向を振り返り、整理している（齋藤英里「アイルランド大飢饉と歴史論争――「ミッチェル史観」の再評価をめぐって」

「三田商学研究」第四十八巻第五号、慶應義塾大学商学会、二〇〇五年、一一三―一一七ページ)。それによると、歴史研究の主な動向としては、「民族主義史観」から「修正主義史観」へ、さらに「民族主義史観の再評価」という流れが確認されるという。斎藤によれば、「民族主義史観」とは、イギリス政府を非難する見解であり、その源流はジョン・ミッチェルにあるが、彼の見解は民族主義に立つポピュラーな歴史書に大きな影響を与えていった。この民族主義史観の偏狭性を克服し「科学的な」歴史学を構築するために一九三〇年代後半に生まれたのが「修正主義」に立つ歴史学である。この立場は六〇年代から七〇年代にかけて主流となった。その後、大飢饉百五十年(九五年)前後から出現した歴史研究では、民族主義史観を再評価する機運が高まっている(同論文)。

(21)同論文一一五ページ

(22)竹本洋「アイルランドの「反乱」と思想家たち――アイルランド問題から環アイルランド海=環大西洋問題へ」「Study series」第八号、一橋大学、一九八五年、四ページ

(23)Jarman, *Material Conflicts*, p.247.

(24)二〇〇九年九月二日、壁画の前での会話から。

(25)Alan Bairner, "The Arts and Sport," in Arthur Aughey and Duncan Morrow eds., *Northern Ireland Politics*, Longman Group Limited, 1996, p.181.

(26)北アイルランドのフルートバンドについては、たとえば Jacqueline Witherow, "Band Development in Northern Ireland: Ethnographic Researcher to Policy Consultant," *Anthropology in Action*, 13(1-2), 2006, pp.44-54 に詳しい。

(27)Bairner, op.cit., John Sugden and Alan Bairner「北アイルランドにおけるナショナルアイデンティティ、地域関係とスポーツ生活(1)」大沼義彦訳、「社会教育研究」第十八号、北海道大学大学院教育学研究科社会教育研究室、一九九九年、一一九―一三六ページ。なお日本では、大沼義彦、坂なつこがアイルランドのスポーツと歴史の研究を長くおこなっている。

(28)Bairner, op.cit., p.186.

(29)Bairner, op.cit., pp.186-187.

(30)たとえば、大沼義彦「アイルランドにおけるスポーツの背景――エスニシティとナショナル・アイデンティティと

の間」「北海道大学大学院教育学研究科紀要」第八十九号、北海道大学大学院、二〇〇三年、八九―一〇三ページ。

(31) 北アイルランドの教育システムについては、たとえば Coulter, *op.cit.*, pp.23-26を参照のこと。

(32) *Ibid.*, p.30.

(33) 北アイルランド内のリーグで、カトリックからの支持を得ていたチームであるベルファスト・セルティックとデリーシティーは、それぞれ一九四九年、七一年にリーグから撤退している。

(34) Bairner, op.cit., pp.187-188.

(35) こうした傾向は、都市より郊外にいっそう当てはまるという（Ibid.）。

(36) これについては、BBCなどのメディアの影響――同じバックグラウンドをもつアイルランドの選手やスコットランドの選手が活躍している試合を見ることができること――も大きいと大沼は指摘する（前掲「アイルランドにおけるスポーツの背景」九九ページ）。

(37) 例外は、東ベルファストに描かれた作家C・S・ルイスの壁画である（今回の調査地域・時期に含まれない）。文学関連の題材が取り上げられるのは、非常に珍しいケースである。映画『ナルニア国物語』（監督：アンドリュー・アダムソン、配給：ウォルト・ディズニー・スタジオ、二〇〇五年）の公開が影響していると考えられる。なお、この壁画の写真は、北アイルランドの壁画について日本で初の著書である佐藤亨『北アイルランドとミューラル』（水声社、二〇一一年、六一ページ）に所収されている。

(38) 坂なつこ「ナショナリズムとグローバリゼーション――アイルランドのスポーツを例に」「一橋大学スポーツ研究」第二十五号、一橋大学、二〇〇六年、一一二ページ

(39) この地区では、祖父の世代は紛争と地域産業の衰退で失業し、父親世代は激しい対立の状況下で学校にきちんと通うことができなかった住民が少なくない。子ども世代は、そうした上の世代を見て育ったため、学校教育に価値を見いだしにくい環境にある。

(40) なお、この壁画は、後述する『ゲルニカ』の壁画の制作とほぼ同時期に、二つのコミュニティ出身の壁画家が協力・分担して描いたものである。普段は「政治的」な壁画も手掛ける壁画家同士が共同で作成することが可能な、分断を超えた数少ない題材になっている。

(41) *Newtownabbey Times*, Apr. 28, 2009.

(42) *Belfast Telegraph*, Sep. 22, 2010.

(43) このプログラム（Re-imaging Communities Programme）については、第6章で詳しく論じる。

(44) IRAには、PIRA（暫定派）、OIRA（正統派）、RIRA（真のIRA）、CIRA（継続派）などいくつかの分派がある。

(45) INLA（アイルランド民族解放軍）は、一九七五年にOIRA（正統派）から分裂して結成された組織である。

(46) Bryson and McCartney, *op.cit.*, pp.42-43.

(47) *Flag a brief guide*, Community Relations Resource Centre, Publish year unknown.

(48) Susan Hood, *Royal Roots-Republican Inheritance: The Survival of the Office of Arms*, Woodfield Press in association with National Library of Ireland, 2002.

(49) Bryson and McCartney, *op.cit.*, p.43.

(50) Dominic Bryan, "Ireland's Very Own Jurassic Park': The Mass Media, Orange Parades and the Discourse on Tradition," in Anthony D. Buckley ed., *Symbols in Northern Ireland*, The Queen's University of Belfast, 1998, p.29.

(51) Bryson and McCartney, *op.cit.*, p.43.

(52) 事件の経緯については以下のBBCの記事を参考にした。"Q&A: Tension in north Belfast" (http://news.bbc.co.uk/2/hi/uk_news/northern_ireland/1518025.stm)［二〇一一年十二月二十六日アクセス］

(53) Robert Kerr, *Republican Belfast: A Political Tourist's Guide*, MSF Press, 2008, p.116.

(54) Jarman, *Material Conflicts*, p.236.

(55) たとえば以下。Anthony Buckley, "Ethnic and Other Identities: Are There Really Two Traditions?," in Anthony D. Buckley and Mary Catherine Kenney eds., *Negotiating identity: Rhetoric, Metaphor and Social Drama in Northern Ireland*, Smithsonian Institution Press, 1995, p.195.

(56) 先にも述べたように、厳密にいうとほかのカテゴリーの題材と重なるものもあるが、ここでは人物の肖像が中心的に描かれている場合や人名が大きく描かれているものを追悼のカテゴリーに入れている。

（57）シャンキル・コミュニティによる多数の壁画をピース・ウォールに描くプロジェクト、「シャンキル・ウォール・プロジェクト」も、そうしたものの一つである。

（58）データが古いが、一九九一年で八千四百五十五件の無謀運転に関わる事例が報告されている（Morrissey and Smyth, *op.cit.*, p.158.）。

（59）バリーマーフィーの壁画は二〇〇七年の調査地に含まれていないため、「地域の問題」の「リパブリカン・コミュニティ」の「自動車犯罪」（2）の数には含めていない。

（60）このパートナーシップに参加した組織・団体は以下のとおりである。Upper Springfield Development Trust, Families Bereaved throughout Car Crime, Frank Cahill Resource Centre, The Belfast Youth Project, Greater Shankill Alternatives, Interaction Belfast, Highfield Women's Centre, North Belfast CEP.

第5章

壁画のイメージの流通

——イメージは、コミュニティでどのように受け継がれ、共有されていくのか

アルヴァックスは記憶を集合的な想起として捉えたが、そうした視点は過去が保持される物質や空間への着目へとつながるものだった。それでは、壁画というモノ＝「物理的な場」に表現され保持されるのは、どのような内容とイメージなのだろうか。前章では壁画の題材について考察したが、人々にその意味をより理解され、受け入れられるためには、そうした題材はどのようなイメージで表現されるのだろうか。そして、具体的にはそれはどのような場所に存在するのだろうか。

以上の疑問について、本章では考察したい。壁画の表現スタイルに注目して、イメージのコミュニティ内での継承・共有・伝播について明らかにする。どのような表現によって、コミュニティで重要視される題材が表されるのか。壁画のイメージはどこからやってくるのか。継承・共有・伝播といった過程で、もとのイメージから改変はおこなわれるのかどうか。

また、壁画が存在する空間と、その場に描かれている題材の関係性についても検討する。壁画が存在する場所が主に労働者階級の居住地区の紛争の影響を強く受けた地である点は第2章ですでに述べたが、ここでは大通り沿いや住宅地のなかなどのより具体的な場所と、描かれる壁画の題材の関係について考察する。

1▼壁画の題材はどう表現されるのか

イメージの採用――壁画とほかの媒体のテクスト間のつながり

社会学者のメアリー・ケニーは、「リパブリカンの壁画のモチーフは、しばしば *Republican News* や *Iris*〔雑誌〕といったリパブリカンの出版物のなかや、表紙を飾るイラスト――写真か描画のいずれか――からのコピーである」[1]と指摘する。この点については、これまでに断片的には明らかにされてきたものの、詳細に分析されたものは少ない。ケニーはリパブリカンのモチーフについて右のように述べているが、ロイヤリストの壁画も、数こそやや少ないものの、同様に写真や絵画から壁画のイメージが採用されている。なお、ロイヤリストの壁画では、第3章で論じたロフタスによる、ウィリアム三世のイメージについての先駆的な分析があるが、ほかのモチーフについてはあまり分析されていない。

そこで、まずは壁画に用いられるイメージの引用元や参照元を検討する。どのようなイメージが、どういったかたちで利用されているのだろうか。手掛かりとして、二〇〇一年にベルファストにあるリネンホール・ライブラリーから出版された *Troubled Images*[2] が資料として利用できる。これは紛争の時期にポスターやビラなどに利用されたイメージを紹介した本である。この本で紹介されたイメージのなかには、壁画に利用されているものが一部あり、壁画のイメージがどこから生まれたかを探る参考になる。またほかにも、壁画家に直接引用元を尋ね、紛争についての資料が豊富なリネンホール・ライブラリーに所蔵されている図版がある書籍を調査した。さらに公立図書館やパブなど地域住民が集まる場所で、ポスターや掲示物を調べた。一部は、地域住民に直接尋ねている。本章の議論はこうした調査に基づいている。

もちろん両コミュニティとも、イメージの引用をせず、壁画家が独自のイメージを用いた表現を生み出し、壁画を制作する場合も決して少なくない。壁画の重要性は、わかりやすさ——一見して伝わるという点が目指される——という点であり、引用元がある場合は独自性がなく、何も引用していないものは独自性があるという議論は、この場合にはあてはまらない（コピーとオリジナルという二項対立的なものではない）。

壁画のイメージの引用元には次のようなものがある。

ⓘ絵画、ⓘⓘポスター、本や冊子の表紙、絵はがき、ⓘⓘⓘ写真

壁画作品のなかのイメージは、こうした媒体から引用や参照がおこなわれている。さらに、引用元媒体と壁画の内容の間には、ある種の傾向があるように思われるため、その点についても論じる。あらかじめ述べておけば、内容と引用・参照元とは、次のような関係が見られるのである。

1、大きな歴史、ナショナルな文化——絵画からの引用。
2、抵抗運動・紛争時代の戦いを題材にしたもの——ポスター、冊子などの表紙、絵はがきからの引用。
3、周縁化された歴史、「終わっていない」事件——写真からの引用。

絵画からの引用

絵画からイメージが取られているものは、ロイヤリスト・コミュニティでは、

・「デリー包囲」（図9）［壁画／ローワーシャンキル地区、撮影日二〇〇七年七月十日（二〇〇四年三月二十五日以降、〇七年七月十日まで存続確認）］

・「ソンムの戦い」（図51・52・53）

であり、リパブリカン・コミュニティでは、

・「イースター蜂起」（図17）［壁画／アードイン地区、撮影日二〇〇七年七月十三日（二〇〇四年三月二十七日以降二〇〇九年十月十八日まで存続確認）］

・『リムリックのパイプ吹き（*The Limerick Piper*）』（図77・78）

などである。[3]

まず傾向として見られるのは、絵画からの引用は、地域とは関係しながらも、ナショナルヒストリーともいえる大きな歴史を扱う題材が多いという点である。もちろん、写真がない時代の出来事は絵画しかイメージを表現する媒体が存在しない（たとえば「デリー包囲」）が、写真が存在する時代の出来事でも、絵画からイメージを取って題材を表現している例がある（「ソンムの戦い」「イースター蜂起」）。なお、『リムリックのパイプ吹き』については改めて第2節で取り上げるが、この作品は、十九世紀のアイルランドの代表的なリトグラフ・油絵作家であるジョセフ・ハヴァティの作品が元絵になっている。

図9の「デリー包囲」の壁画のイメージの引用元については、これまでの調査では明確には特定できていない。壁画がある地区の住民に尋ねたが「単に〔壁画家が〕作り上げたものかもしれない」と話す（Sさん　二〇〇九年九月二十九日　壁画前での会話から）。とはいえ、このイメージは比較的流通しているようにも思われる。インターネット上にある、デリー包囲について説明したウェブサイトに、非常によく似た絵が挿絵として載っていて、[4]おそらく何らかの書籍などに描かれていた挿絵をもとにしていると思われる。

「ソンムの戦い」の壁画については、引用元の特定が容易である。もとのイメージは、有名な絵画であるJ・P・ビートル作『一九一六年七月一日ソンムの戦いにおける第三十六師団の攻撃（*The Attack by the 36th (Ulster) Division, Somme, 1 July 1916*）』（ベルファスト・シティカウンシル所蔵）である（図51）。「ソンムの戦い」の場合は、壁画のなかで、オリジナルの絵画と比べて表現の簡略化も見られる点が興味深い。このイメージは、北アイルランドで十分に知られているものだということがわかる。

たとえば、図52は、シャンキル・ロードに存在する四つのコマから構成された壁画だが、右上のコマは『一九

図51　J.P. ビートル作『1916年7月1日ソンムの戦いにおける第36師団の攻撃（*The Attack by the 36th (Ulster) Division, Somme, 1 July 1916*』（出典：Russell Rees, Audrey M Hodge, Norman Johnston and Sheila Turner Johnston, *History In Close-Up: Union and Partition,* Colourpoint Education, 2012, p.98.）

一六年七月一日ソンムの戦いでの第三十六師団の攻撃』から取られたものである。この壁画をビートル作の絵画と比較すると、壁画のほうは兵士の数が大きく減少している。絵画では小さく背景に描かれた兵士も含め、全部で十数人程度は描かれている兵士の数が、この壁画では四人にまで減少している。壁画は依頼者と壁画の描き手との間で制作日数が決定している場合があり、時間をかけて作品を追求することが困難な場合もあるため、描く手間の理由から省かれたのかもしれないが、結果として、少数の兵士一人ずつに目がいくような効果が生じている。これが図53の壁画になると、兵士の数が二人にまで減少する。

　省略化がさらに進んでいるが、これだけもとの絵から詳細が省かれてもすぐに何を描いているのか理解できるのは、これまでにこの絵を何度も見ているからだろう。この絵画のイメージをもとにしたソンムの戦いを題材にした壁画が、この地区に複数存在していること自体が、省略されても理解できるという点に影響しているのかもしれない。いずれにしても、これは、繰り返しこのイメージを目にしている人々を前提にした作品内容であり、ロイヤリスト・コミュニティでのソンムの戦いのイメージの偏在と住民からの認識のされ方を示す傍証だと考えられる。[5]

　リパブリカン・コミュニティに存在する「イースター蜂起」を描いた壁画については、ウォルター・スタンレー・パジェットの手による作品『アイルランド共和国の誕生（*The Birth of the Irish Republic*）』と題された絵画がもとになっている。この絵は、ダブリンにある中央郵便局の内部の様子を描いたものである。絵画と同じ構図で同じ場面が表現されている。

図52　アッパーシャンキル地区、2007年7月10日撮影（2004年3月24日以降09年9月13日まで存続確認）

図53　アッパーシャンキル地区レックス・バー前、2007年7月10日撮影（2004年3月24日以降09年9月13日まで存続確認）

ここでは、もとの絵画に比較的忠実にイメージが再現されている。壁画のイメージと絵の相違点は、絵画に比べると壁画のほうが色彩が抑えられている点、負傷者が数人少なく描かれている点（とはいえ壁画としては、多数の負傷者が描かれている）、背景にアイルランド共和国の国旗が付け加えられ、上部にユリが描き込まれている点である（図17）。[6]

この二つの出来事についてはいくつか当時の写真が残されていて、資料的な制約から「絵」が選ばれているとはいえない。これらは、ナショナルメモリーともいえる大きな歴史的出来事として位置づけられ、したがって絵画にも描かれる題材については、そのイメージを利用して壁画に描かれている。

ポスター、冊子などの表紙、絵はがきからの引用

かつての闘争や選挙などで用いられたポスターや冊子の表紙などのイメージが使用されることがある。

ロイヤリスト・コミュニティでは、
・『アルスター一九一四年』（図54・55）
であり、リパブリカン・コミュニティでは、
・棘があるワイヤーで縛られた両こぶし（図56・57）
・アイルランドの国旗、ジェームズ・コノリーが指揮したアイルランド市民軍の旗とイースター・リリーの図案（図58・59）
・Hブロックの亀裂からたくさんの白いハトが飛び立つ図案（図60・61）
がある。

図55の『アルスター一九一四年』は、一九一四年のポスターからのイメージの引用である。[7]このポスターは、第一次世界大戦の頃、アルスター義勇兵（Ulster Volunteers）のリクルート用に作られた。当時このポスターをも

図55　アッパーシャンキル地区レックス・バー横、2009年9月13日撮影（2004年3月24日以降撮影日まで、数度のタッチアップ――色を上から重ねる――を経ながら存続）

図54　ポスター（『アルスター1914年（Ulster 1914）』）をもとに製作されたはがき

とに絵はがきが作られていることから、このイメージは、当時からある程度、地域で流通していたと推測される。

描かれているイメージを見ると、女性が一人ライフルを手にして立っている。「見捨てられた！　いいでしょう、一人でやっていける（Deserted! Well- I can stand alone)」と文字で記入されている。こうした文言も含めて、ポスターとまったく同じ色彩・デザインが、ベルファストのシャンキル・ロード沿いにある壁画に再現されている。

同様にリパブリカン・コミュニティでも、紛争時期に作られたイメージが使用されている。次の「両こぶし」の絵は、ハンガーストライキ闘争があった一九八一年に出版された小冊子「Hブロック（*The H Blocks: An indictment of British prison policy in the North of Ireland*, Liz Curtis, Information on Ireland)」の表紙に用いられたイメージがもとになっている（図56）。これは三十二ページほどの薄い冊子であり、「囚人」とはどういう人たちなのかを歴史的・政治的背景から説明し、イギリス政府の「囚人」に対する処遇を批判した内容になっている。当時、リパブリカンが住むエリアで流通し、多くの人がもっていたもののようだ。

この表紙に描かれたイメージは、すぐにリパブリカンの居住地区にある壁画に採用された[8]。ロールストンの本に掲載された

図57　ニューロッジ地区、2007年10月7日撮影

図56　小冊子「Ｈブロック」表紙（フォールズ地区にあるコンウェイ・ミルで撮影）

壁画の写真[9]からは、早くも小冊子の出版と同年の一九八一年には、フォールズ・コミュニティ内でこのイメージを用いた壁画が描かれていることがわかる。壁画では背景にアイルランド国旗が加えられているが、それ以外は小冊子と同じデザインという比較的シンプルな表現になっている。

　現在は、北ベルファストのニューロッジ地区に存在する「捕虜を解放せよ（Free the POW)」の壁画のなかに、多数のほかのイメージとともに描かれている（図57）。なおこの壁画には、当時リパブリカン・コミュニティで流通していた複数のビラやポスター類が描かれているが、言語学者でアイルランド文化を研究しているトニー・クロウリーによれば、これらは一九七六年から八一年の囚人の待遇をめぐる運動の際に作られたものである[10]。また、ジブラルタルでイギリス陸軍特殊部隊（ＳＡＳ）に射殺されたマレイド・ファレルの笑顔を浮かべた姿――ほかの壁画にも描かれるイメージ――もイメージの一つとして描かれている。

　冊子の表紙のイメージを使用しているのは、図58・59のケースも同様である。*Tíghrá: Ireland's Patriot Dead* という冊子の表紙（図58）から壁画（図59）イメージが採用されているが、この冊子はリパブリカン・コミュニティの紛争で亡くなった死者の生涯を紹介したものである。

　また、アイルランド共和国の著名なアーティストであるロバー

図58　冊子 *Ireland's Patriot Dead*
（出典：Tirghra Commemoration Committee, *Tírghrá: Ireland's Patriot Dead*, Republican Publications, 2002、表紙）

図59　アードイン地区、2009年10月18日撮影（2006年6月8日以降撮影日まで、描き直しを経ながら存続）

ト・バラーのHブロックの図案（図60）をもとに、壁画が描かれている例（図61 Felons Club の壁）もある。バラーは、アイルランド共和国の紙幣に彼のデザインが採用され、リバーダンスの世界ツアーの舞台美術をつとめるなど、いわゆる正統派のアーティストとしての地位を確立している人物である。

バラーは、二〇〇一年にハンガーストライキ二十周年の記念の際のポスターをデザインし、さらにさかのぼった和平合意以前の時期にも、壁画の原画になるデザインを提供している。[11] また、彼は西ベルファストもたびたび訪れており、地元の壁画家とも交流がある。北アイルランドの壁画とファインアートは断絶面が強調されることが多いが、少なくともリパブリカンの壁画に関しては、ファインアートの世界とのつながりが存在している。

これらのイメージは、プロパガンダとして、あるいは抵抗運動の重要な手段として、闘争当時に用いられたメディアから採用されたものである。当時地域で流通した媒体で用いられたイメージを壁画に再現している。こうしたイメージの引用は、紛争に密接に関係した地域の経験を具体的に呼び起こすものになっている。

図60　2001年に制作されたロバート・バラーのポスター（出典：Yvonne Murphy, Allan Leonard, Gordon Gillespie and Kris Brown eds., *Troubled Images: Posters and images of the Northern Ireland conflict from the Linen Hall Library, Belfast*, Linen Hall Library, 2001, p.94.）

図61　アンダーソンズタウン地区、2007年7月15日撮影（2004年3月26日以降09年10月10日まで存続確認）

写真からの引用

次に挙げるのは、写真からイメージが取られている例である。ロイヤリスト・コミュニティでは、

・「UVFの視察に西ベルファストを訪れたエドワード・カーソン」の姿を描いた作品（*Carson takes the salute at an inspection of the West Belfast Volunteers*）（図62、63）

・「一九一四年　アルスター義勇軍の軍事訓練（*Ulster Volunteers in training 1914*）」（図64）

・「アルスターの誓約に署名するカーソン」（図74・75・76）

・「非セクト主義のアイルランド自由闘士といわれる者たちによる、三十年にわたる無差別虐殺（30 years of Indiscriminate Slaughter By So-Called Non-Sectarian Irish Freedom Fighters）」（図80）

があり、リパブリカン・コミュニティでは、

・「アーカンソーとアードインの差別」（図94）

・「パット・フィヌケン」（図69・70）

がある。

「アルスターの誓約に署名するカーソン」「非セクト主義のアイルランド自由闘士といわれる者た

ちによる、三十年にわたる無差別虐殺（30 years of Indiscriminate Slaughter By So-Called Non-Sectarian Irish Freedom Fighters)」と「パット・フィヌケン」は次節以降で扱うため、ここではそれ以外のイメージについて論じる。

まず、図63は、シャンキル・ロードのレックス・バー（Rex Bar）横に描かれている壁画である。調査開始の二〇〇四年に確認して以降、最新の壁画の調査（〇九年）までずっと存在している。UVFというのは自治法案に反対したユニオニストが作った義勇軍であり、カーソンはその創設者だが、彼が西ベルファストのUVFを視察に来た際の写真（図62）をもとに、壁画が作られている（図63）。壁画の色彩も白黒であり、もとの写真に酷似している。そのため、写真を知る人にはそれを容易にイメージできるものになっている。

同様に、長く存在している壁画に、「一九一四年　アルスター義勇軍の軍事訓練」がある（図64）。これは二色で描かれているが、グレーの色彩を基調にしていて、やはりもとの写真とスタイルがよく似ている。

こうした写真のイメージの利用は、リパブリカン・コミュニティでも同様に見られる。ロイヤリスト・コミュニティとの違いを指摘しておくならば、リパブリカン・コミュニティでは後述する例のように写真のイメージを使いながらも、それに様々な表現を加え、組み合わせるような手法を用いる場合が比較的多いという点である。たとえば、「アーカンソーとアードインの差別」（図94）では、二つの写真を併置し、リパブリカン・コミュニティがいまだに不当で差別的な行為を受けているという点を示している。

写真のスタイルの使用は、そうした苦しみがこの地で経験されたという点、「ここで起きた事実」の強調だと思われる。題材はいずれも、地域の外からは確固とした承認や位置づけを必ずしも与えられていないが、地元にとっては重要視される出来事である。興味深いのは、壁画という「絵」を描く際に、「写真」に似せるという、ある種フォトリアリズム的手法を用いていることである。おそらく、こうした出来事の写真が一定程度知られているという前提があって採用されているのだろうが、それ以外にも理由があるように思われる。

この点について検討する際に、テッサ・モーリス＝スズキのメディアの特徴についての議論が参考になる。彼

図63　アッパーシャンキル地区レックス・バー横、2009年9月13日撮影（2004年3月24日以降撮影日まで、数度のタッチアップ――色を上から重ね塗りする方法――を経ながら存続）

図62　写真 *Carson takes the salute at an inspection of the West Belfast Volunteers*（出典：William Maguire, *Belfast: A history,* Carnegie Publishing, 2009, p.182.）

女は写真と絵画とを比較し、人々の「リアルさ」への期待値の違いを指摘する。戦争を描いた絵画や言葉による戦闘の描写が「不正確」だと非難されることはあっても、「捏造」との誹りを受けることは少ない。写真が「捏造」と非難されるのは、それが「リアリティ」を写すはずだという暗黙の前提があるからだという。そして写真は、その写実的・劇的な性格のために「一体化としての歴史」の焦点になり、人の感情を捉える。彼女はスーザン・ソンタグを引用して、写真は「たんなる映像（絵画が映像であるようには）や現実の一解釈ではない。それは足跡やデス・マスクのようにひとつの痕跡、現実から直接刷り取ったあるものである[12]」という。「その写実的な存在は、過去そのものの実体をこちらに突きつけてくるかのよう」と、写真のもつ「特別な力」を示すのである[13]。

「絵」である壁画がいくら写実を追求しても、それは写真とは異なる。それでも写真のスタイルに似せて描くところに、こうした題材について「実体をこちらに突きつけてくる」ような過去を強調することが必要だと考えるコミュニティの状況があると思われる。

そのように考えた場合、「UVFの視察に西ベルファストを訪れたエドワード・カーソンの姿を描いた作品」や「一九一四年　アルスター義勇軍の軍事訓練」といった、比較的ローカル

図64　アッパーシャンキル地区レックス・バー前、2007年7月10日撮影（2004年3月24日以降09年9月13日まで存続確認）

なコミュニティに関わる歴史だけでなく——とはいえ、これらも北アイルランド社会での自分たちの正統性を主張するものでもあり、その意味ではナショナルなものと密接に関係しているが——、「アルスターの誓約に署名するカーソン」というナショナルな歴史的出来事が写真のスタイルで描かれることにも、説明がつくのではないだろうか。

ロイヤリスト・コミュニティで扱われるこうした歴史——ロイヤリスト・コミュニティ内のUVFの影響が残る地域に描かれた、自治法案に反対するユニオニスト／ロイヤリストが一丸となった反対闘争——は、前述したように、彼らにとって非常に重要な出来事である。しかし、たとえナショナルヒストリーに位置づけられるカーソンのそれでさえ、ユニオニスト／ロイヤリストの支配に対する正当性について疑念視され、ナショナリスト／リパブリカンだけではなく、イギリスからも異議申し立てがされ、ロイヤリストへの批判が強まるなかでは、確固たる位置づけにないからである（ただし、「アルスターの誓約に署名するカーソン」については、写真を引用元にしながらも、後で述べるように、一部に鮮やかな彩色が施されていて、写真に似せる点だけを目指しているとは考えにくい。ちょうど写真と絵画の間のようなイメージに仕上がっている。ほかの二点の題材に比べると、リアリティの強調だけでなく、歴史的出来事という視点も持ち込まれているようである）。

繰り返せば、コミュニティの外部では周縁化され、重視されていない出来事だというコミュニティでの認識が、あえて写真のスタイルを採用させているように思われるのである。

る。

地域住民の死とメモリアル

さて、写真からの引用に関しては、これまで論じてきたものとはまったく別の目的のために、壁画で利用されることがある。第4章で述べたように、両コミュニティともに、死者のメモリアルが多数描かれるが、こうした死者の姿は写真をもとに描かれる。しかし、写真のように見えることを目的としていない点で、右の例とは異なる。

写真の利用は、リパブリカン・コミュニティ側では、著者自身が壁画家の制作作業への参与観察で確認している。[14]また、直接確認はとれなかったが、ロイヤリスト・コミュニティでも、この点はおそらく同様だと思われる。生前の姿を生き生きとリアルに映し出すために写真が用いられるのだが、そこでは再現だけを目指しているわけではないようである。

たとえば、プラスチック弾で死亡した子どもの壁画を描いたリパブリカン・コミュニティ出身の壁画家ダニーは、次のように話す（図65）。

> 笑っている顔を描くよ。特に外部の人に見せるためにね。このかわいらしい子どもは誰だったのか、ってね。[15]

ここで明らかにされているのは、写真をもとにしながらも、再現することだけが目的でない点である。表現方法を工夫し、かわいらしく表現し、より多くの人の注意を引くことを考えていることがわかる。それは、女の子とともに描かれるバラの花や装飾にも、見て取ることができる。生き生きと写実的に描くだけでなく、かわいらしさを表現し、無垢な子どもが亡くなった悲劇が視覚化され、より強く人々に印象づけられる。

さらに、無実の子どもだけでなく、武装組織の死者についても、再現性だけにこだわるのではなく、独自の表現がされていることがわかる。こうした壁画では、本人は笑顔の普段の姿で描かれる場合が多く、「英雄」というよりも「人間味」を強調した表現になっている。

たとえば図66は武装組織の人物のメモリアルであるが、英雄的というより家庭的なイメージに仕上がっている。屋外ではなく室内の場面であり、テーブルの上には、サンドイッチが置かれ、日常のひとコマを切り取ったような、リラックスした雰囲気が感じられる。さらに五年後の同じ場所の写真が、図67である。手前に大きく描かれている人物の手から銃が消え、服が軍服のようなものからスーツへと変化している。戦闘のイメージから日常的なイメージへとさらなる変更が図られている。

武装組織の人間の死（広い意味で活動に起因した死）と子どもの死には、別の意味が付与されてもおかしくないようにも思われるが、ここでは子どもも武装組織の人間も、同様にコミュニティの住民としての日常的な姿が笑顔で生き生きと描かれる傾向が見て取れる。

図65　グレンベー・ドライブ（Glenveagh Drive）地区、2009年10月10日撮影

図66　ホワイト・ロック地区、2004年8月16日撮影

図67　ホワイト・ロック地区、2009年10月12日撮影

壁画の表現と壁画家

ここまで、壁画に用いられるイメージが、ポスター、冊子の表紙、写真、絵画といった媒体のイメージをもとに描かれてきたこと、またそうした引用元の媒体と壁画の題材には、一定の関係性があることを述べてきた(16)。

では、壁画家自身は、どのような考えに基づいて素材を選び、表現するのだろうか。そもそも壁画の表現について、壁画家自身はどのような考えからイメージを選択しているのだろうか。

壁画家ダニーは次のように話す。

> ギャラリーでキャンバスの絵を見るのとは違う。通りかかって目にする。シンプルであることが大事だ。たとえば、ハンガーストライキについて二十のイメージがあったとすると、そのなかからいちばんいいのを選ぶ。たとえば、ブランケットをまとった髭面の男の人。それに残忍性をイギリス軍兵士でプラスする(17)。

じっと見つめて理解するというよりも一見して理解できるという点を重視し、様々な素材のなかから訴えたい点が最も伝わるようなイメージを選び、さらにそれを組み合わせる（髭の男性とイギリス軍兵士を一つの壁画に描く）という表現上の工夫をおこなっていることがわかる。

壁画に見られるコミュニティ内での再記憶化——記銘と共同想起

さらに、制作では、コミュニティ内部と外部の両方の視線を意識して描かれることもあるようだ。筆者がダニーに、プラスチック弾のなかに死者の肖像を描いた彼の作品の写真（図68）を見せながら、「プラスチック弾」のイメージはどこからとってきたのか尋ねた際に、彼は次のように説明する。

たとえばね、アメリカ人なんかはプラスチック弾というと、子どものおもちゃみたいなものをイメージしたりするんだ。子ども用ならたいしたことない、ってね。でも実際のサイズはこんなもんだ〔指で十センチほどの長さ、直径六センチほどを丸く示して見せる〕。それで、壁画に描こうと思った。これ〔この壁画のイメージ〕はそもそも、フォールズでラリーがあったとき、スピーカーの背景（backdrop of speakers）として用いられたものだ。三回ほど。一九八一年にまかれたビラのイメージをつけた。記憶に訴えかけるものだから。そしたらそれを見た人が、あのポスターを覚えているかって話して。「よみがえらせて」ってね。(18)

壁画家は、自分が描く壁画を見る人々をある程度具体的に想定しながら制作していることがわかる。ここでアメリカ人が話題になるのは、和平プロセスの進展とともにアイルランド系アメリカ人がルーツを訪ねて、あるいは親戚を訪ねて西ベルファストにもやってくることが増えたということが主な理由だが、壁画家はそうした人たちが北アイルランドの現実を知らない、あるいは知識だけでは伝わらないと認識している。そこで、外部の訪問者にリアリティを感じてもらうこと（とはいえ壁画のプラスチック弾は、実際のプラスチック弾より大きいようだが）を目的に壁画は描かれる。外部の人にも地域の経験が伝わるように、具体的に視覚化する。

さらに、コミュニティ内部の視線にも対応して壁画を制作している。ここで特に注目すべきことは、コミュニティ内の集合的な想起の例を見ることができる点である。右の発言にあるラリーとは、屋外に大勢の人を集めておこなわれる地域の集会のことで、通常、何人かの話し手（スピーカー）が演説することが多い。その際、話し手の背後には、ラリーの目的に関連した主張やイメージを描いた横断幕が張られたり、ベニヤ板などが置かれる

図68　フォールズ地区、Islandbawn Street、2007年7月15日撮影（2004年3月26日以降09年10月10日まで描き直しを経ながら存続確認）

ことがある。フォールズ地域で以前におこなわれたラリーに参加していた人々の会話から、背景に描かれていたポスターについて話題が及び、その結果、地域の壁画にそれを描き込むように壁画家に依頼をしている。

「一九八一年にまかれたビラ」は、ごく短期間だったがリパブリカン・コミュニティで広く存在していたものである。当時は多数のビラが作られ地域で配られていたが、日常的なモノだったため、そのほとんどが記録や保存をされることなく、歴史のなかに消えていった。

ここでは、当時の時代を生きていた住民の記憶が個人的なものにとどまらない様子を見て取ることができる。人との接触のなかで他者とともに出来事を想起し、そうした経験を通じて壁画のなかに記銘する。現物のビラはなくなったが、ビラを壁画に描き込むことで、過去の記憶を保存し、他人とアクセスできる公共的なモノのなかに保持しようという営みが確認できるのである。

外部の人に対しては表現を工夫し地域が経験した「現実」を感じてもらうこと、内部の人に対しては過去を記録することで共同の記憶を再度作ること——壁画はこのように、二つの別々の役割を果たすものになっているのである。

2▼イメージの流通と共有

さて、第1節では、主に壁画に用いられるイメージの引用について論じてきたが、本節では、そうした壁画のイメージがコミュニティ内でさらに広がっていく過程、また表現内容の工夫について注目してみよう。イメージの流通は、複数の媒体を通じておこなわれる場合、壁画から壁画へとおこなわれる場合などがある。また、イメージがコミュニティの外へと広がる場合もある。とはいえ、壁画はまずは地域で支持され受け入れられることが重視される。そこで、そのためにどのような表現の工夫が見られるのかについて本節の後半で検討する。

コミュニティ内でのイメージの広がり

ここでは、三つの例を取り上げ、コミュニティ内でのイメージの広がりについて確認する。第1節では、絵画・ポスター・写真からの引用について述べたが、これから論じるパット・フィヌケンの壁画とボビー・サンズの壁画は、最初に写真からポスターが作られ、そのポスターをもとに壁画が描かれたという、複数の媒体にわたってイメージが利用された例である。また、カーソンの壁画は、ロイヤリスト・コミュニティの中心地から住宅地へと壁画が広がっていった例である。

弁護士パット・フィヌケンの壁画――コミュニティ内における同一イメージの拡散の事例

一例目の壁画は、リパブリカン・コミュニティに存在する、弁護士のパット・フィヌケンを描いたものである(図70)。彼は、北アイルランド社会に大きな衝撃を与えた事件の犠牲者で、事件の経緯は次のようなものである。フィヌケンは、一九八九年二月十二日に自宅で家族の目前で突然射殺された。翌日、ロイヤリストの武装組織

図69　ポスター

図70　フォールズ地区、ビーチマウントドライブ、2007年7月15日撮影（2009年10月10日まで存続確認）

UDA／UFFが犯行声明を出した。殺害の理由は、フィヌケンがリパブリカンの武装組織IRAの一員だったからというものだった。彼はIRAの活動家の弁護も担当し、いくつかの有名な事件で依頼人の無罪を勝ち取るなどの活躍をしていた。しかし、フィヌケン自身がIRAのメンバーだったというUDA／UFFの声明は誤りである。

一方で、彼（あるいは彼の活動）を好ましくないとする見方は、ロイヤリスト武装組織だけでなくイギリス政府内にも存在した。フィヌケンが殺される二週間前、当時のダグラス・ホッグ内務副大臣（Home Office minister）は議会で「北アイルランドには遺憾にも、IRAに過度の共感をもつ弁護士がいる」と発言しており、遺族はこの発言を当時のサッチャー政権がフィヌケンを邪魔者とみなしていた傍証と考える[19]。

捜査は進展せず、それについてナショナリスト／リパブリカンの不満の高まりやアイルランド政府の懸念の表明を受け、サッチャー政権は動かざるをえなくなった。一九八九年、イングランドからジョン・スティーブンス（当時ケンブリッジ警視監補〔Deputy Chief Constable of the Cambridge Constabulary〕）を迎えて調査団が編成された。調査団の活動は断続的に十四年に及んだ。

二〇〇三年になってようやく実行犯が逮捕・起訴され、〇四年に有罪判決（禁錮二十二年）を受けている（ただしベルファスト合意の条件によって〇六年五月に釈放）。

しかし、実行犯以上に問題になったのは、フィヌケン殺害が可能になった背景に治安機関の関与があった点である。長年の真相究明要求の末に、フィヌケンの殺害の裏には治安当局と武装組織の通謀があったことが明らかになった。しかし、いまだに報告書のごく一部しか公開されておらず不明点が多いこと、特にイギリス軍情報当局がどれだけのロイヤリスト武装組織の元メンバーをスパイとして使い、何をおこなっていたのかという点に関して情報開示が進まず、現在にいたるまで北アイルランド社会では非常に大きな関心をもたれている。

このフィヌケン弁護士の電話中の写真のイメージは、複数の媒体に広がっていった。まず写真をもとにしたポスター（図69）が、四・五ポンド（十ドル）で北アイルランドだけでなく世界中で販売された。[20] そして壁画では、この写真やポスターと同じイメージで彼が表現された。フィヌケン弁護士の壁画は黒を基調とした色合いで、色彩の使用が抑えられている。こうしたスタイルは新聞の報道写真を想起させる。忘れてはならない、現在も争点になっている（終わっていない）重要な「歴史的な事件」として位置づけられているため、壁画にこうした表現が用いられているのである。

壁画はフォールズ地区とアンダーソンズタウン地区の二カ所に存在するが、二点ともフォールズ・ロードの道路沿いの往来が多い場所に位置している。[21] 特に地域住民は、新聞・テレビ報道などで知りえた情報を思い起こしながらこの壁画を目にすることになる。こうした壁画のスタイルと場所からも、壁画が真実解明のための長い戦いのシンボルになっていて、解決していない「事件」という点を強調する効果があると考えられる。

ボビー・サンズの壁画——イメージがシンボルに成長する事例

ボビー・サンズの壁画は、フィヌケンの壁画と同じく「写真」→「ポスター」→「壁画」とイメージが広がっていった。壁画になった後も頻繁に描き直され、より装飾性が高まり、現在は写実性よりも「シンボル化」されたスタイルで描かれている。

壁画のもとになったイメージは、一九七六年に刑務所内で撮られたスナップショットである。[22] 八一年にハンガーストライキが始まると同時に、そのイメージがポスターに用いられ（図71）、リパブリカン・コミュニティに広がった。[23]

サンズの壁画は、イメージの広がりについては前出のフィヌケンの例と同様だが、フィヌケンの壁画がどれも基本的には同じスタイルで描かれているのに対し、サンズの壁画の場合は描かれ方に変化が見られる。[24]

図73に描かれたイメージは多色を使っていて、彼自身の言葉とともに、サンズの肖像のまわりにはヒバリ（ヒバリはサンズのペンネームから用いられるようになった）[25] やフェニックス（不死鳥——復活の象徴）[26] などが描かれる。写実よりも美しさを追求した作風である。ここでは、現在まで続く問題への異議申し立てというよりも、メモリアルの壁画と位置づけられていると思われる。

サンズがこのような色彩豊かで様々な象徴や装飾とともに描かれるようになったのは、比較的最近のことである。しかし、シン・フェイン党の本部がある、非常に象徴的な場所にサンズが描かれることには、長い歴史がある。この壁画は、そのため、和平合意以前の一九九〇年から描かれてきた。[27] しかしそうした時代には装飾は少ない。たとえば図72の写真を見ると、それが明らかである。

なお、この写真は壁画家本人から入手したものであり、撮影した年月日は不明だが、この図72と同じ構図のボビー・サンズの壁画の写真がロールストンの著書 *Drawing Support 2* に掲載されていて、おそらく同じ場所のほぼ同時期のものと推測される（ロールストンの壁画の写真の撮影場所は Sevastopol Street とあり、現在のサンズの壁画がある通りと同じである。通りのどの場所かという点までは記載されていないので推測になるが、背景の様子から、おそらく現在とまったく同じ場所だと考えられる）。ロールストンによれば、彼の撮影は一九九五年であり、写真は九〇年に描かれたオリジナルの壁画から、描き直されたものだという。[28]

サンズの言葉が添えられているのは同じだが、色づかいが抑えられ装飾が少ないという違いがあり、一九九〇年頃の壁画のほうが、より発言が際立つようになっている。時を経るにつれて、サンズが地域に大きな貢献をし

図72　撮影日不明（Danny Devenny 氏所蔵）

図71　選挙ポスター
（出典：Murphy, Leonard, Gillespie and Brown eds., *op.cit.*, p.73.）

図73　2007年7月23日撮影

た「過去」の人物という捉え方に変化したのだろう。とはいえ、サンズの姿については構図の変化がなく、リパブリカン闘争の記憶がある住民にはポスターを十分に想起させるものである。

現在これは、北アイルランドの代表的な壁画として位置づけられている。ベルファスト市の観光案内で取り上げられ、さらに絵はがきがベルファスト市の観光案内所でみやげとして売られる。

これについては、「テロリスト」の壁画を市が積極的に取り上げるのはどうかという一部のユニオニスト／ロイヤリストからの異議もあった。サンズは闘争の象徴的人物ではあるが、彼を「テロリスト」とまで呼ぶのはやや極端な意見のように思われる。しかし、戦いの記憶が鮮明なユニオニスト／ロイヤリストにとって、壁画の引用元が闘争の記憶と直接的に結び付くポスターであること、それを容易に想起させるイメージを壁画が用いていること、さらにそれを代表的な壁画として市が取り上げることに対して異議申し立てをおこなう背景は理解可能だろう。

カーソンの壁画——大通りから住宅地へ、一般の壁画から子どものプロジェクトへのイメージの伝播の事例

描き手が壁画家から子どものプロジェクトへと広がりながら描かれる例も存在する。こうした事例は、北アイルランドではいくつか見られるものである。[29] ここでは、本章第1節で「写真からの引用」の事例としてふれた「アルスターの誓約に署名するカーソン」の壁画（図75）について取り上げる。

カーソンがシティホールで「アルスターの誓約」にサインした場面は、写真に残され（図74）、現在数多くの書籍などにその写真が掲載されるなど、北アイルランドではよく知られたイメージである。この写真を参照し、壁画家のマークはシャンキル・ロードにカーソンが誓約に署名する場面を壁画に描いた（図75）。

写真と壁画の二つのイメージを比べると、いくつかの違いがわかる。まず、中央のテーブルを覆うようにユニオンジャックが置かれているが、写真ではそれが白黒であるのに対し、壁画では実際の色彩どおりの青・赤・白の三色である点、旗や宣誓の署名簿のサイズが壁画では写真よりも大きく描かれている点である。また人物の描

図75　アッパーシャンキル地区レックス・バー横、2007年8月7日撮影

図74　写真　アルスターの誓約にサインするエドワード・カーソン（Sir Edward Carson signing the Covenant）
（出典：Jonathan Bardon, *Belfast: A century*, Blackstaff Press, 1999, p.28.）

図76　アードイン地区（ウィートフィールド）、2007年7月13日撮影

き方は、壁画では中央のカーソンが色彩豊かに描かれているのに対し、それ以外の指導者たちは黒みの強い色彩で描かれていて、写真と比べカーソンへと視線が集まるようになっている。

壁画家マークへの聞き取りによれば、シャンキル・ロードにある壁画は、二〇〇〇年前後に描かれたものである。一方、アードインのロイヤリスト・コミュニティの住宅地のなかに、この壁画と非常によく似た構図と色彩の壁画を見ることができる（図76）。壁画横のキャプションによれば、制作者はウィートフィールド・アクション・プロジェクト（Wheatfield Action Project）であり、インターフェース（対立する住民集団が境を接している）のコミュニティが、子どものための地域活動の一環としておこなったプロジェクトであることがわかる。壁画の制作年は明確にはわからないものの、筆者の現地での定点調査では、〇四年四月から〇七年六月の間のいずれかの時点で描かれている。(30)

このウィートフィールドの壁画は、マークが描いた壁画と同様、テーブルは旗の部分だけが三色で彩色され（三色なのでユニオンジャックを描いたと思われるが、斜めの線が描かれていないため、イングランド旗のようにも見える）、人物については、カーソンだけが色彩豊かに描かれ、ほかの指導者たちはシャンキル・ロードの壁画よりさらに描写が曖昧になってほぼ灰色に塗りつぶされ、影のようである。旗や署名簿はここでも写真より大きい。

壁画家と子どもを中心としたプロジェクトのメンバーとの間に画力の差があるために、細かい表現の違いはあるが、二つの壁画のこうした色彩と構成の類似点は、偶然発生したとは考えにくい。題材が決まった後、実際に描く際にシャンキル・ロードにある壁画のイメージを手本として模倣した、あるいは参考にしたのだと考えるほうが自然である。コミュニティの繁華街からやや郊外の住宅地へ、壁画家から住民へと、イメージが伝播した可能性が高いと考えられるのである。

さらなるイメージのローカル化

なじみがあるほかの媒体からのイメージの引用以外にも、地域で壁画のイメージがより支持されるような工夫が見られる場合がある。壁画がより身近な存在として住民に受け入れられるように、地域の風景を挿入する、地域の出来事に焦点を当てる、といったものである。

リムリックのパイプ吹き――背景にローカルの風景を差し込む事例

背景にローカルの風景を差し込む事例として、イリアン・パイプス（アイルランドの民族楽器。バグパイプに似ていて、ひじの下で「ふいご」を支え、ひじを動かすことによって空気を供給し、音を出す）奏者が描かれている壁画を取り上げる。この壁画の元絵は、ジョセフ・P・ハヴァティの絵画である『リムリックのパイプ吹き（*The Limerick Piper*）』である。

ハヴァティは、アイルランドのゴールウェイ出身の画家であり、この絵は一八四四年に描かれたものである。ハヴァティは風俗画や風景画、肖像画を得意とした画家であり、『リムリックのパイプ吹き』は盲目のパイプ吹きであるパトリック・オブライエンを描いたものだといわれる。アイルランドで複製の絵画が出回る有名な作品であり、北アイルランドの町中でも見かけるものである（図77）。

壁画では、パイプ吹きと傍らに腰かけている少女はもとの絵と同じだが、背景の風景が異なる（図78）。もとの絵画の背景が、リムリック（アイルランド共和国の町）の風景であるのに対し、壁画ではベルファストの象徴的な風景であるベルファスト市北部にある丘・ケーブヒルの風景（図79）に変えられている。

壁画の背景に、その壁画がある地域の風景を描き込むことは、比較的一般的な手法としてベルファストの壁画ではたびたび見られる。この事例では、ローカルなイメージと、より広く「ナショナルな文化」とイメージされるものが一つの作品に表現され、なじみ深いものとして提示されているといえるだろう。

図78　アードイン地区、2004年3月撮影

図77　ベルファストのシティセンターのバー（Maddens）に飾られていた『リムリックのパイプ吹き』複製画、2007年8月16日撮影

図79　ベルファスト市内から見えるケーブヒル（特徴的な丘の形が壁画の背景に描かれる）

非セクト主義のアイルランド自由闘士といわれる者たちによる、三十年にわたる無差別虐殺
――ローカルな被害の歴史を扱う事例

ここで取り上げる壁画は、「シャンキルで最も重要な壁画」と大シャンキル共同評議会の開発・観光担当者が表現したものであり、筆者の調査では二〇〇四年にその存在を確認し、シャンキル・ロードに長く存在する壁画である（図80）。

これまで論じてきたほかの壁画と異なり、この壁画の色調はキャプションの部分を除くとモノトーンで描かれている。またサイズも大きいため、非常に目をひく壁画である。写真を思わせる五つの場面が五つのコマのなかにコラージュされていて、それぞれの五つのシーンは赤い縁取りで区切られている。以下、各コマを詳しく検討する。

五つのコマのうち、最も大きく中央に位置したコマに描かれているのは、バルモラルにある家具の展示場で起こった爆破事件である。コマの上部には、このコマに描かれている内容を説明するために、赤色でキャプションが添えられている。「バルモラル・ショールーム一九七一年十二月十一日爆破　死者は大人二人と乳幼児二人（Balmoral Showrooms, Bombed Dec 11th 1971, 2 Adults and 2 Babies Killed）」。ここでは、乳児の一人が爆破された家具店から運び出されている様子が描かれている。救急隊員・警察官・兵士が瓦礫のなかから負傷した市民を助けている状況である。焦点は救急隊員と赤ん坊に当てられている。

このイメージのもとになっているものは、写真家アラン・ルイスによって撮影され、ユニオニストの有力な地元新聞紙の「ベルファスト・テレグラフ」にも掲載された写真である。[31] 写真と壁画を比べると、壁画のほうが画面が全体的に少し明るくなっているものの、白黒の色調から受ける印象は、写真に非常に似ていて、写真を見たことがある人にとっては、すぐにもとの写真をイメージできるものになっている。

しかし、トリミングが施されていて、右端を大きくカットすることで、救急隊員の右に写っている男性の存在は削られ、救急隊員が画面中央に位置するようになり、写真よりも赤ん坊を抱えた救急隊員がより焦点化されて

いる。壁画では、テロの犠牲になった無垢で罪のない赤ん坊と、犠牲者・被害者を救出しようと活躍する救急隊員という「不正義による犠牲者と正義の人物」という物語を重ね合わせることができる。

次に左上にあるコマは、フォーステップ・インの爆弾攻撃を描いたものである。壁画には破壊された建物とその前に立つ女性と男性、乳母車らしきものを押している女性の姿が表現されている。そうした白黒で描かれた風景の上に、赤字で「一九七一年九月二十九日にフォーステップ・インでの爆弾によって、二人の罪のない人間が殺害された（Four Step Inn Bombed Sept 29th 1971 2 Innocents Killed）」とキャプションがある。ＣＡＩＮ――アルスター大学の北アイルランドの政治・紛争関連の総合情報サイト――の記録によれば、二人の市民がフォーステップ・インで爆弾によって殺害された。犯行声明はどの組織からも出されなかったが、武装組織ＩＲＡの犯行だと考えられている。

三番目のコマ（右上部）は、バー「マウンテンビュー」で起きた爆弾事件をテーマにしている。このコマでは、破壊された建物が白黒の色調で描かれ、赤字で「マウンテンビュー・タヴァーンでの一九七五年四月五日の爆破によって、五人の罪のない人々が殺害された（Mountainview Tavern Bombed April 5th 1975 5 Innocents Killed）」とキャプションが書かれている。シャンキル・ロード沿いの突き当たりに位置するこのバーで、爆弾攻撃があり、四人の一般市民と一人の武装組織ＵＤＡメンバーが、リパブリカンの武装グループ（どの組織なのかは特定されていない）によって殺害された事件を描いたものである。

下部に目を向けると、左下に「バヤード・バーでの一九七五年四月十三日の爆破によって、五人の罪のない人々が殺された（Bayardo Bar Bombed April 13th 1975 5 Innocents Killed）」とキャプションが入った、壊れた建物と現場で建物を見ているらしき五人を描いているコマがある。建物にはバヤード（Bayardo）という店の名前が入っており、ユニオンジャックとアルスター旗が描かれている。このバーはシャンキル地域にあり、ＩＲＡの爆弾によって五人の市民が犠牲になった（うち一人はロイヤリストの武装組織ＵＶＦのメンバーである）。

同じく下部の右側に描かれているのは、一九九〇年代に入ってから起こった最も大きな爆弾攻撃のうちの一つ、鮮魚店での事件である。これは、シャンキルの鮮魚店の二階でロイヤリスト武装組織（UDA）のリーダーが集会をおこなうと聞きつけたリパブリカンの武装組織による爆弾攻撃であり、十人が死亡した。集会自体は予定が変更されていたが、その場にいたUDAのメンバー一人と八人の市民が犠牲になり、犯人一人も死亡した。キャプションには「フリゼルズ・フィッシュショップでの一九九三年十月二十三日の爆破によって、九人の罪のない人々が殺された（Frizzell's Fishshop Bombed Oct 23rd 1993 9 Innocents Killed）」とあり、犯人を除く九人が殺害されたことが記されている。

この五つのコマで取り上げられている事件は、シャンキルというロイヤリストの地域に関係している。事件の衝撃の大きさ、リパブリカンの武装組織による攻撃の不当さを訴えるという点でいえば、象徴として採用されてもおかしくない事件はほかにも存在する。たとえば一九七二年の三月四日には、ベルファストの中心地にあるレストランのアバコーンで爆発が起こり、女性二人が死亡し、百三十人が負傷した。この事件は、犯行声明こそ出されなかったが、リパブリカンの武装組織（IRA）の犯行と思われており、一般人を多数巻き込んだテロ行為の非道さを訴えるには格好の題材になりうるが(32)、シャンキルの壁画の題材にはなっていない。この事件の二人の死者がカトリックだったことも関係しているのかもしれない(33)が、同じ市内でも、自分たちの居住地区かどうかが採用の基準になっていることが理由の一つとしてあるだろうと推測できる。

図80　シャンキル地区、2007年7月10日撮影

こうした五つのコマの上部には、全体の主張を表すかのように、大きく「非セクト主義のアイルランド自由闘士といわれる者たちによる、三十年にわたる無差

別虐殺（30 years of Indiscriminate Slaughter By So-Called Non-Sectarian Irish Freedom Fighters)」とキャプションが書かれている。さらに、「No Military Targets!」「No Economic Targets!」「No Legitimate Targets!」「Where Are Our Inquiries?」「Where Is Our Truth?」「Where Is Our Justice?」と、シャンキル・コミュニティが経済的な援助、IRAなどのリパブリカンの武力組織からの攻撃、正義の点からも不当に扱われ、不正が放置されてきたという大きな不満が表明されている。不平等・不正義への意義申し立てであり、そうした異議申し立ての根拠として五つの事件が取り上げられている。

この壁画に見られるのは、より狭い範囲の「コミュニティ」に特化した、被害の歴史の記憶である。ロールストンは、ロイヤリスト・コミュニティに描かれる壁画のなかから歴史が消えていると論じるが、その点とこのローカリティの強調を重ね合わせると、ロイヤリスト・コミュニティの内向きさが指摘できるかもしれない(34)。これは「包囲の心理」という概念で、ユニオニスト／ロイヤリストの心理を研究する北アイルランド研究とも矛盾するものではない。

3▼イメージの素材(引用元)／題材と場所

さて、これまで取り上げてきた壁画の素材と題材が、コミュニティのどのような場所に存在するのかを検討する。

まず住宅地について。住宅地に描かれる壁画は、個人的な、あるいは非常に小さい範囲のコミュニティを扱った題材が描かれる。第4章で取り上げた、地域の問題を扱う題材・スポーツ選手などは主として住宅地に存在し、また、特に追悼のためのものが多いのが特徴である。

住宅地に存在する壁画の全体的な傾向として、色彩が華やかで「きれいに」描かれているものが多いといえる。

「追悼」の壁画は代表的なものである。亡くなった地域出身の少女やIRAメンバーの肖像が、写真をもとに色彩豊かに、さらに装飾も施して描かれている。また、「捕虜を解放せよ」と書かれた壁画は、抵抗運動の際に使われた「両こぶし」のイラストがもとになっているが、これにも装飾が施されて非常にカラフルで美しい作品になっている。

住宅地内でも日頃よく通る「通過路」に面した、前者に比べて交通量がある場所に描かれている壁画の引用元は絵画である場合が少なくない。それは一般に、北アイルランド社会で広く知られた歴史や文化を扱った題材である。こうした場所に存在する壁画は、子どもの教育を意識して描かれていると思われる。壁画にいわば教科書の「挿絵」と似たような役割を期待しているようだ。

これに対して、商店などが多い、大きな道路沿いには、写真や抵抗運動のポスターをもとにしているものが散見される。写真が引用元の場合、壁画には写実的なイメージが描かれる傾向がある。また、死者が描かれる際には単なる肖像ではなく、別の闘いのイメージ（プラスチック弾やHブロックなど）を加えて、壁画のデザインが構成される。飾りを施したメモリアルというよりも、現在につながる「異議申し立て」の手段として、位置づけられているようである。

同じく商店などが多い大通り沿いの場所に存在し、コミュニティ内外の人々の交通が盛んであり、観光バスのルートにもなっている場所に描かれるのは、昔のポスター（『アルスター一九一四年』）や絵画（『一九一六年七月一日ソンムの戦いにおける第三十六師団の攻撃』）からの引用であり、また写真の引用も目立つ（カーソンの西ベルファスト訪問、アルスター義勇軍の軍事訓練、アルスターの誓約にサインするエドワード・カーソン）。様々な流れが交錯し集まる場所であることを反映して、多様なソースをもとに作られた壁画が存在している。

とはいえ、全体的な傾向としては写真を利用した壁画が多く、プロパガンダにも用いられたイメージを使用している点から、この場所も死者を悼み、単に歴史的出来事を記念するというメモリアルの機能というよりは、政治的主張や異議申し立てとしての機能が担われているようである。住宅地ではなく商店が並ぶ大通り沿いに存在

表12　ベルファストの壁画の存在場所・引用元・題材

場所	引用元	題材
住宅地	写真をもとに装飾が施されたもの	死者のメモリアル —女の子 —IRA メンバー
	冊子の表紙をもとに装飾が施されたもの（複数のイメージのコラージュ）	「捕虜を解放せよ（“Free the POW”）」—「両こぶし」の壁画
住宅地周辺 （日頃よく通る通過路）	絵画（挿絵、リトグラフ）	イースター蜂起
		デリー包囲
		リムリックのパイプ吹き
		マス・ロック
インターフェース	写真をもとに構成	アードインとアーカンソーで起きた子どもに対する嫌がらせ
大道路沿い	ポスター	H ブロック（デザインはバラーによるもの）と死者の肖像
	写真	非セクト主義のアイルランド自由闘士といわれる者たちによる、30年にわたる無差別虐殺
	写真＆ポスター	プラスチック弾と被害者の肖像とポスター
	写真→ポスター→壁画	弁護士パット・フィヌケン
様々な流れが交錯し集まる点	ポスター→絵葉書	アルスター1914年（女の人）
	絵画	ソンムの戦い
	写真	カーソンの西ベルファスト訪問
		アルスター義勇軍の軍事訓練
		アルスターの誓約に署名するカーソン
ランドマーク	写真→ポスター→壁画	ボビー・サンズ

する壁画は現在まで争われている題材を取り上げており、様々なソースのなかでも写真が占める割合は小さくない。装飾性を追求したものは少ないといえる。インターフェースにある壁画にも、写真の利用と異議申し立てという同様の点が指摘できるだろう。

最後に象徴的な場所（ランドマーク）の壁画のケースは、シン・フェイン党本部の壁に描かれたボビー・サンズの例がある。大通り沿いにあり、観光バスのルートにもなっている非常に往来が激しい場所である。先の例とは異なり、この壁画は非常にカラフルで装飾性が高いものになっている。写真からポスターへと、イメージが引用された際、白黒のちょうどフィヌケン弁護士の例のようなシンプルで力強いイメージが用いられていたが、その後の壁画ではそれよりも装飾性が強調されている。インターナショナル・ウォールもランドマークのカテゴリーに含めることができるが、やはりこの場所の壁画も同様に、ほかの場所に比べると装飾性が強いものになっている。

ここで取り上げた例は、筆者の調査で引用元が確認できたものに絞っているため限定的だが、それでもおおよその傾向を示すことはできるだろう。壁画が存在する場所と題材には一定の関係性があり、さらに場所はイメージの引用と関係がある。場所によって、題材とその題材を表すために適切と思われる素材やイメージを選択していると考えられるのである。この点は、どのような人たちが何を見ているのかという点で重要だと思われる。

多くの場合、観光客が目にするのは、象徴的な場所にあるシンボリックな壁画や、写真のようなスタイルのシンプルで力強い政治的な異議申し立ての印象が強い壁画である。地域住民、特に子どもは、地域の追悼の壁画と、それぞれのナショナルな枠組みでの歴史や文化を描いた壁画を目にする。それは家庭や学校で目にする可能性が高いイメージである。多くの大人の地域住民は、そうした壁画に加えて、政治的な主張を前面に出すイメージを用いた壁画を目にする。自分のコミュニティのものと同時に、相手のコミュニティのものも見るだろう。ベルファスト市内を車やバスで移動する際には、コミュニティの境を横断することもあり、日常的にそうした場所を通る人も少なくない。

こうした点から、観光客・地元住民がどのような壁画を見ているのか推測ができる。観光客は、追悼や地域の問題を描いた壁画を見る機会はあまり多くなく、対立の文脈で大きく論じられる題材と素材を目にする傾向がある。地域住民は、二つの分断状態のコミュニティの歴史と文化をそれぞれ目にする。これは分断状態にある教育や新聞などのマスメディアをなぞるものである。それとともに、自分のコミュニティの追悼や地域の問題については壁画で目にするが、相手のコミュニティの同様の壁画については、その機会は多くない。相手側の住宅地内部に入っていくケースはそれほど多くないと考えられるからである。さらに、大通りに描かれている対立してきたコミュニティの政治的主張、異議申し立てについては、より頻繁に目にするように思われる。

こうした状況下では、観光客は二つのコミュニティがかたくなに対立関係を改めないという印象をもち、地域の子どもは自分のコミュニティのこと、コミュニティ側の視点をもっぱら目にする。また住民は、相手側は相変わらず自分たちに対して強い不信を抱いているという印象を強く受けることになるのではないかと考えられる。追悼の方法や、元囚人の問題や地域の若者の問題など、二つの対立するコミュニティで共有できる可能性をもつものについては、ふれる機会は必ずしも多くないのである。

まとめに代えて

本章では、壁画ならではの表現方法と壁画が存在する空間について考察し、コミュニティの記憶のあり方（継承・共有・伝播）を検討してきた。

まず、壁画が絵画・ポスター・写真などのイメージを参照するケースについて考察した。ナショナルな枠組みに基づく題材は絵画から、そして個別の闘争の記憶を描く題材はポスターや小冊子の表紙のデザインから、また「終わっていない」事件や歴史だとコミュニティが重視するものについては写真から、おおむねイメージが採用される傾向が見て取れた。コミュニティ内で程度の差はあれ、流通しているイメージを壁画に描くことで、再度コミュニティの空間にそれを記銘し、保持するのである。

その際に、もとのイメージをそのまま再現する場合と、もとのイメージが変更される場合があることが確認された。こうした違いは、題材やテーマをどのように想起するのか（したいのか）、という点に関係しているように思われる。それは、現在の問題意識や課題によって変更を加えられるのである。

表現される題材が、事実であることを強調したい内容の場合は、もとのイメージをそのまま再現することが多い。他方で、より親しみやすさを感じてもらうため、あるいはより目につくようにしたい場合などは、そうした目的に応じて、わかりやすさを損なわない範囲でイメージに変更を加える。

絵画をもとにした壁画は、絵画のイメージを忠実に再現する場合と一部を変更する場合――背景に地域の風景を挿入する、また繰り返し描かれてきたものについては、一部省略する――がある。ポスターや小冊子から引用されるイメージについても、そのまま再現される場合と改変が見られる場合があるが、改変の際はもとのイメージを変更するというよりも、必要に応じてほかのイメージや情報を加える。写真のイメージをもとにした壁画では、それがまぎれもない事実だという点を強調したい題材では写真のイメージを再現するが、親しみを感じてもらうことを目的にする場合は彩色や装飾を施している。

このようにして、もともと一定程度知られていたイメージに、必要に応じて新たな表現を加えるという工夫が見られる。また、そうしたイメージによって、コミュニティの共通の経験についての記憶が都市空間内に刻まれるのである。

さらに、記憶が空間内に表現される際に、人々の間で共同の想起がされることもビラのイメージを壁画に描き込む事例で確認された。引用元の媒体が現実にはなくなっても、人々の間に記憶されていたイメージが、今度は壁画という媒体のなかに保存されるのである。

このように、コミュニティの記憶は、単に知られた出来事やイメージそのままの再生ではなく、壁画を介して他者とともにおこなう記銘と想起を通じて醸成されていく。そして、それを目にすると想定される人々の存在によって、壁画は完全にランダムというわけではなく、ある種の秩序を一定程度もって、都市空間内に配置されている。

注

(1) Mary Kenney, "The Phoenix and the Lark: Revolutionary Mythology and Iconographic Creativity in Belfast's Republican Districts," in Anthony D. Buckley ed., *Symbols in Northern Ireland*, Institute of Irish Studies, 1998,

p.153.

（2）プロパガンダ用のポスターやイメージを集めたこの本の冒頭には「情報公開は理解を促すと信じる」と記されている。

（3）絵画については、ベルファストにある長い歴史をもつリネンホール・ライブラリーに通い、北アイルランドの歴史や美術を扱う書籍から調査した。書籍のなかに挿絵が載っているかどうかを調べ、また絵で見る歴史といった種類の書籍を調査し、さらに一部は壁画家に尋ねてみた。そうした調査で明らかになった範囲のものをここでは扱っている。現時点で出典がはっきりしない絵も少なくないため、今後の調査でさらに明らかにしていきたい。

（4）たとえばアプレンティス・ボーイズのサイト the official website of the Newtowncunningham branch of the Apprentice boys of Derry（http://abodnewtown.org/page4.htm）［二〇一一年十二月二十五日アクセス］内に掲載（残念ながら二〇一五年二月時点でリンクは切れている）。出典元は記載されておらず、不明。このサイトのなかの絵と壁画のイメージを比較すると、構図は同じ、描かれている人物——アプレンティス・ボーイズ——の数も姿勢も同じ。異なる点は、彼らの服の色と門の先の風景である。

（5）この点についてさらに考えると、地域住民のなかでソンムの戦いの位置づけは、ほかの歴史的出来事とはやや異なっていることが推測される。たとえば「アルスターの誓約に署名するカーソン」については、大幅なイメージの省略というような改変はされていない。より簡易な描かれ方をされている点、また描かれる数の多さから、ソンムの戦いはより身近なものとして重視されているようだ。かつてのウィリアム三世がこうした状態に近い位置づけにあったように思われるが、現在のウィリアム三世はイメージの工夫という点は見られず、決まったフォーマットに従って描かれていて、数も非常に限られている。

（6）ユリは「イースター・リリー」と呼ばれ、国旗と同じオレンジ・白・緑の三色で描かれる。イースター蜂起の象徴になっている（Jarman, *Material Conflicts*, pp.237-238.）。イースター・リリーは、一九二〇年代に活躍したリパブリカンの女性義勇軍「Cumann Na mBan」がシンボルとして用い、同時に長年キリスト教での聖母の象徴でもあり、イースターの時期には教会を飾る花でもあるという（Jack Goody, *The Culture of Flowers*, Cambridge University Press, 1993, Lofus, *Mirrors: Orange & Green.*）。

(7) Loftus, *Mirrors: William III & Mother Ireland*, p.46.

(8) 場所は、フォールズ・ロードを一本入ったビーチマウント・アベニューの壁である。

(9) Rolston, *Drawing Support*, p.33.

(10) Tony Crowley, "The Art of Memory: The Murals of Northern Ireland and the Management of History," *Field Day Review*, 7, Jan 1, 2011, p.41.

(11) 一九九四年頃、イギリス兵の撤退を促す「気をつけてお帰りください Slan Abhaile (safe home)」という壁画がアードイン (Ardoyne Avenue) やフォールズ (Beechfield Street) に現れたことが、写真の記録に残されているが (たとえばロールストンの著書。それぞれ順に *Drawing Support 2*, p.36, *Drawing Support 3*, p.11 に掲載)、この壁画のイメージの引用元は、バラーが制作したポスターである。

(12) スーザン・ソンタグ『写真論』近藤耕人訳、晶文社、一九七九年、一五六ページ

(13) 前掲『過去は死なない』九五ページ

(14) 第1章の注 (4) に記したように、死者の絵を描くロイヤリスト・コミュニティの壁画家は、武装組織の関係者、あるいは近い人物である場合がほとんどだった。そのため、描いた本人や関係者に直接確認することが多くの場合困難だった。また描き手が武装組織関係者という点に関係するが、必ずしも画力が高くない場合も少なくなく、もとの写真を特定することが難しい。

(15) 聞き取りは二〇〇九年九月十日に彼のスタジオでおこなった。

(16) 壁画のイメージが、今度はインターネットを通じて広がっている。たとえば「ウィキペディア」には、それぞれの項目の説明に、壁画の写真を掲載することが非常に多い。

(17) 聞き取りは二〇〇九年九月十日に彼のスタジオでおこなった。

(18) 聞き取りは二〇〇九年九月十日に彼のスタジオでおこなった。

(19) 「朝日新聞」二〇〇四年二月十二日付

(20) Yvonne Murphy, Allan Leonard, Gordon Gillespie and Kris Brown eds., *Troubled Images: Posters and images of the Northern Ireland conflict from the Linen Hall Library, Belfast*, Linen Hall Library, 2001, p.120.

(21) アンダーソンズタウン地区のこの場所は、二〇〇五年までは、イギリス軍兵舎があり、その後軍が撤退して更地になった。壁画はその更地の横の塀に描かれている（二〇〇九年十月十日記録）。

(22) 刑務所内で撮影された写真（"Tomboy Loudon, Gerry Roche, Denis Donaldson and Bobby Sands pictured in the Long Kesh prison, Northern Ireland."）は「ベルファスト・テレグラフ」のデジタルアーカイブで見ることができる（http://www.belfasttelegraph.co.uk/galleries/news/in-pictures-northern-ireland-troubles-28480433.html）［二〇一五年一月二十五日アクセス］。

(23) Murphy, Leonard, Gillespie and Brown eds., *op.cit.*, p.73.

(24) 福井令恵「壁画と場所――北アイルランドの二つのコミュニティの壁画にみる内容と場所性」「比較社会文化研究」第二十一号、九州大学、二〇〇七年、七三―八一ページ

(25) Jarman, "The Ambiguities of Peace," p.25.

(26) Jarman, *Material Conflicts*, p.237.

(27) 過去の壁画の資料を調査すると、この場所に初めてサンズの壁画が登場したのは一九九〇年頃のことである。それ以前は、この壁には闘争姿の兵士が描かれていた。たとえば、Rolston の *Drawing Support*, p.38, 47掲載の写真。これらは、サンズの壁画以前に描かれていた壁画だと考えられる。

(28) Rolston, *Drawing Support 2*, p.53.

(29) このことを示す一例として、第7章で取り上げるベルファストの『ゲルニカ』の壁画が挙げられる。ベルファストの壁画は完成後、デリーで子どもによるプロジェクトで描かれている。

(30) この場所には、二〇〇四年三月までは武装組織（UVF）のロゴが描かれていた。

(31) この写真は、「ベルファスト・テレグラフ」のデジタルアーカイブで見ることができる（http://www.belfasttelegraph.co.uk/galleries/news/in-pictures-northern-ireland-troubles-28480433.html）［二〇一五年三月六日アクセス］。

(32) たとえば、ユニオニスト系の新聞「ベルファスト・テレグラフ」は、「北アイルランド紛争の最悪の事件の一つ（The explosion of a bomb in the crowded central Belfast restaurant, the Abercorn, on 4th March 1972, was one of

the most horrific incidents of the Northern Ireland violence)」と表現している。

(33) とはいえバルモラル・ショールームでの事件でも死亡した二人の大人のうち、一人はカトリックだというＣＡＩＮの記録もあり、この点については慎重に検討する必要があるだろう。

(34) Rolston, *Politics and Painting*, p.31, Rolston, *Drawing Support*, ii.

第6章

観光と社会統合とローカル・コミュニティ

ここまで題材やイメージについて考察してきたが、本章では具体的なローカル・コミュニティの現場に焦点を当て、壁画をめぐる動きに注目する。地域を取り巻くより広範な社会・経済的な文脈の検討は、壁画が生まれる環境を踏まえ、今後の壁画の推移を考察するためにも重要である。どのような社会的・経済的な環境のなかで壁画が生まれてくるのか。政府や行政の政策は壁画の制作や題材にどの程度、またどのように影響を与えるのだろうか。

分断社会が地域振興を目指す際、次の二点が課題になる。ⓘ地域の経済的復興と、ⓘⓘ社会内部の統合である。ⓘの、荒廃した地域の経済的復興を考える場合には、まず地域外から経済的支援を受けること、すなわち外部資金を獲得することによって新たな産業を興し、その後の経済的自立を目指していくという方法がとられることが多い。ベルファスト市の場合は、地域の復興に役立つ可能性をもつ新たな産業として、観光業が見いだされていった。[1] そのなかで、壁画は有力な観光商品として捉えられるようになった。

次にⓘⓘに関して、分断社会では社会の内部に深く入った住民間の亀裂の修復が目指される。和平合意後の北アイルランドでは、紛争によって生じた住民集団間の深い亀裂を解消することが課題になった。まずは、都市空間に目に見えるかたちで存在する多くの分断のしるしを消すことが重要だと考えられた。壁画、シンボルカラー

（国旗の色）で塗られた縁石、建物に掲げられた旗などが消去や撤去の主な対象にされた。

ベルファストの壁画から見ると、同じ政府・行政による別々の政策によって、一方ではそれが必要なものとみなされ、他方では不用のものとみなされることになったのである。第2章で述べたように、経済復興と住民集団間の分断の解消を進めることが特に必要だと考えられる場所は、ベルファストのなかでも、いずれも紛争の影響をより強く受けた地域であり、二つの政策の対象地域は大きく重なっている。壁画が存在する地区は、ほかの地域に比べて住民集団間の分断状況が明確であり、企業誘致でも不利なため、地域に主要な産業がほとんど存在せず、地域全体として経済的な困窮状態に置かれている。壁画の保存と消去という二つの矛盾した方向をもつ政策が導入されるなか、ローカル・コミュニティではどのような反応があったのか、本章の後半で考えてみたい。

1▼北アイルランド・ベルファスト市の観光（限られた空間での、痕跡の強調という方針）

本節では、観光での紛争経験の扱い、とりわけ壁画の保存へといたる経緯と背景について論じていく。近年、紆余曲折を経て、壁画を観光業で積極的に売り出すようになった。以下では紛争期と一九九〇年代以降の観光について、観光局・ベルファスト市・北アイルランド政府の文書をもとに、方針の変化を明らかにする。

紛争期（一九六〇年代後半から九〇年代初頭）――紛争の無視と「田舎」のイメージの強調

観光が成立するには、目的地についてのイメージが組織的に生産・供給されなければならない。(2) 北アイルランドでは、常に紛争と政治の不安定さが観光の大きな阻害要因になっていた。一九六〇年代末に紛争が勃発し、七〇年代初頭に暴力がエスカレートしていくにつれ、北アイルランドについての報道が頻繁にされるようになったが、観光を推進する政府・行政機関は、こうしたメディアのイメージの影響が非常に深刻だと考えていた。(3) そこで、全体的な傾向としては必ずしも積極的にとはいえないものの、七〇年には、北アイルランド観光局（NITB Northern Ireland Tourist Board）は、イメージの課題に本格的に取り組むために、初めてプロの広告会社を雇うなどの対策を講じた。[4]

とはいえ、衝突が頻発する紛争の時代、北アイルランド観光局が実際にとれる戦略は限られていて、主な方針は、風景に代表される「遠さ・辺鄙さ」のイメージの強調をおこなうことであった。[5]紛争という観光にとってネガティブな要因を、田舎のイメージを強調することで覆い隠し、北アイルランドを政治の文脈から切り離すための方策として利用したのである。[6]

一九八〇年代になると、北アイルランド観光局は、マーケティング網を拡大し、アイルランド共和国の観光局である Bord Fáilte やアイルランドの航空会社エア・リンガス（Aer Lingus）と協力関係を結ぶなど、やや積極的な対策をとるようになった。[7]八〇年代後半には、「特別な趣味の休暇《Special interest holidays》」を前面に出す観光戦略をとり、フィッシングなどの郊外のアトラクションが積極的に推奨された。[8]ここでも都市ではなく、田舎のイメージの強調が見られる。北アイルランドを売り出す戦略としては、イギリスの一部というよりは、「アイルランドの未知の土地《undiscovered part of Ireland》」という位置づけだった。[9]アイルランドの素朴でロマンチックなイメージのなかに、それまでは政治状況によって不可能だった北アイルランドを含めたのである。八〇年代後半になると、政治状況は決して安定しているとはいえないが、それでも衝突が最も深刻だった六九年からリパブリカンのハンガーストライキ闘争の最盛期の八〇年代初めまでの時期と比べると、やや落ち着きをみせ始めた事情も、こうした背景にある。

一九九〇年代以降――紛争の部分的な認定

和平の機運の高まりが見られ始めた一九九〇年代になると、政府・行政の発行する文書に、紛争そのものに引かれてやってくる観光客を認める記述が現れるようになった。これは九〇年代に新たに見られるようになった傾向である。[10]たとえば、北アイルランド観光局は、九二年の『組織プラン（*NITB Corporate Plan*）』に、「人々が北アイルランドを理解し、訪問するようにはたらきかける肯定的要素として、こうした「好奇心の要素」を利用する機会は見逃すべきではない[11]」と記している。

紛争が、観光客にとって魅力のある資源だと認める方向に変化が見られたものの、ベルファスト合意以前の一九九〇年代初頭の時点で、北アイルランドの社会・政治状況には、不安定な要素が残されたままである。では、観光客の「好奇心の要素」を認識し、どのような手立てによってそれを活用して、観光を推進しようとするのだろうか。

一方で、観光地としての安全性を強調する。すなわち、ごく限られたエリアが危険なのであって、地元住民が生活する地区とは異なり、観光客が行くようなところは安全だというように。しかし、ロールストンが指摘するように、これは逆説的にスリルに満ちたエリアを結果的に強調することにもなった。ロールストンは、リンジー・ハントが引用した、以下のガイドブックの記述を紹介している。

　バリーマーフィー、フォールズやシャンキルの狭く荒廃しきった地区は、憂鬱にさせられるし、容易に避けることができる。しかし、それは奇妙に魅惑的であり、勇敢な訪問者はすすんでそこへ行き、鮮やかでとても芸術的な壁画のプロパガンダを目にする。[12]

一九九〇年代から二〇〇〇年初頭ごろまでの北アイルランド観光局の本音は、北アイルランド訪問のきっかけをつくっているという点では、こうした人々の「好奇心」を肯定するが、実際はバックパッカーたちが西ベルファストあたりをうろつくより、高級なホテルに泊まり、郊外へと出かけて、お金を落とすようにはたらきかけたいというものであるようだ。

紛争が観光客を引き付ける可能性があることを認めたうえで、紛争（跡）地以外の観光を勧める姿がこの時期の政府の文書には見られる。一九九〇年の北アイルランド観光局の資料[13]で、北アイルランドの主要なツーリスト・アトラクションの上位十項目として挙げているのは、世界遺産に指定されている六角形の石柱群があるジャイアンツ・コーズウェイ（Giant's Causeway）をはじめとした、郊外の自然や文化が中心であり、(14)こうした観光局の戦略と実際の訪問者数からは、当時は郊外型観光が中心だったことが確認できる。

しかし、北アイルランド観光局の工夫と努力にもかかわらず、北アイルランドが観光地として大きな成長を遂げたのかといえば、残念ながら十分に成功したとはいえなかった。スコットランド議会の報告書が正しく認識しているように、北アイルランドの自然美は、全体として売り出し可能なすばらしいイメージを提供できる能力をもっているものの、ユニークではないのである。(15)

ベルファスト市と観光——紛争のより公的な認定

これまで見てきたように、北アイルランド観光局が推進する田舎の強調、郊外型観光を売り出す方針では、ベルファストは不利な位置にあった。こうした「紛争」イメージが強い都市であるベルファスト市が、観光を積極的に進めることが可能になった変化の主な要因は、一九九八年のベルファスト合意である。

ベルファスト市のサービス部門としてベルファスト観光局（BVCB Belfast Visitor & Convention Bureau）が設立されたのは、和平合意の翌年の一九九九年のことである。北アイルランド観光局とベルファストにある企業のパートナーシップのもと、ベルファスト市評議会によって設立された。ちなみに、九九年以前には、北アイルランド観光局がベルファスト市内の観光についても業務を代行していたが、現在はベルファスト市の観光の調査・監督、それに基づいた観光戦略の決定、観光の組織化については、ベルファスト市評議会（Belfast City Council）によって、中心的な役割が果たされるようになっている。(16)

こうした経緯を見ても、和平プロセスの進展とともに、観光がベルファスト市にとって重要な産業として認識され、組織が整備されていったことが確認できる。なお、一九九〇年代半ば以降、ベルファスト市評議会が観光をどのように捉えていたのか、以下のように文書に記されている。

ベルファスト市評議会は、一九九〇年代半ばには、観光にはベルファストの将来の発展にとって重要な貢献をもたらす力があることを認識し、それ以来積極的に、観光マーケティングの成長、観光客用のインフラの整備、ベルファスト市へと観光客や日帰り旅行者を呼び寄せるイベントの推進をおこなってきた(17)。

ここで、ベルファストの観光にとって鍵となる重要な概念として用いられているのが、この文書のタイトルで用いられている「文化ツーリズム」である。ベルファスト市が考える「文化ツーリズム」とはどのようなものか、「戦略内容（strategic content）」という項目にある「現在のベルファスト観光市場（Belfast Today's Tourism Marketplace）」という個所には、次のような記述が見られる。

ベルファストは、地元経済や会議ツーリズム市場で極めて重要な役割を果たしている。さらに北アイルランドの首都として、近年ではナイトライフ・買い物・娯楽のための場所になっている。ベルファスト市は、ウォーターフロントホール、グランドオペラハウス、オデッセイといった、主要な文化施設を有しており、ビジターの満足度は高い(18)。

都市が文化の面から観光を進める際、文化施設や国際会議場、大型娯楽施設がしばしば建設される。ベルファストもイギリスのほかの都市と同様に、文化的娯楽を提供するという都市の姿を追求してきたといえる。二〇〇三年に筆者が話を聞いたベルファスト市評議会の観光発展課マネージャーによれば、ベルファストは「短期の休暇、都市型の休暇（short break, city break）」の場として売り込みを図っているという。

ベルファストへとやってくる訪問者の九〇パーセント程度が、ビジネス・知人訪問・趣味目的であり、たとえば会議場としては、ウォーターフロントホールやクィーンズ大学などがそれに応える施設として挙げられる。マネージャーによれば、残りの一〇パーセント程度が紛争観光目的ということで、ここに都市型観光としてのベルファストが強調されている。この点については、以前と大きな変化はない(19)。

しかしここで注目すべきは、都市型の観光を推進する一方で、和平合意後のベルファストでの観光戦略は、「紛争」を観光資源として公式に認め、それ自体を観光商品としてみなすようになったことである。マネージャーは「市の魅力を探るもうひとつの機会（another opportunity for people to explore the city)」と表現するが、和平自体の効果なのか、市場を意識したものか、いずれにせよ紛争経験がそれまでのように観光に対立するものではなく、「一〇パーセント程度」の重要性にせよ、むしろ引き付けるものとして市側に認められたことがわかる。

それは、先のベルファスト市評議会の文書にある「戦略内容」の「商品（product)」のいちばんはじめに書かれているのが、「政治的壁画（Political Mural）は、観光客の注意を相当に引き付けるものである(20)」という一文である点にも見て取れる。

では、ベルファスト市はどのように紛争経験や壁画を位置づけるのか。これについては、ベルファスト市評議会の資料に次のように表現されている。

> ユニークで気軽に楽しめる《アクセシブル》遺産をもつダイナミックで前向きな都市であるベルファストは、すでに文化的な観光客に提供できる多くのものをもっている(21)。

「ダイナミックで前向きな都市」という未来志向を表す言葉が使われ、それと対比するかのように「ユニークで気軽に楽しめる遺産がある」と書かれている。ユニークとは、紛争を含む歴史のことを示していると考えられるが、それはいま、気軽な遺産として存在している。「紛争」は「過去」になり、それは「文化」へとその姿を変えた。紛争はベルファストの「遺産」として「文化」のなかに組み込まれるのである。

もちろん、こうした背景にはベルファストと外部との関係が大きく影響している。これまで述べてきたように、ベルファスト市は普通のイギリスの都市を一方で志向し、インフラの充実や会議の招致も積極的におこなってきた。都市型観光の充実によって、ベルファストでの滞在客の増加を目指している。しかし、ベルファストは紛争のイメージが強すぎるのである。長らくそのマイナスイメージを消すことに努力してきた観光局も、和平合意を契機に、むしろそれを利用するほうへと戦略を変更した。観光客にとって紛争はユニークなものであり、有名なのである。よく知られているからこそまなざしを向けられる対象となり、観光資源として成立する。観光の成り立ちの中心には、このまなざしの性質がある。

しかし、観光客が紛争の背景に深く立ち入ることは、ベルファスト市としては避けたいのである。なぜなら、紛争は決して歴史にはなっていないからである。そこで、「現状」を遺産という「歴史」として捉える視点をとる。現在解決済みとはいえない紛争を解毒するためにベルファスト市が用いるレトリックは、未来の強調、ユニークな文化、また限定的な紛争地域（西ベルファストなど）の認定である。紛争とその経験は、このように、消化しやすくかたちを変えられる。

現在ベルファストの観光ツアーは、以前の市バスのツアーから、世界各地で事業をおこなう大手企業による二階建てバスのツアーへと運営主体が変わり、規模を拡大している。また、二〇〇〇年代半ばには、市の中心に位置するシティホール前に観光インフォメーションセンターが開設され、施設内では壁画を見るツアーが紹介され、壁画のポストカードが売られている。紛争経験は、これまで述べてきた経緯を経て、商品として、より積極的に売り出されるようになっている。

2▼都市空間のイメージ——都市の無徴化を目指す政策

前節で述べてきた観光が、壁画を存続させ、観光商品として売り出すことを推進するのに対し、これに反するような、都市空間の無徴化を目指す政策が二〇〇六年七月に導入された。観光政策と矛盾するこの政策は、「コミュニティ再イメージ化計画（Re-imaging Communities Programme）」と呼ばれ、北アイルランドの多数の政府・行政諸機関が、直接・間接的に関わる大規模なプログラムである。

なおこのプログラムの概要については、主として *Evaluation of the Re-imaging Communities Programme : A report to the arts council of northern Ireland*[22] を参照するが、引用に際しては、以下、『評価レポート』と表記する。

「コミュニティ再イメージ化計画」とは

コミュニティ再イメージ化計画の目的は、紛争によって深刻化した分断社会の統合を目標にし、空間に存在する差異の消去を促すことである。このプログラムのなかで、壁画は分断のシンボルとして、政府・行政の取り組みの中心的な対象として位置づけられた。

北アイルランドでは、これまでにも、類似のプログラムが実施されたことがあった[23]が、以前のものと比べ「コミュニティ再イメージ化計画」は、資金規模・関係団体・参加する組織数の面で大規模なプログラムだった。プログラムには三百三十万ポンドの資金が拠出され、北アイルランド中で、六十から八十ほどの数のコミュニティ・ベースのプロジェクトが計画された。

『評価レポート』によれば、コミュニティ再イメージ化計画は、「自分たちが何者であり、文化が何を意味するのか」を理解し、再解釈する機会にすること、このために「アートの力を利用」し、アーティストとともに「ポジティブな壁画、彫刻、光のインスタレーション、ストリート・ファーニチャー（街路に設置される公共物——電柱・道路標識など——の総称）の作品を作り出す」と宣言する[24]。続けて、このプログラムは、パブリックスペースの共同使用を通じた、コミュニティグループの芸術的なシンボルや地域の目印（touchstone）の制作を支援すること、またそうした活動を通じて、自分たちの住んでいる場所に対して愛着を感じ、責任をもつようになることを目指している、と述べられている。[25]

こうした文章からは、アートを通じて地域を活性化し、より好ましいコミュニティの姿へ、みずからの手で変貌を遂げられるようにすること、ポジティブでコミュニティに愛着を感じるような壁画や視覚的なシンボルを生み出すことをこのプログラムは支援するものであり、その点には否定的な要素はないように思われる。

とはいえ、このプログラムは、単なる政府・行政の「パブリックアート」への支援プロジェクトという枠組み内の政策と捉えられるものではない。プロジェクトは、政府の治安の観点から重視されているのである。それは、プログラムに関与する組織・機関に端的に表れている。

プログラム全体の進展と資金の監視を目的に、SCC（Shared Communities Consortium）という組織が設置されたが、SCCは、以下の政府・行政諸機関の代表から構成されている。

・アーツカウンシル（ACNI――Arts Council of Northern Ireland）
・社会開発省（DSD――Department of Social Development）
・アイルランド国際基金（IFI――International Fund for Ireland）
・北アイルランド住宅局（NIHE――Northern Ireland Housing Executive）
・コミュニティ関係協議会（CRC――Community Relations Council）
・北アイルランド警察（PSNI――Police Service of Northern Ireland）
・全国地方自治体事務総長・上級職員協会（SOLACE――Society of Local Authority Chief Executives and Senior Managers）
・北アイルランド首相・副首相府（OFMDFM――Office of the First Minister and Deputy First Minister）

北アイルランド政府からは、北アイルランド首相・副首相府、コミュニティ・経済の再生を担当する社会開発省が参加する。そのほか、和平プロセス進展の支援をおこなう国際機関のアイルランド国際基金や北アイルランドの自治体で構成される全国地方自治体事務総長・上級職員協会、また、独立法人組織であり、登録チャリティー組織でもあるコミュニティ関係協議会など、多様な政府・行政機関、国際機関、独立組織が関与する仕組みになっている。

実際の運営・管理を担当しているのはアーツカウンシルだが、歴史的には長年壁画に否定的な見解を示してきた北アイルランド警察や北アイルランド住宅局もまた、このメンバーに加わっている。北アイルランド警察にとっては、壁画の存在は地域の治安にとってマイナスであり、紛争の激しい時期にはペンキを投げるなど、警察と壁画を描く住民の間で直接対決がおこなわれた時期もあった。また、壁画が描かれる建物の多くは北アイルランド住宅局が管理する公営住宅であり、そうした壁画は空間の分断――どちら側のエリアなのか――を明確に空間内に示すものだったため、北アイルランド住宅局としては、大筋としてなくなることを望んできた。

こうした壁画に対する認識や評価について、より踏み込んで言及されている個所が『評価レポート』には存在する。

> プログラムの目的は、セクタリアンあるいはレイシスト的な考えや見方を勧めるもの、またはそうした考えや見方を表すものが公共空間にある場合は、それがどんな形態のものだろうと取り去り、別のものに換えるプロセスを開始することである。（略）現在存在している、コミュニティの分断や武装組織の影響を支持し称えるようなコミュニティ・アートやアイコンの類いは、（略）芸術的な手法で変更されるべきである。[26]

ここでの困難は、「宗派主義的《セクタリアン》」な壁画を置き換えるとひと言でいっても、プログラムの実施側が「セクタリアン」と認識するものが、必ずしも地域ではそのように認識されない場合があることである。第7章で詳しく述べるが、コミュニティで「攻撃的」「セクタリアン」と捉えている内容と、このプログラムが想定している「攻撃的」「セクタリアン」なものとが必ずしも重なるとはかぎらないが、そうした点については『評価レポート』ではまったく言及されていない。またもう一つの問題点は、「セクタリアン」と外部からは捉えられる壁画自体が、地元の人々がコミュニティのものとして愛着を感じる対象になっている場合もあることである。この点については次節で述べる。

とはいえ、コミュニティが関与する仕組みについては、評価できるものと考えられる。政府・行政関係者自身はこれまで、このプログラムを成功した政策だとして評価し[27]、また後述するように、筆者の調査地でも大きな影響が見られた。次節では、壁画がある地域に目を向け、現場ではどのような動きや対応がされているのかを考察する。

3▼ローカル・コミュニティの実践——壁画には、どのような変化があったのか／なかったのか

二つの政策の導入と推進によって、壁画に関する変化が見られる地域が現れた。変化は、壁画に描かれる「題材」と、表現するものの「かたち」という、内容と形式の両面に及んだ。そこで以下では、両コミュニティのなかでも存在する壁画数が多い、代表的な地域についてそれぞれ二つの地区ずつ（ロイヤリスト・コミュニティ——ローワーシャンキル、アッパーシャンキル、リパブリカン・コミュニティ——ホワイトロック、アードイン）を取り上げ、現場でどのような動きがあるのか考察する。

各地域の概況は以下のとおりである。

ローワーシャンキル・コミュニティ

ローワーシャンキルは、シャンキル地区のなかでも、シティセンターに近いロイヤリストの居住地区である。

この地区は、UDAなどの武装組織の関係者が住んでいた／いることもあって、ベルファストではサンディ・ロウ（Sandy Raw）やタイガー・ベイ（Tiger Bay）[28]といった地区とともに、ロイヤリストのなかでも最もセクタリアンな主張をする住民集団の住宅地だと認識されている。

実際に、そうした認識を裏づけるかのような壁画は存在してきた。また、ロイヤリスト・コミュニティに存在する壁画は、リパブリカン・コミュニティに比べ全体的には少ない傾向にあるが、この地区には数多くの壁画が存在してきた。こうした壁画の題材と数の点からも、セクタリアンな主張を残す代表的な地区と考えられている。また近年では、壁画を目当てにやってくる観光客が急増している場所である。観光バスのルートからは、ごく一部の壁画しか目にすることはできないが、両側をめぐるタクシーツアーでは必ず案内される場所である。また、シティセンターから徒歩でやってくる観光客も少なくない。

アッパーシャンキル・コミュニティ

シャンキルのもう一つの地域であるアッパーシャンキル地区は、シティセンターからローワーシャンキルを過ぎ、シャンキル・ロードをさらにやや先に進んだ場所にあるロイヤリストの居住地区である。かつてシャンキルの中心地だった商店街があり、現在も、当時よりは小規模ながら小売業を営む商店が営業をおこなっている。ローワーシャンキルがUDAとその傘下の武装組織の影響が残る地区だったのに対し、アッパーシャンキルはそれとは別の武装組織であるUVFの影響が強い地区である。現在この地区の一部は、シャンキル・ロードを通る二階建て観光バスのルートになっている。

ホワイトロック・コミュニティ

ホワイトロックは、西ベルファストにあるリパブリカンが多い住宅地である。シティセンターからはやや距離があり、観光バスのルートには含まれていない。一般の観光客の来訪が特に多い場所ではないが、大きな道路沿いにコミュニティが位置し、壁画をまとめて見ることができるため、西ベルファストタクシー協会のタクシードライバーが実施するブラックタクシーツアーでは、しばしば案内される場所である。

アードイン・コミュニティ

ホワイトロックからさらに北に向かった場所にある、北ベルファストの労働者階級の居住地区である。ロイヤリストの居住地区と隣接したこの地区もまた、とりわけ紛争の激しい時代には、イギリス政府や軍の支配に対する抵抗運動が盛んであり、多くの衝突が起きた場所である。アードインは、アイルランド共和国第八代大統領（在任期間一九九七年―二〇一一年）のメアリー・マカリースの生誕地としても知られている。

さて、内容――壁画に描かれる題材――の変化の前に、まず形式面での変化について検討する。両コミュニティでは、新たにプラスチック板を用いた「壁画」が出現した。

壁画の材料の変化――プラスチック板の使用

コミュニティ再イメージ化計画が与えた影響は、壁画の内容だけではなく、形式にも及んでいる。二〇〇七年以降、ベルファストのコミュニティでは、プラスチックパネルの使用が見られるようになった。壁にペンキで図案などを直接描くのではなく、写真やイメージをコンピューターに取り込み、プラスチックパネルに印刷し、ビスなどで壁に固定するというものである。こうした作品は、「描いたもの」ではない点で、本来の「壁画」の概念からはずれるが、北アイルランドでは、壁に直接描いたものと役割が重なるために、本書ではパネルに表現されたものを、本来の意味の壁画と同じく取り上げる。[29]

プラスチックパネルの使用は、北アイルランドの各地のコミュニティでおこなわれるようになっていった。コミュニティ再イメージ化計画によって、政府・行政機関の潤沢な資金援助が期待できるためだと考えられる。また、こうした助成金を得ずに、自分たちでプラスチックパネルを利用して制作するケースも、数は多くないものの、二〇〇七年以降双方のコミュニティで現れた。

なお費用は、ローワーシャンキルの担当者によると、直接壁に描く場合は二千五百ポンドから三千ポンドであるのに対し、プラスチックで制作した場合はおよそ二倍の五千ポンド程度かかるという(30)。壁に直接描く場合とプラスチックパネルを使用する場合ではいずれも制作するもののサイズによってコストは異なるものの、一般に後者のほうがより高い費用が必要になる。

プラスチックパネルの利用は両コミュニティで見られるが、全体的にはロイヤリスト・コミュニティのほうが利用頻度が高く、リパブリカン・コミュニティでは比較的少ない(31)。壁画が数多く存在する紛争跡地では、しばしば再開発の計画が予定されている。したがって、地域の建物が取り壊された際には、その建物の壁に描かれている壁画が一緒になくなってしまう。この点、プラスチックパネルの場合は、それを取り外して別の場所に移すことが可能である。また、ペンキやスプレー缶を使用して壁面に直接描くものと比べると劣化しにくいという点もメリットとして考えられている。

プラスチックパネルの使用については、地元の関係者の間で賛否が大きく分かれている。壁画家は反対し、地元の地域開発の担当者は賛成するという、おおよその傾向があるようだ。プラスチックパネルの導入に反対する人たちの考えは、いったん作られると変更されることが少ないプラスチックパネルでは、そのときどきの意見の表明としての壁画の機能が弱められる、というものである。他方、賛成する人たちは、再開発で取り壊されたり、保存の悪い状態で放置されたりすることを懸念している。とはいえ、双方ともに、地域における壁画の重要性を認識しているという点で違いはない(32)。

壁画の題材の変化——現場での動向

次に、題材の変化について検討する。「新たに描かれる壁画」「消される壁画」「残される壁画」にはどのようなものがあるのか、ロイヤリスト・コミュニティとリパブリカン・コミュニティの代表的な地域を取り上げ、考察する（壁画の経年変化については、本章末の「壁画の変化」を参照）。

（1）ロイヤリスト・コミュニティの動向

ロイヤリスト・コミュニティで観察された変化は、新しい壁画の題材の模索（神話などの題材、より小さいローカル・コミュニティの歴史や出来事）と観光に対応した壁画の出現、武装組織の壁画の後退、歴史も含め敵対的と受け取られる可能性が高い「セクタリアン」な壁画の減少、同時に被害者としてのコミュニティの位置づけの強調である。

【ローワーシャンキル・コミュニティの事例】

ローワーシャンキルで壁画に大きな変化が見られるようになったのは、二〇〇七年から〇九年の間のことである。それ以前から存在していた壁画のうち、相当数の壁画が描き替えられた（章末「壁画の変化――ローワーシャンキル地区」を参照）。また、壁画数も増加傾向にある。第3章で論じたように、一九八五年前後と九〇年代半ばを除き、七〇年代以降、ロイヤリスト・コミュニティの全体的傾向として、壁画の題材が広がりをもたなくなった点が指摘されてきた。したがって、この質・量両面での壁画の変化は、異例なことのように思われる。

こうした変化には、先に述べた観光とコミュニティ再イメージ化計画が深く関わっている。新たに描かれた壁画には、それ以前に描かれていたものとは異なり、「セクタリアン」な題材をテーマにしたようなものは存在しない。また制作者も（シャンキル・コミュニティの担当者との協議のうえで）コミュニティ外のアーティストによって担当される場合が多く、それまでの、多くが地元の武装組織の関係者によって壁画が担われてきた状況とは大きく異なる。この点は、再イメージ化計画がもたらしたプラス面のように思われる。[33]

この地区の壁画の変化について、地元出身であり、現在はローワーシャンキル地域のコミュニティ組織

(LSCA, Lower Shankill Community Association) のスタッフでもあるSさんは次のように話す。

この地域の壁画に、大きな変化があった。自分もこんな変化が起こるなんて思いもよらなかった。誰も予想していなかったと思うよ。いまじゃ、「死ぬ前に見ておくべき場所 (places to see before you die)」の一つに選ばれたんだ。ここはとても人気があるところで、一週間に一万人の観光客がやってくる。ほんとうに多くの人だよ。ブラックタクシーやバスでね。(34)

この地域で生まれ育ち、この地区の壁画のことならすべて知っていると話すSさんにとっても、ローワーシャンキル地区の壁画の変化は、驚きだという。観光地として有名になり、たくさんの観光客がやってくるようになった点をSさんは指摘する。確かに観光客の急増は、この地域の壁画をめぐる環境に非常に重要な変化を与えている。

とはいえ、観光客の増加が、多数の壁画を描き直すことに直接つながるわけではない。観光客が増加しても、観光による収入が直接地域に入ることはほとんどない。また、この地区に壁画のスポンサーになるような、有力なコミュニティ組織や企業が存在するわけではない。こうした状況では、実際の制作費用の点で、十分な費用が得られるコミュニティ再イメージ化計画が与えた影響は大きい(コミュニティ再イメージ化計画からの資金を得て描かれた壁画は、「壁画の変化——ローワーシャンキル地区」の②④⑧⑬⑲⑳の「二〇〇九年九月」のものである)。したがって、ローワーシャンキルの壁画の変化は、観光とコミュニティ再イメージ化計画の両方の影響を強く受けている。以下、壁画の○番号は、「壁画の変化」中の各地区のものを指す。

①ローワーシャンキルの題材の変化

①—1 新たに描かれる壁画

ローワーシャンキル地区で近年新たに採用された題材は、主として「観光に対応した題材」「神話」「地域の歴史・出来事」「地域の課題」を扱ったものの四種類に分類できるだろう。

壁画①に描かれるアンドリュー・ジャクソンは、北アイルランドにルーツをもつアメリカ第七代大統領である。ロイヤリストがみずからのアイデンティティを肯定的に捉えることができるように海外で成功・出世した、同じルーツのアメリカ大統領を描くという解釈がされる一方で、観光に来るアメリカ人のために描くという意見も地元では聞かれる。また、二〇〇九年に登場した「シャンキル・ロードのあらゆる歴史（A-Z history of the Shankill Road)」は、シャンキルの地域史や行事をアルファベットのAからZで始まるテーマを表す写真をもとにプラスチックパネルを使用して紹介するものであり、外部の観光客の視線を強く意識した壁画になっている（②、図81）。

二つ目の特徴として、北アイルランドゆかりの神話を題材にする壁画が二点現れた点を指摘できる。レッド・ハンドの神話⑤やクフーリン像⑥が描かれている。レッド・ハンドの神話とは、アルスターの地を誰が治めるか、王の座をめぐり争っていた豪族の物語である。[35] また、クフーリンとは、古代アルスター神話の英雄である。[36]

第三に、地域の歴史や出来事もまた、新たに採用された題材である⑧⑪㉓。「ゴールドラッシュ」⑧、「オレンジマーチの様子」⑪、「六九年の夏（1969)」㉓といった、以前には取り上げられることが少なかった地域の歴史や出来事に焦点が当てられている。「ゴールドラッシュ」とは、一九六九年にローワーシャンキルの古い廃墟化した建物で遊んでいた子どもが古い金貨を多数発見し、その後ベルファスト市と近郊から多くの人がローワーシャンキルに金貨を探しに押し寄せた、という地域の出来事である。「オレンジマーチの様子」では、七月十二日におこなわれるユニオニスト／ロイヤリストの祭りを祝う、ローワーシャンキルの住民の様子が描かれる。壁画には、実際の地元の住民の姿も描き込まれている。「六九年の夏」では、シャンキル・コミュニティの廃墟に子どもが二人立つ姿が描かれている。

第四に、地域の取り組むべき課題を扱うものが現れた。子どもの人権をテーマにしたもの⑬と地域の住民の

図81　「シャンキル・ロードのあらゆる歴史（A-Z history of the Shankill Road）」

様々な問題（教育問題、メンタル面での問題、継続可能な仕事の必要性、ジェントリフィケーションについての異議申し立てなど）についてふれる壁画⑳が現れた。「ボクシング」の壁画⑲は、地元の有名ボクシング選手――シャンキル・コミュニティや、ほかのロイヤリスト・コミュニティ出身――の写真をコラージュして一枚のパネルに表現している。地域の人々（主として子ども）に誇りと自信をもたせることを目的に制作されたものである。

このように、取り上げられる題材に重要な変化が見て取れる。とはいえ、新たに描かれた壁画については、今後の壁画の経過を見ていく必要がある。[37] 第3章で述べたように、いったん描かれた壁画は、その後の成り行きによって、コミュニティの支持の程度をうかがい知ることができるのであり、コミュニティの集合意識を知るためには、描かれた題材を見るだけでは十分ではないのである。

①―2　消される壁画

他方で、消される壁画も存在する。この地域では、「武装組織」「王室関係」「政治的要求」と一部の「歴史」の壁画が消えていった。

まず大きな変化として、武装組織のロゴなどのシンボルが描かれた壁画がいくつかなくなった点が挙げられる。

ＵＦＦやＵＹＭといった武装組織の壁画が塗りつぶされた③⑤。

王室関係の壁画も同様になくなっている。エリザベス女王の壁画は二〇〇三年から〇四年頃に消された。また、〇三年の予備調査の際、写真での記録を残していなかったため、「壁画の変化」には含めていないが、この地区に存在したダイアナ妃の壁画についても、同様にほぼ同時期に消されている（この壁画の写真は、ロールストンの本に掲載されている）[38]。とはいえ、王室関連の壁画はこれまでの壁画の生成を観察すると、生誕何周年や即位何周年などの区切りの年ごとに描かれる傾向があるため、アニバーサリーの年に改めて描かれることになる可能性が高いだろう。

また具体的な政治要求や主張を描いた壁画が姿を消した①②⑬。「和平プロセスに対する不満」①、「ドラムクリーのオレンジパレード」②、「変わるだろうか」⑬である。すでに過去の出来事になったために消されることになったのか、あるいはセクタリアンと外部の人からみなされると地元住民によって考えられたために消されたのか、いずれの理由によるものかは不明である。しかし、先述したように武装組織のシンボルが消されていることと併せて考えると、全体としては外部の視線を意識し、コミュニティの住民がセクタリアンだと思われることを避けようとしていることが推測できる。

さらに、歴史を題材にした壁画がいくつかなくなった。それまで長くローワーシャンキル・コミュニティに存在した「デリー包囲」と「カトリックによるプロテスタントの虐殺」が、別の題材の壁画⑲⑳に置き換えられた[39]。両壁画とも筆者の調査では、二〇〇四年に存在を確認しており、ロールストンの本では、〇〇年の日付がある写真が記録されているものである[40]。長くコミュニティに存在した歴史を題材にした壁画が消えた理由については、外部の視線を意識し、歴史の表象についての検討をローワーシャンキル・コミュニティが始めたためなのか、あるいは、コミュニティ再イメージ化計画からの補助金の獲得のため、とりあえず変更したのか、現時点では明確ではない（ローワーシャンキルで育ったＳさんは、そうした歴史的題材を「セクタリアンだから消した」と話す。こうした題材がもつ問題点については認識されている）。こうした壁画の変化は重要な動きとして今後注目する必要がある。

①―3　残される壁画

一方で残される壁画も存在する。壁画の変化が激しい状況下で残される壁画は、コミュニティで何らかの意味付けがなされていると推測される。なお、残される壁画には、ⅰ変化がない状態で残っている場合、また、ⅱ前にあったものと「同じもの」が描き直される場合、ⅲ前にあった壁画と題材は同じだが、別の構図や色彩などで描かれる場合がある。

残される壁画のなかで主要な題材は、メモリアル（追悼）である⑦⑭⑯。メモリアル（追悼）の壁画のなかには、調査開始から二〇〇九年まで変化がないものもある⑦⑯。使用するペンキの種類によって経年劣化の程度が

図82・83　場所の移動――同じ人物を描いた追悼の壁画（もとの場所の壁画を消し、同じコミュニティ内のごく近い別の場所で新たに描かれている。図82は2004年3月、図83は07年7月に撮影。なお、「壁画の変化」にあるとおり、もとの場所にはその後、クフーリンの壁画が描かれている）

異なるため、制作当初から長く存在することを目指して高価なペンキを選び、さらにメンテナンスもされていることがわかる。壁画の前では、命日には花輪が飾られるなど、セレモニーがとりおこなわれている。

こうした種類の壁画は、コミュニティで重要なものとして捉えられている。したがって、場所（壁）を移しながら「存在し続ける」ケースもある（⑥と⑭――同一人物の追悼、図82・83）。場所⑥は、住宅地のなかの小さな商店の壁だが、建物の建て替え計画が持ち上がり、それを聞いた地元住民有志が地域内で寄付を募り、⑥に存在した壁画を消して場所⑭に新たに同じ人物の追悼の壁画を描いた。実際には建て替え計画自体はその後中止されたが、現在も⑭の場所に、描き直されながら存在している。

図84・85　同じ場所のＨブロックの壁画（UDA／UFF などの武装組織名が消える）

メモリアル（追悼）以外にも、同じく手を加えることで少しずつ変更されながら、存続し続ける壁画もある。Hブロックは、同じデザインで、背景色を何度も塗り替えながら存続している⑨。この地域では、紛争に直接的に関与した男性住民が居住していた／いるため、コミュニティの一つの重要な経験として描かれていると考えられる。この壁画では、Hブロックの建物の絵の横に書かれたUDAとUFFという武装組織名、また壁画の横の壁に書かれたUYMという武装組織名が消されている（⑨、図84・85）。先の「消される壁画」で述べたように、ここでも、武装組織のロゴを積極的に消す動きが見られる。

また、ウィリアム三世のボイン河の戦いを題材にした壁画も、変更されながらも存続している。ウィリアム三

図86・87　同じ場所に描き直されたウィリアム3世（ウィリアム3世以外の人物の姿が消える）

世の壁画は、この地域で長く変更されることなく存在してきた⑰。先に述べた歴史を題材にした壁画が消される動きが見られるなかでも、二〇〇九年九月には同じ題材のウィリアム三世の壁画が、同じ場所に新しく描かれた（⑰、図86・87）。そこでは負傷したジャコバイト（ジェームズ二世支持派）の姿は省かれ、白馬の上のウィリアム三世の姿だけが描かれている。歴史を題材にした壁画というよりも、肖像画のような雰囲気になり、そのために以前より穏やかな印象に変化した。

②「セクタリアン」の意味

武装組織の壁画の減少、「セクタリアン」な壁画が続々と描き替えられている状況で、先のSさんが「絶対になくならない」と発言した一つの壁画について取り上げ、「セクタリアン」とは何を意味するのか考察したい[41]。

銃を見る側へと向けた覆面の男を中心に、UDAのメンバーの肖像画が、UDAの旗とともに描かれている壁画（図88）は、一見すると、この地区にある壁画のなかでも特に攻撃的な印象を受ける。筆者が調査を開始した二〇〇三年にはすでに存在しており、この地区に存在する壁画群のなかでも、比較的古いものである⑩。壁画の状態は〇九年時点でも良好であり、メンテナンスがよくされている（⑩、図88）。

セクタリアンな壁画を消す動きが、これほど明確に見られる状況下でこの壁画が残されているのは奇妙なことのように思われる。この点について、地元ではどのように考えられているのだろうか。筆者が「この壁画はセクタリアンではないのか」と問いかけたのに対して、先のローワーシャンキル・コミュニティ出身のSさんは、この壁画は「我々の歴史であり、我々の文化だ」と説明する。ほかの消された壁画が、北アイルランドの一般的な歴史を描いているのに対し、この壁画は、コミュニティの歴史を表している、という。だからこそ、消すことはないと説明する。この壁画はコミュニティのどこからでもよく見えるため、彼（銃を構えている人物）はこの地域にいて、「どこでも見守っている（He watches us）」。したがって「われわれの守護者（Our protector）」である、と愛着をもって語る[42]。

図88　ローワーシャンキル・コミュニティの「守護者」

「セクタリアン」の意味内容の違いが存在している。まるで誰かを狙っているように銃口を見る側へと向けている覆面姿の男は、見た人に対して攻撃性を感じさせるだろうという視点や解釈は、ここでは見られない。外部者の目には明白であるようにも思われるそのような解釈とは別の見方が表明される。彼は地域で起きたことを見守ってきた「守護者」であり、そのために決してなくすことができない地域の重要な壁画だと捉えられている。非常にマッチョに思えるこの捉え方も、紛争を経験した地域ではリアリティを得ている。

　紛争時代を生きてきた地域住民にとっては、これは土地に根差した意味のある壁画であり、そのために愛着をもって大切にしているが、外部からは、戦闘態勢のままの姿が、この地域の住民がいまだにセクタリアンな考えを保持していると認識されることにつながる。武装組織の壁画やセクタリアンな題材を描いた壁画を消していくという全体的な方向と、地域のこうした別の認識はズレを生じ、そのために、地域住民の意図どおりの印象を必ずしも与えない。

【アッパーシャンキル・コミュニティの事例】

①アッパーシャンキルの題材の変化

アッパーシャンキルでは、二〇〇九年九月時点で、ローワーシャンキルのような壁画の生成についての大きな変化は見られない。ＵＶＦなどの武装組織の壁画は、新しく描かれることはないが、以前から存在したものが残されている。第４章で示した、ソンムの戦いなど、第一次世界大戦前後の出来事を題材にした壁画の多くはこの地区にあるが、それらに大きな変化はない。

図89　アッパーシャンキルに2009年の調査時点で新たに確認された、第36師団を題材にしたパネル

とはいえ、この地域で見られた動きとして、二つの点を挙げることができる。一つ目は、ソンムの戦いで従軍した第三十六師団を扱うプラスチックパネルの設置が、新たに数点見られるようになったことである（図89）。ソンムの戦いは、アッパーシャンキルのコミュニティ内で、以前よりも確固たる位置づけを占めるようになったと思われる。二つ目の変化は、内容ではなく、場所と形式面に関わるものである。外部の視線に関係した動きがここでも見られた。以下ではこの点について述べる。

②外部の視線に対応した変化——場所の移動と形式の変化

ここで、第５章で扱った「シャンキルで最も重要な壁画」といわれる「非セクト主義のアイルランド自由闘士といわれる者たちによる、三十年にわたる無差別虐殺」を再度取り上げ、外部の視線を意識した地域の動きについて示したい。この壁画は、二〇〇七年十二月から〇九年八月の間のいずれかの時点で、場所と形式が変更されている。

図90・91　材料の変化（ペンキで壁に直接描かれた壁画から、プラスチックパネルを張り付けたものへと変更）と場所の変化（同じシャンキルだが、シティセンターにより近いシャンキル・ロードとダンディー・ストリートが交差する場所へ移動）

まず場所の変更については、同じシャンキル・ロード沿いの、よりシティセンターに近い観光客を含めた多くの人の目に留まる場所の建物の壁へと移動した。壁画の劣化が進んでいたわけでもなく、建物の取り壊しが予定されていたのでもない、もとの場所の壁に描かれていたオリジナルの壁画を消し、別の場所に改めて設置したのである。

またその際、それはプラスチックパネル製のものへと形式を変えた。それまで直接壁にペンキで描かれていた作品と同じ題材の、写真イメージをコンピューターに取り込み、大判のプラスチックパネルの上に、数枚に分割して印刷し、それを新たな建物の壁に組み合わせ、ビスを打って設置した。

このように、壁画の内容はほぼ同じだが、場所が移動して形式が変化した。なお、まったく劣化していない壁画を消してプラスチックパネルに移して半永久的に残す方法は、シャンキル・コミュニティでは、この壁画が最初である。印刷されたものは、それ以前のペンキを使って壁に直接描いた作品より、輪郭・色のコントラストがやや不明瞭になり、作品の画質は劣るものになった（壁画の関係者のなかには、このようなプラスチックパネルへの複写という行為は、壁画を台なしにするものだという認識をもっている人も少なくない)。

その一方で、こうした試みは、この壁画が重要であり、今後ほかの壁画のようには劣化させないという、保存の意思が強く表れた事例だと考えられるだろう。この壁画は、筆者が調べたかぎりでは、コミュニティ再イメージ化計画とは関係がなく、資金提供を受けていない。この壁画のテーマの点からも、政府・行政の補助金の利用は不可能だと考えられる。第5章で述べたように、この壁画は、シャンキル・コミュニティの被害者としての側面を知らせる内容になっているが、場所と形式の変更からも、この壁画がシャンキル・コミュニティにとって重要視されていることが見て取れるのである。

(2) リパブリカン・コミュニティの動向

次にリパブリカンのコミュニティについて検討する。以下で確認していくが、リパブリカン・コミュニティで観察された点は、定期的な同一題材の描き直しというメンテナンスの手厚さと、より狭い地域性に注目した題材の新たな出現である。

リパブリカン・コミュニティもロイヤリスト・コミュニティと同様に、現在多数の観光客が訪れる。とりわけ、市の中心からほど近い、インターナショナル・ウォールとシン・フェイン党本部横のボビー・サンズの壁画周辺には観光客の来訪が多い。こうした場所に描かれる壁画は、地域でメンテナンスがしっかりとなされている。二〇〇三年から〇九年の調査では、シン・フェイン党本部横のサンズの壁画は、劣化する前に、三年に一回程度の頻度で定期的に描き直されるようである。また、インターナショナル・ウォールにある壁画群は、調査期間中、毎回数点ずつ描き替えがされている。描かれている十点ほどの題材のなかから、どの壁画を消すのか決定され、新たに別の壁画が描かれる。

これらの場所では、以前から活発な壁画活動がおこなわれている。観光の影響は大きいと考えられるものの、近年の政府行政の進める観光によって、あるいは、コミュニティ再イメージ化計画の導入のために、直接的に壁画が大きく影響を受けたということはない。コミュニティ再イメージ化計画からの資金を得て描かれた壁画は存在しない。他方で、住宅地では、コミュニティ再イメージ化計画を利用して制作された壁画がいくつか存在し、壁画に対する一定の影響が見られる地区もある。ここでは、ホワイトロックとアードインという二つの地域（どちらも「壁画の変化」を参照）のコミュニティについて取り上げ、住宅地での壁画の変化を検討する。

【ホワイトロック・コミュニティの事例】

①ホワイトロックの題材の変化

ホワイトロック・コミュニティに存在する題材は、多くが紛争に関わる具体的な闘争と死者の追悼であり、歴史（イースター蜂起やジェームズ・コノリー）⑤⑧の壁画が少数ではあるが存在している。ここでは、二〇〇四年三月と〇九年十月のホワイトロックの壁画を比較し、変化を確認する。この地区では、壁画に関して全般的には大きな変化は少ないものの、いくつかの壁画には重要な変更が見られる。

二〇〇四年から〇九年の時期に最も多く見られる壁画は、一貫して地域出身の死者の追悼に関するものであり、追悼の壁画は、ホワイトロック地域の大通り（Whiterock Road）沿い、住宅地のなかを問わず遍在している。この地域でも、追悼の壁画は、消されることなく存在し続けている。死者の顔を肖像画のように描く壁画もある一方で、生活者としての姿を描いている壁画も存在する。一つの壁画のなかに数人が描かれ――銃などの武器を手にしていることもあるが――笑みをたたえ、その表情は戦いの緊張感を感じさせるものではない。背景には、しばしばコミュニティの町並みや家庭のなかの様子が描き込まれる②③⑭。

また、女性の武装集団のメンバーを追悼する壁画も存在する①。リパブリカンの闘争では、女性も活発に活動した。地域の女性住民の表象に関しては、ごみ箱のふたを地面に叩き付けて抗議する姿が写真や映画といったメディアなどに多く表現されるが、集団で武装した姿で描かれるものは比較的少なく、珍しい壁画だといえる。こうした追悼の壁画は、ほとんどが良好な状態のままで存在し続けている。

このほか、ホワイトロックでは、「イースター蜂起」⑧と指導者「ジェームズ・コノリー」を題材にした壁画⑤がある。「イースター蜂起」の壁画⑧は、ホワイトロック地域のなかでも、大通り沿いに位置している。

これらの壁画は、コミュニティに長く存在し続けていて、変化はない。とはいえ、ホワイトロック地域でも重要な変化は見られる。複数の政府に対する異議申し立てや政治的な要求のものがなくなった。二〇〇四年三月には、「気をつけてお帰りください（safe home）」と書かれた、イギリス軍に北アイルランドから去るように求める壁画⑩や、政府がおこなったロイヤリスト武装組織との通謀への抗議⑪、地元出身の囚人に対して政治犯としての扱いを求める壁画⑫、また、アルスター警察が銃を構えている姿の上に重ねて禁止のマークを描いたもの⑬など、政治的な主張を描いた壁画が存在していた。しかし〇九年十月までには、これらの壁画はすべてなくなっている。代わりに描かれたのは、〇六年が死後二十五周年にあたる、ハンガーストライキで死亡した武装組織メンバーの追悼の壁画⑩と、スポーツを題材にした壁画⑬である。こうした変化したものと変化しないものの観察から、ホワイトロック・コミュニティの壁画の表象には、コミュニティの住民が戦った、という視点が強調されているといえる。

【アードイン・コミュニティの事例】

ホワイトロック・コミュニティに「コミュニティの住民が戦った闘争」を強調する壁画が多いのに対し、アードイン・コミュニティでは、抵抗の「文化」が表現される。死者の追悼も多いが、アイルランドの歴史・文化への言及が多く見られる。

①アードインの題材の変化

①—1　新たに描かれる壁画

アードイン地区で新たに採用された題材の多くは、コミュニティ再イメージ化計画からの資金を得て描かれていて①⑤⑥⑪、この地区でも壁画の変更は、二〇〇七年七月から〇九年十月の間に多くおこなわれている（とはいえ、ロイヤリスト・コミュニティと比較するとこの地区の壁画活動は活発であり、〇七年以前から、壁画の変更はいくつか見られる）。

新たに描かれた壁画の題材は、多くが地域コミュニティの日常に関わるものである。壁画①⑤⑥に描かれているのは、コミュニティの街並みと地域で遊ぶ子どもの様子やコミュニティ・フェスティバル（フラーというアイルランドの文化の祭典）であり、そこで生活する地元の人たちの楽しそうな様子である。また、地域が抱える「ドラッグ問題」について扱う壁画が新たに描かれている④（二〇〇七年の調査以降二〇〇九年の調査時までの間に、新しい題材で描かれた壁画のなかでこれだけが、コミュニティ再イメージ化計画の資金とは無関係に制作されている）。「ドラッグディーラーにNOと言おう！（Say No 2 Drug Dealers）」と、地域の深刻な社会問題について、住民の意識を高めるよう呼びかける。携帯メールなどに利用する略式記号（toを2と表記）を用い、より身近なかたちでメッセージを伝えている。

十七世紀の歴史である「伯爵の逃走（The Flight of the Earls）」（一六〇七年）⑪も新たな題材として採用され、描かれている。[43] これは、アルスター地方を支配していた二人の族長であるヒュー・オニールとローリー・オドンネルが、キンセールの戦いでの敗北を経て大陸へ逃亡してしまった出来事である。この壁画も、コミュニティ再イメージ化計画の資金のもとに制作された。

①—2　消される壁画

消される壁画の題材は、「セクタリアンによる攻撃——アーカンソーとアードイン」の壁画①、アードイン地域出身の「ショーン・マッコーヒー」を描いた壁画⑤、「神話の女王エール」⑥、同じく場所⑥の「ハンガーストライキ二十五周年」が消された。また、具体的な政治的主張に関する壁画「通謀は幻影などではない(Collusion is not an Illusion)」も消されている⑪。

①—3　残される壁画

一方で残される壁画も存在する。残されるものには、ⓘ変化がない状態で残っている場合、ⓘⓘ前にあったものと「同じもの」が描き直される場合、ⓘⓘⓘ題材は前にあった壁画と同じだが、別の構図や色彩などで描かれる場合がある。

筆者の調査期間中に変化なく存在している壁画は「同じ話、同じ偏見(Same Story Same Bigotry)」⑧、「マス・ロック」⑫、「ジャガイモ飢饉」⑬、「野外教室」⑭がある。

同じ構図の「同じ壁画」が描き直される例が「イースター蜂起」②、「マリア像」③、「三色旗とイースター・リリー」⑨の壁画である。マリア像の壁画の前では毎週末に屋外の礼拝がおこなわれ、壁画は宗教儀礼として用いられている。また「イースター蜂起」②と「三色旗とイースター・リリー」⑨の壁画も、退色が進んでいたものを、まったく同じ構図、ほぼ同色の作品に新たに描き直している。⑨の壁画では、アイルランド国旗と独立闘争のシンボルである「イースター・リリー」と、そのまわりに死者が描かれていて、追悼の機能も果たしていると考えられる。地域のシンボル的壁画の一つとして位置づけられている。

同じ場所に題材を同じくする別の新しい壁画が描かれる事例が⑦⑩である。ゲーリック・スポーツを描いた壁画は、同じ題材で別の作品が新たに描かれている⑦。ブラックタクシーを題材にした壁画は、長く変更を加えられることなく存在していたが、二〇〇九年十月に同じ場所に新しく描かれた⑩。それ以前の黄色や緑といったカラフルな色彩とケルト文様の装飾を用いたスタイルから(図92)、モノトーンを基調とし、装飾がない、新聞の写真を組み合わせたようなスタイルへと変更されている(図93)。長年残されるこれらの題材は、コミュニティで重視されていると考えられる。

②変化——消された壁画の、その後

ローワーシャンキルの例とは異なり、①—2で論じたアードイン地区の「消された」壁画は、すべてが単になくなったわけではない。ここではさらに消された壁画のその後の詳細を確認するが、それによって明らかになるのは、リパブリカン・コミュニティでは、より広い空間的なコミュニティの枠組み、より長期的な予定のなかで、壁画が描かれている点である。アードイン地区では、消された壁画は単になくなったのではなく、地域の別の場

図92・93　同じ場所に描き直されたブラックタクシーの壁画

所に移動する、あるいは記念の年に関連する題材を描き、その後は別の壁画を描いて、またほかの記念の年に戻すなどの、長期的な予定のなかで壁画を描く活動がおこなわれている。

たとえば、場所①の壁画図94は、①の場所からは消えたものの、フォールズ・ロードのインターナショナル・ウォールに、ほぼ同じ構図の作品が描かれている（図95）。異なる点は、インターナショナル・ウォールに新しく描かれた壁画には、ルーマニア人一家のイメージが中央に加えられたことである。

これは二〇〇九年に南ベルファストで起きたルーマニア移民に対するロイヤリストの攻撃について言及したものである。ルーマニア移民の一家の姿を描き、そのイメージとともに、従来のアードイン地区に描かれていた壁画のイメージが再現される。アーカンソーの「アーカンソー、五七年」「アードイン二〇〇一年」「南ベルファスト〇九年」とそれぞれのイメージの下にキャプションが入り、「すべての人は、セクタリアンハラスメントやレイシストハラスメントを受けずに生きる権利をもっている」という文が壁画の上部に書かれている。

これら二つの壁画を描いたのは同一の壁画家である。アードインで新たに（コミュニティ再イメージ化計画を利用した）別の題材の壁画を描くことになったので、壁画家は壁画をインターナショナル・ウォールへ「場所を移した」と述べる。

また「壁画の変化」を見ると明らかなように、⑤⑥の場所については壁画の変化の状況が激しい。場所⑤では、壁画が、「パイプ吹き」（二〇〇四年三月）→「ショーン・マッコーヒー」（〇六年六月・〇七年七月）→「タイルを用いた子どもの作品」（〇九年十月）と題材を変えている。同様に場所⑥でも、「神話の女王エール」（〇四年三月・〇六年六月）→「ハンガーストライキ二十五周年」（〇七年七月）→アードインの「コミュニティ・フェスティバル」（〇九年十月）というように変化している。描かれた後、せいぜい二、三年程度しかたっていない壁画を消して、新たに別の壁画を描いていて、短期間で描き替えがおこなわれている。

そもそも「パイプ吹き」と「女王エール」の二つの壁画は、この場所に比較的長い期間存在していた。⑤の「パイプ吹き」は、一九九四年と記録されたロールストンの写真[44]があり、描き直しを経て、ほぼ同じ壁画が長年存在していたことがわかる。同様に⑥の場所の「エール」の壁画は、CAINのデータとロールストンの本から、少なくとも九四年の四月までにはこの題材の壁画が存在している[45]。なお、構図はまったく一緒だが、ケルト模様の色彩、背景の一部が微妙に異なる部分があり、この期間中に何度か描き直しがなされていると思われる。

図94・95　別の場所に移動して、描き直された差別反対を訴える壁画（アードイン地区から、やや離れたシティセンターに近いフォールズ地区にあるインターナショナル・ウォールへ移動）。上＝アードイン地区、下＝インターナショナル・ウォール

比較的長期間、コミュニティに存在していた壁画が、新たに別の題材に変化した理由は、地域で重要視されている出来事の記念の年に、二〇〇六年があたっていたためである。壁画のなかにも書かれているように、〇六年は、「ハンガーストライキ」の二十五周年記念の年であり、また「ショーン・マッコーヒー」の壁画には、一九四六年に死去したことが書かれていて、二〇〇六年は彼の没後六十年の記念の年である。そのために、長くコミュニティに存在していた「パイプ吹き」や「エール」の壁画が消され、記念の壁画に置き換わった。[46]

しかしこれらの壁画も、二〇〇九年の十月までには、子どものプロジェクトによる別の壁画に変わっている。新たに作成された両壁画とも、コミュニティ再イメージ化計画の資金を得て、子どものプロジェクトとコミュニティ・フェスティバルを描いたものになった。

一般に、メモリアル（追悼）の壁画は、ほかの題材よりも長く存在するケースが多い。この二つの壁画の題材（「ハンガーストライキ」「ショーン・マッコーヒー」）は、直接的ではないにせよ、追悼の意味合いも含まれていると考えられるため、比較的短期間で姿を消すことは珍しいようにも思われる。

この点について、ショーン・マッコーヒーやハンガーストライキに関係する家族は大丈夫なのか、という筆者の問いに対して、アードイン地区在住の壁画家のミッキーは、「アニバーサリーだから描くよ」といい、また「次のアニバーサリーのときに、同じ題材で改めて描く」と説明する。[47] アードイン地区の壁画の変化は、時期を見ながら用途によって、ときに外部の資金を利用し、またときに独自に抵抗文化を題材にした壁画を描くなどして、非常に柔軟な対応をしていることがわかる。

まとめに代えて

ローカル・コミュニティの現場では、政府・行政による壁画の保存と消去の方針という、錯綜する方向性をもつ政策のもとで、それに反応したと考えられる動きが見られた。観光については、コミュニティの主張というよりは、観光客に喜ばれると自分たちが考える壁画が描かれるケースも存在した。ただし、観光客が主に対立や紛争の痕跡を見にくるという点を考えると、こうした壁画が、実際にどの程度観光客に歓迎されているかというのは、この調査からは明らかにできていない。また、コミュニティ再イメージ化計画については、住宅地を中心に両コミュニティで利用されている。

コミュニティ別に見ると、ロイヤリスト・コミュニティでは、観光客などの外部者の視線を考えて、みずからの主張が承認され理解されるのに、障害になる可能性があると地域住民が考える武装組織の壁画や「セクタリアン」な壁画が複数点消去された。また、コミュニティ再イメージ化計画の導入により、プログラムの条件に合致した新たな題材の壁画が多数描かれた。ローワーシャンキル・コミュニティでこの傾向は強く表れた。

リパブリカン・コミュニティでは、ロイヤリストのコミュニティとは異なり、武装組織によって制作される壁画は、リパブリカン運動の方針変更を経た一九八〇年代後半以降は、そもそもあまり存在していなかった。そのため、この点では、ロイヤリスト・コミュニティほどの大きな変化は見られない。とはいえ、インターナショナル・ウォールに存在する壁画群のなかには、観光客の視線を意識した題材を採用しているものもある。コミュニティ再イメージ化計画に関しては、住宅地内の子ども向けの壁画の制作の際に積極的に活用されている。特にアードイン・コミュニティでは、壁画の活動がコミュニティの枠組みのなかで包括的に捉えられていることが見て取れる。この点で、ロイヤリスト・コミュニティよりも、リパブリカン・コミュニティのほうが、政府・行政の政策をケース・バイ・ケースでうまく利用しているといえる。

さらに、両コミュニティともに、メモリアル（追悼）の壁画については大きな変化はなく、描かれたものはそのまま存在している。地域の出身者を描いた壁画は、必要に応じて塗り直しなどのメンテナンスをされながら保存される。また、ローカリティの重視という点も双方に見られる傾向だった。しかし強調の内容には、やや異なる傾向が見られた。

ロイヤリスト・コミュニティの壁画では、より小さい単位のコミュニティでの、地域に密着した出来事が取り上げられ、過去と現在のつながりが強調される。北アイルランド全体の歴史を扱う題材は、アッパーシャンキルの「ソンムの戦い」を除くと明確な減少傾向にあるが、他方で、その土地で起きたことや地域の歴史への強いこだわりが見て取れる。支配者側と外部から認識されてきたが、自分たちも紛争で苦しんできたと認識しているロイヤリストのコミュニティが、軍事的な表現とは異なる表現様式を用いて、地元で起こった事件の被害者としての側面を強調する傾向は、来訪者数の増加がもたらした変化だといっていいだろう。ここでは地域の生活者としての視点が示されている。しかし、それは紛争によるほかのコミュニティの被害者を包摂することはなく、コミュニティの内部からはみ出すものでもない。より小さい単位のコミュニティへのこだわりである、ローカリティは、コミュニティの内部の論理や感情を表現し、その外部へと広がることはないのである。

リパブリカン・コミュニティの壁画も、ローカリティが重視される点は、ロイヤリスト・コミュニティと同様の傾向だといえる。しかし、ここで想定されるコミュニティの範囲は、地元のコミュニティという小さな範囲だけでなく、ベルファストのリパブリカン地区全体を含めた、より広い範囲が想定されているケースがより多く存在する。ロイヤリスト・コミュニティとの大きな違いは、リパブリカン・コミュニティに存在する壁画には、「大きな歴史」からの後退が見られず、またアイルランド文化のつながりを全面的に強調している壁画が少なくない点である。

二つのコミュニティは、互いに別の歴史と文化をもち、同じ土地で同じ紛争を別々に経験し、社会での位置づけが異なるために、壁画の表象に違いが存在する。とはいえ、外からの視線とコミュニティの歴史と課題を考え、ローカリティを重視しながら、壁画を用いて何らかの表現をおこなうという点については共通している。ローカリティへのこだわりのなかで、分断や現在まで続く地域社会への紛争の影響は隠さず、ときに積極的に表現される。来訪者の増加を自分たちの主張を訴える好機と捉え、セクタリアンとみなされることを避けたいと望みながら、自分たちのコミュニティの苦難の経験を訴える壁画が描かれる。コミュニティの被害を題材にした壁画は政府・行政からの資金援助が期待できるものではないが、コミュニティ内で資金を集めて新しい壁画を制作し外部へとはたらきかける。十分には聞きとられてこなかった重要な事実と考えられている、大きな政治とは別の、地元のコミュニティの苦難や窮状について、訴えがより届くように、場所・形式を工夫した方策がとられている。

注

（1）たとえば南ベルファスト・パートナーシップ・ボードの議長であるアン・マカリースは「観光は地元の再生にとって重要なものであり、パートナーシップ・ボードはコミュニティを発展させるためには観光が不可欠なものと感じている」と「ニュース・レター」紙のインタビューで述べている（*News Letter* Sep. 1, 2009）。

（2）山中速人『イメージの〈楽園〉――観光ハワイの文化史』（ちくまライブラリー）、筑摩書房、一九九二年、二ページ

（3）David Wilson, "Tourism, Public Policy and the Image of Northern Ireland since the Troubles," in Barbara O'Connor and Michael Cronin eds., *Tourism in Ireland: A Critical Analysis,* Cork University Press, 1993, p.148.

（4）Spurgeon Thompson, "The Postcolonial Tourist: Irish Tourism and Decolonization since 1850," unpublished PhD dissertation, University of Notre Dame, 2000, p.376. この時期の北アイルランド観光局の方針をうかがい知ることができる資料がある。北アイルランド観光局がイギリス政府観光庁と合同で制作したビデオ『The Quiet Land』（制作：ジョー・メンドーサ、一九七四年）の冒頭部分のナレーターの語りをスパージョン・トンプソンの論文から紹介しよう。

ヨーロッパの最西端、ここにはすべての生き物が自由を感じる場所がある……深く吸い込みたくなる空気、神が残した水。ヨーロッパからやってきた人々は八千年前、最初にこの土地を発見した。（Ibid., p.377.）

ビデオのタイトルが示すように、静かさや歴史が強調され、田舎の魅力がある観光地として北アイルランドを提

示している。

（5）Ibid., pp.372-400. アイルランドの観光研究で博士論文を書いたトンプソンによれば、この傾向は紛争が激しかった一九七〇年代に特に顕著だという。

（6）Rolston, "Selling Tourism in a Country at War," pp.23-25.

（7）Wilson, op.cit., p.150. 観光の観点からイギリスとアイルランドと北アイルランドの関係を確認しておくと、北アイルランド観光局は、イギリス政府観光庁（BTA, British Tourist Authority）と同時にアイルランド共和国の観光局である Bord Fáilte と、観光戦略上のパートナーとしての関係をもつ。つまり、どちらと協力して事業を進めるのか、あるいは両方と協力するのか、といった選択が北アイルランド観光局には可能である。

実際には、北アイルランド観光局は、アイルランドとの関係を強化する傾向が強まっている。和平合意への機運の高まりとともにこの動きは加速したが、この関係の始まりは一九八〇年代に求めることができる。デイビッド・ウィルソンによれば、それ以前は、北アイルランド観光局自体が、紛争の激化の状況下で観光推進にあまり前向きになれなかったこと、また Bord Fáilte としては、紛争イメージが強い北アイルランドとの関係を示すことは、観光推進にマイナスになるため避けたかったという事情があり、協力関係はあまり見られなかった（Ibid., p.150.）。

一九八〇年代以降は、ほぼ一貫して北アイルランド観光局は、アイルランドとの協力関係を強化する方針だったといえるが、これはウィルソンが指摘するように、北アイルランドの観光では、「南」の観光パターンの変化が、直接「北」の観光に影響を与える傾向が、調査の結果からも明らかだからである（Ibid., p.142.）。アイルランド共和国へ旅行した観光客が北アイルランドに立ち寄る可能性は比較的高いが、イギリス（大ブリテン島）へ旅をした観光客がわざわざ海を越えて北アイルランドに渡る可能性は低い。実利的な理由から、北アイルランド観光局は、Bord Fáilte とつながりを強めていった。

（8）Ibid., p.151.

（9）Rolston, "Selling Tourism in a Country at War," p.27.

（10）一九八三年アイルランドで発行された美術雑誌の表紙には、壁画をめぐる観光客の姿を描いた挿絵が採用されている。このことから、おそらく壁画を見にやってくる観光客は八〇年代にはすでに一定数いたと考えられるが、市の文書に現れたのは九〇年代初めである。

(11) *Corporate Plan*, NITB, 1992, p.36.

(12) Rolston, "Selling Tourism in a Country at War," p.31.

(13) *Tourism Facts*, NITB, 1990.

(14) 以下は、順に、北アイルランドの主要なツーリスト・アトラクションとして挙げられている一位から十位までの場所である。Giant's Causeway, Ulster Museum, Belfast Zoo, Dundonald Old Mill, Ulster Folk and Transport Museum, Waterworld, Ulster American Folk Park, Causeway Safari Park, Northern Ireland Aquarium, Portstewart Strand

(15) Ross Burnside, *Tourism in Northern Ireland*, Scottish Parliament, Information Centre, 2002, p.19. 筆者傍点。

(16) ベルファスト市評議会には、サービス部門であるベルファスト観光局（BVCB, Belfast Visitor & Convention Bureau）があり、ベルファストの観光地化を推進するための窓口機関になっている。さらに、ベルファスト市評議会は、北アイルランド政府と相互に連携をとりながら、ベルファスト市内にある東・西・南・北の地域を代表する、五つの共同評議会（Partnership Board, 西には西ベルファスト共同評議会と大シャンキル共同評議会の二つがあるため全部で五つになっている）と連絡を密にとる。この五つの共同評議会は観光を促進し、発展させることで、経済的な利益を地域にもたらすことを目指している。ベルファスト市評議会はこの共同評議会へ資金提供をおこなっている。このほかにベルファスト市評議会の政策は、市議会議員、地域、企業、ボランティアグループなどの機関・個人からの意見を聞くという点で影響を受ける。観光振興策はこのように、様々なレベルの団体や組織を巻き込み、ネットワークを構築している。

(17) Belfast City Council, *Cultural Tourism Developing Belfast's Opportunity*, 2003, p.6.

(18) *Ibid.*, pp.10-11.

(19) 二〇〇三年三月十一日、市評議会にあるマネージャー（Belfast City Council Tourism Development Manager）のオフィスで聞き取りをおこなった。

(20) Belfast City Council, *op.cit.*, p.19.

(21) *Ibid.*, p.2.

(22) Independent Research Solutions, *Evaluation of the Re-imaging Communities Programme: A report to the arts council of northern Ireland*, 2009.

(23) 一九七七年から八一年の間に、北アイルランド省（Northern Ireland Office）がベルファスト市コミュニティサービス局（Belfast City Council Community Services Department）、環境省（Department of the Environment）、アーツカウンシル（Arts Council of Northern Ireland）、ベルファスト・アートカレッジ（Belfast Art College）を通じて資金拠出した類似のプログラムが実施されている。こうしたプログラムについては、Julian Watson, "Brightening the Place Up?," *CIRCA* 8, 1983, pp.4-10、Rolston, *Politics and Painting*, p.57 に詳しい。

(24) Independent Research Solutions, *op.cit.*, pp.2-3.

(25) *Ibid.*, p.3.

(26) *Ibid.*, p.2.

(27) *Ibid.*, vi.

(28) サンディ・ロウは、シティセンターからほど近い南ベルファストにあるロイヤリストの居住地区。タイガー・ベイは、北ベルファストにあるロイヤリストの居住地区である。

(29) プラスチック板の導入は近年新たに現れたものだが、絵を描いた木板を壁に打ち付けて設置するという方法は、以前から存在した。高い場所に設置する場合、壁に凹凸がある場合などに木板は使用される。

(30) リパブリカン・コミュニティ出身の壁画家に費用について尋ねた際（二〇〇七年七月二十四日）には、壁に直接描くものについて、およそ六百五十ポンドかかると答えていた。壁画家、作品の大きさ、イメージの内容などによって、必要とされる費用には幅があるようである。

(31) 壁画がプラスチックパネルの作品に置き換えられた事例は、特にローワーシャンキルでは数多く見られた。ローワーシャンキル地区では②⑲が該当する。また同じローワーシャンキル地域ではあるが、「壁画の変化」にある場所からやや離れた場所には、ほかに四点――ⓘシャンキル入り口にある、昔のシャンキルの写真を利用した壁画（以前は武装組織のロゴ）、ⓘⓘシャンキルの男たちが、第一次世界大戦の従軍志願のために、事務所前に列を作る様子を描いた壁画、ⓘⓘⓘ第二次世界大戦（一九四一年四月十五日）時に爆撃されるベルファストの街の様子、ⓘⓥ一九四五年五月八日VE day（ヨーロッパ戦勝記念日）の街の様子——のプラスチックパネルの壁画が存在している。これらはすべて、コミュニティ再イメージ化計画の資金提供によって制作されたものである。

(32) こうした見解の相違は、壁画を「モノ」として捉えるか、意見表明のシステムとして捉えるのかの違いに起因すると思われる。なお、ここでプラスチック板使用についての現時点での筆者自身の考えを述べておく。壁画が生まれる現場でおこなわれるプロセスのなかで生じる、様々な人々との交渉が、地域の歴史観や記憶についての対話を開く可能性をもつと筆者は考える。そのため、スタジオで制作された完成作品を単に設置するというプロセスを経るプラスチック板の使用は、メリットよりも、デメリットのほうが大きいのではないかと考えている。

(33) 以前から、和平プロジェクトなどの際に、アメリカ合衆国など外国からアーティストが招聘されて作品が描かれることはあった。コミュニティ再イメージ化計画では、さらに北アイルランドのほかの地域（バンガーやニューリーなど）からアーティストが参加している。

(34) 聞き取りは、二〇〇九年九月二十九日に彼の勤務先であるＬＳＣＡのオフィスでおこなった。ここでふれられている「ブラックタクシー」とは、西ベルファストタクシー協会のタクシーではなく、個人のツアータクシーのことだと思われる。

(35) レッド・ハンドの物語には、いくつかのバージョンがあるようだが、そのうちの一つで比較的よく聞かれるもの（またこの壁画に描かれているもの）は、アルスターの王の座をめぐる豪族同士の争いというバージョンである。誰が王になるのかはボートレースで決めることにし、最初にアルスターの陸地に手を触れたものが王になる権利を得られることにした。このレースに負けそうになった豪族が、自分の手を切り落とし、血にまみれた手を陸へ向けて投げ、見事アルスターの王になったという話である。

(36) クフーリンは、ユニオニスト／ロイヤリスト・コミュニティとナショナリスト／リパブリカン・コミュニティの両方で、ともに使用される神話上の英雄である。

クフーリンは、神話ではアルスターを「南」の侵略から守ったとされるが、アイルランドの首相デ・ヴァレラが、一九三五年、イースター蜂起の記念碑に採用し、以来ダブリン中央郵便局に置かれてきた。そのため、リパブリカン・コミュニティで、なじみがあるアイコンである。他方で、「南」の侵略からアルスターを守ったというところから、ユニオニスト／ロイヤリスト・コミュニティでは、守護神としてのクフーリンという位置づけがある。したがって、双方のコミュニティが用いるイメージだが、しばしば、自分たちコミュニティのものであり、相手側が「ハイジャックした」と語られる（前掲「記憶の分断／分断の記憶を超えて」三二六―三三〇ページ）。

（37）たとえば、二〇〇九年の九月の段階ですでに、ルターの壁画は消すかもしれない、という話が先のSさんから出ていた。理由は地元住民の間での不人気による。プロテスタントのルターが描かれているのにもかかわらず、複数の地域住民から、なぜカトリックの修道士を描くのか、という不満が聞かれたという。壁画は描かれた後、コミュニティのなかで存在の是非を検討され続けるのである。

（38）Rolston, *Drawing Support 3*, p.60.

（39）調査時点（二〇〇九年九月）で消されてはいないものの、クロムウェルの壁画についても、消して別の壁画を描く計画が検討されていた。その後二〇一四年一月には、この壁画はなくなっていた。

（40）Rolston, *Drawing Support 3*, pp.52-53.

（41）「セクタリアン」は「宗派主義的」「党派主義的」と訳すことができるが、ここでは、多くの場合「セクタリアン」という言葉をそのまま使っている。宗派や教義そのものよりも、分断社会の対立構造から生み出された、強力な排他的考え方やイデオロギーが問題になっていると考えるためである。

（42）聞き取りは、二〇〇九年九月二十九日に壁画の前でおこなった。

（43）二〇〇七年は伯爵の逃走から四百年にあたる年である。壁画に付けられたプレートによれば、〇九年六月にオープニングがおこなわれていることから、やや時間差が見られる。

（44）Rolston, *Drawing Support 2*, p.54.

（45）CAINのデータベースにある一九九四年四月の日付が振られた写真（album 2, Mural number 69）と、九四年と記録されたロールストンの写真（*Ibid.*, p.55.）に記録が残されている。ここから、少なくとも九四年の四月までには、この題材の壁画が、存在していることがわかる。また場所についても、いずれの記録にも、Flax Street と表記があることから、同一の壁でなかったとしても、少なくとも⑥の壁の非常に近い場所に、同じ壁画が描き直されてきたことがわかる。

(46) この壁画を描いたミッキーは、「パイプ吹き」の壁画について、筆者が消した理由を尋ねると「色が褪せたから（別の壁画にした）」と話す（二〇〇九年十月三十日、アードインの壁画前の会話）。
(47) 聞き取りは、二〇〇九年十月三十日に壁画の前でおこなった。

壁画の変化――ローワーシャンキル地区①

2003年3月

和平プロセスに対する不満

⇩

2004年3月

—

⇩

2007年7月

アメリカ大統領
アンドリュー・ジャクソン

⇩

2009年9月

2007年と同じ

- 2003年3月、04年3月、07年7月、09年9月の筆者の現地調査をもとに作成している。03年は予備的調査であったため、記録を残していたものだけ、記載している。
- 壁に何も描かれていないことを確認した場合は、「なし」と記した。存在自体を確認していないものは、ハイフン「—」を記している。
- 同じ壁画でも、色を上から足す（タッチアップ）、塗り直しなどの変化が確認されたものについてはその点を記した。
- 番号は壁画そのものではなく壁の場所に基づいて振られている。これは、ある壁画が、別の場所へ移されることがあるためである。ある場所における壁画の変化を、ここではあらわしている。
- この地区は住宅地であり、⑥の商店の壁を除くと、すべて住宅の壁に描かれている。

壁画の変化——ローワーシャンキル地区②

2003年3月

—

⇩

2004年3月

ドラムクリーのオレンジパレード

⇩

⇩

2007年7月

なし

⇩

2009年9月

シャンキル・ロードのあらゆる歴史

壁画の変化——ローワーシャンキル地区③

2003年3月

—

⇩

2004年3月

武装組織（UYM）

⇩

⇩

2007年7月

2004年と同じ（やや褪色）

⇩

2009年9月

なし

壁画の変化――ローワーシャンキル地区④

2003年3月

—

⇩

2004年3月

—

⇩

⇩

2007年7月

なし

⇩

ルターの宗教改革

壁画の変化——ローワーシャンキル地区⑤

⇩

2007年7月

レッド・ハンドの神話

⇩

2009年9月

2007年と同じ

2003年3月

—

⇩

2004年3月

武装組織 UFF の旗と2人のガンマン

⇩

壁画の変化――ローワーシャンキル地区⑥

2003年3月

↓

2004年3月

死者のメモリアル（Stevie McKeag）

↓

2007年7月

神話上の人物クフーリン
（制作途中・ひげあり、キャプション未完成）

↓

2009年9月

2007年と同じ
（背景、キャプションの完成。
クフーリンの顔ひげがなくなる）

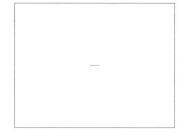

壁画の変化――ローワーシャンキル地区⑦

2003年3月

—

2004年3月

死者のメモリアル
（William Bucky McCullough）

2007年7月

2004年と同じ

2009年9月

2004年と同じ（やや褪色）

壁画の変化――ローワーシャンキル地区⑧

2003年3月

【UDA の Scottish Bridge の壁画】
＊2004年以前に存在。ゴールドラッシュ横のプラスチックパネルの説明による

⇩

2004年3月

なし

⇩

⇩

2007年7月

なし

⇩

2009年9月

ゴールドラッシュ

壁画の変化――ローワーシャンキル地区⑨

2003年3月

H ブロック

⇩

2004年3月

＊背景色の塗り替えあり（黄色→オレンジ）

⇩

⇩

2007年7月

2004年と同じ（やや褪色が進んでいる）

⇩

2009年9月

（背景色の塗り替え。
武装組織のロゴが消されている）

壁画の変化――ローワーシャンキル地区⑩

2003年3月

ガンマン

2004年3月

2003年と同じ

2007年7月

2003年と同じ

2009年9月

2003年と同じ

壁画の変化――ローワーシャンキル地区⑪

2003年3月

エリザベス女王

⇩

2004年3月

なし（塗りつぶし）

⇩

⇩

2007年7月

なし

⇩

2009年9月

オレンジマーチの様子

壁画の変化——ローワーシャンキル地区⑫

2003年3月

ユニオンジャック・スコットランド旗・
アルスター旗

⇩

2004年3月

なし

⇩

2007年7月

なし

⇩

2009年9月

タラベラの戦い

壁画の変化——ローワーシャンキル地区⑬

2003年3月

2004年3月

2007年7月

変わるだろうか？（Can It Change?）

2009年9月

子どもの人権

壁画の変化――ローワーシャンキル地区⑭

2003年3月

⇩

2004年3月

⇩

⇩

2007年7月

死者のメモリアル（Stevie McKeag）

⇩

2009年9月

（色・背景の塗り直し。
傍らの2人の兵士の姿は消されている）

壁画の変化――ローワーシャンキル地区⑮

2003年3月

ブルドックと“ジェリー”・アダムズ

2004年3月

2007年7月

2009年9月

壁画の変化――ローワーシャンキル地区⑯

2003年3月

2004年3月

死者のメモリアル（Jackie Coulter）

2007年7月

2004年と同じ

2009年9月

2004年と同じ

壁画の変化――ローワーシャンキル地区⑰

2003年3月

2004年3月

ウィリアム3世のボイン河の戦い

2007年7月

2004年と同じ（やや褪色）

2009年9月

ウィリアム3世（新たなデザイン）

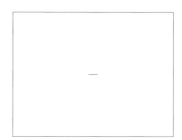

壁画の変化──ローワーシャンキル地区⑱

2003年3月

クロムウェル

⇩

2004年3月

2003年と同じ

⇩

2007年7月

2003年と同じ（やや褪色）

⇩

2009年9月

2003年と同じ（やや褪色）

壁画の変化──ローワーシャンキル地区⑲

2003年3月

—

⇩

2004年3月

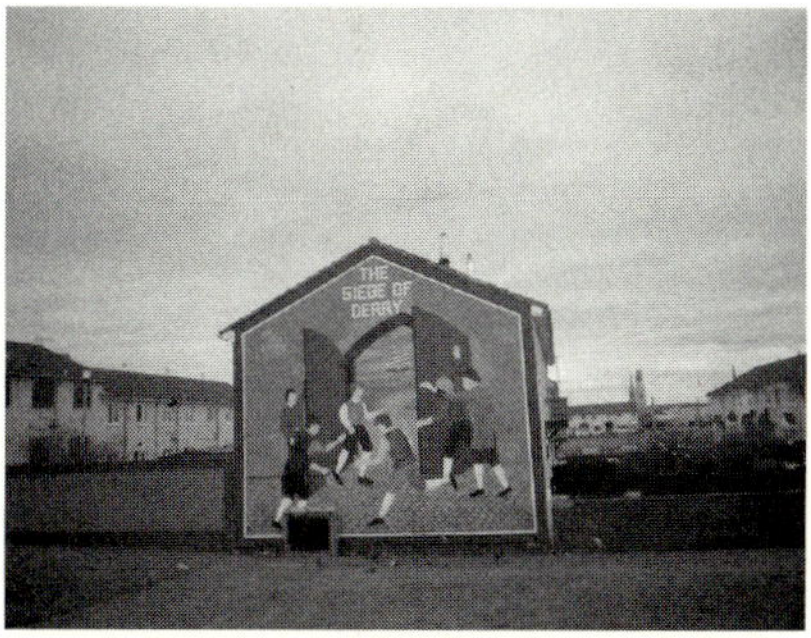

デリー包囲

⇩

⇩

2007年7月

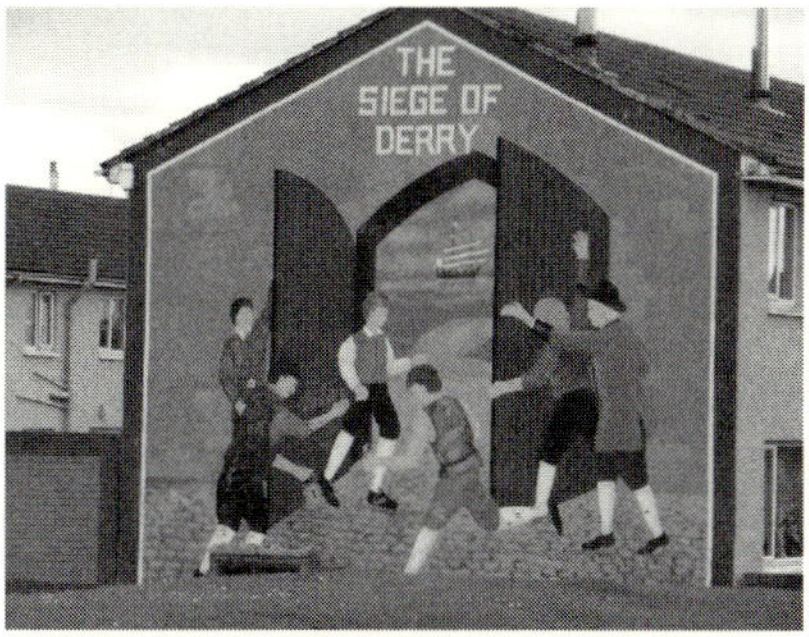

デリー包囲
（褪色、部分的な色の重ね塗り）

⇩

2009年9月

ボクシング（プラスチックパネル）

壁画の変化──ローワーシャンキル地区⑳

2003年3月

2004年3月

カトリックによるプロテスタントの虐殺

2007年7月

2004年と同じ

2009年9月

人権・地域の問題

壁画の変化——ローワーシャンキル地区㉑

2003年3月

2004年3月

2007年7月

Quis SEPARABIT

2009年9月

2007年と同じ

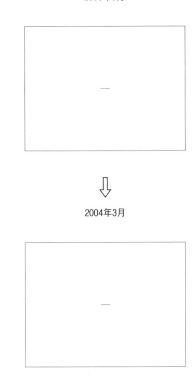

壁画の変化——ローワーシャンキル地区㉒

2003年3月

⇩

2004年3月

武装組織（Red Hand Commando）による
死者のメモリアル（Stevie McCrea）

⇩

⇩

2007年7月

2004年と同じ

⇩

2009年9月

2004年と同じ

壁画の変化——ローワーシャンキル地区㉓

2003年3月

—

⇩

2004年3月

—

⇩

⇩

2007年7月

なし

⇩

2009年9月

69年の夏

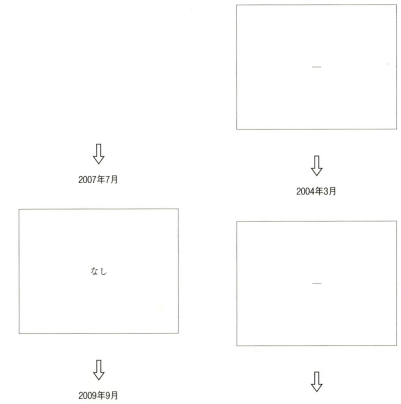

壁画の変化──ホワイトロック①

2003年3月

地元のリパブリカン
(Cumann na mBan) の女性メンバー

⇩

2004年3月

2003年と同じ

⇩

⇩

2009年10月

2003年と同じ

・2004年3月、09年10月の筆者の現地調査を基に作成している（2003年3月の予備調査の際の記録は少ないものの、残しているものは含めた)。
・壁に何も描かれていないことを確認した場合は、「なし」と記した。存在自体を確認していないものは、ハイフン「—」を記している。
・同じ壁画でも、色を上から足す（タッチアップ)、塗り直しなどの変化が確認されたものについてはその点を記した。
・番号は壁画そのものではなく壁の場所に基づいて振られている。これは、ある壁画が別の場所へ移されることがあるためである。ある場所での壁画の変化をここでは表している。
・この地区は住宅地であり、すべて住宅の壁に描かれている。

壁画の変化——ホワイトロック②

2003年3月

—

⇩

2004年3月

笑顔で並ぶ4人の死亡したIRAメンバー男性

⇩

⇩

2009年10月

なし（ペンキがほぼすべて落ちている）

壁画の変化——ホワイトロック③

2003年3月

⇩

2004年3月

武器を手にしている武装組織メンバー

⇩

⇩

2009年10月

2004年3月と同じ題材と構図の壁画の描き直し

壁画の変化——ホワイトロック④

2003年3月

⇩

2004年3月

背を向けて立っているIRA兵士3人
その絵のまわりに2人の女性の肖像

⇩

⇩

2009年10月

2004年3月と同じ

壁画の変化——ホワイトロック⑤

2003年3月

2004年3月

ジェームズ・コノリー、背景は三色旗

2009年10月

2004年3月と同じ

壁画の変化——ホワイトロック⑥

2003年3月

—

⇩

2004年3月

死者のメモリアル（Pat McGeown）

⇩

⇩

2009年10月

2004年3月と同じ

壁画の変化——ホワイトロック⑦

2003年3月

⇩

2004年3月

死者のメモリアル（Paddy Teer）
背景はロング・ケッシュ（刑務所）

⇩

⇩

2009年10月

2004年3月と同じ

壁画の変化——ホワイトロック⑧

2003年3月

—

⇩

2004年3月

イースター蜂起——ダブリンの中央郵便局前

⇩

⇩

2009年10月

2004年3月と同じ

壁画の変化——ホワイトロック⑨

2003年3月

⇩

2004年3月

ジャガイモ飢饉

⇩

⇩

2009年10月

銃を持った男性3人
まわりに9人の活動家の肖像

壁画の変化――ホワイトロック⑩

2003年3月

⇩

2004年3月

ホワイトロックを巡回するイギリス兵。
イギリス兵の上には
「Slan abhaile（safe home）」
下には「Fag ar sraideanna（leave our streets）」

⇩

⇩

2009年10月

死者のメモリアル（Kevin Lynch）
デリー出身の武装組織INLA のメンバー

壁画の変化——ホワイトロック⑪

2003年3月

—

⇩

2004年3月

「通謀！それは幻影などではない」

⇩

⇩

2009年10月

なし

壁画の変化――ホワイトロック⑫

2003年3月

—

⇩

2004年3月

政治囚人の地位の回復（Restore Political Status Stand By Maghaberry POWs）

⇩

⇩

2009年10月

なし

壁画の変化――ホワイトロック⑬

2003年3月

⇩

2004年3月

アルスター警察隊の
プラスチック弾使用に対する抗議

⇩

⇩

2009年10月

様々なスポーツ

壁画の変化――ホワイトロック⑭

2003年3月

IRA の活動家

⇩

2004年3月

2003年3月と同じ

⇩

⇩

2009年10月

2004年3月と基本的には同じ。
男性の服装だけ変化

壁画の変化——アードイン地区①

2004年3月

セクタリアンによる攻撃
——アーカンソーとアードイン

⇩

2006年6月

2004年3月と同じ。やや劣化

⇩

⇩

2007年7月

2004年3月と同じ。劣化進む

⇩

2009年10月

コミュニティの街並みと子どもの様子

- 2004年3月、06年6月、07年7月、09年10月の筆者の現地調査を基に作成している。
- 壁に何も描かれていないことを確認した場合は、「なし」と記した。存在自体を確認していないものは、ハイフン「—」を記している。
- 同じ壁画でも、色を上から足す（タッチアップ）、塗り直しなどの変化が確認されたものについてはその点を記した。
- 番号は壁画そのものではなく壁の場所にもとづいて振られている。これは、ある壁画が別の場所へ移されることがあるためである。ある場所での壁画の変化をここでは表している。
- この地区は住宅地であり、①の商店の壁を除くと、すべて住宅の壁に描かれている。

壁画の変化――アードイン地区②

2004年3月

イースター蜂起（背景は三色旗）

⇩

2006年6月

2004年3月と同じ（やや劣化）

⇩

2007年7月

2004年3月と同じ（褪色がさらに進む）

⇩

2009年10月

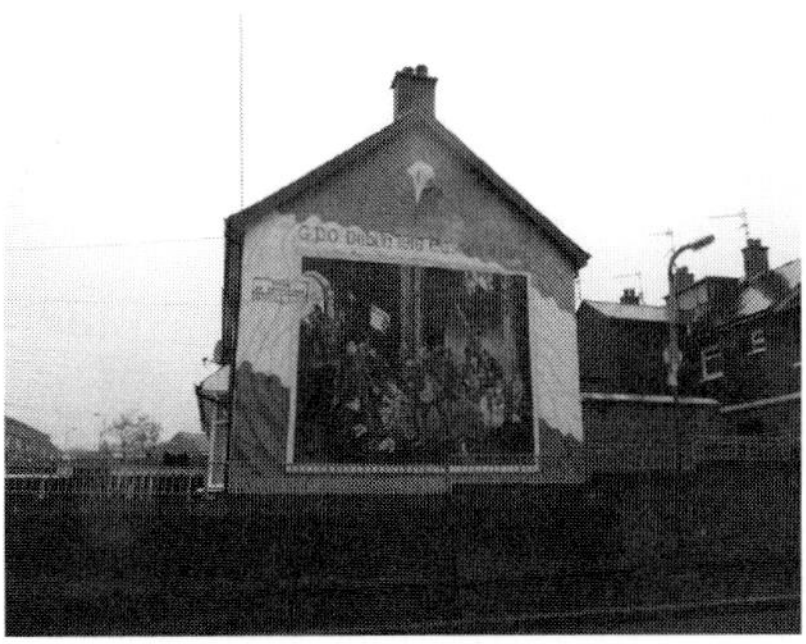

同じ図案・構図・色で描き直し

壁画の変化――アードイン地区③

2004年3月

マリア像（かなり劣化）

⇩

2006年6月

同じ図案・構図・色で描き直し

⇩

⇩

2007年7月

2006年6月と同じ

⇩

2009年10月

2006年6月と同じ

壁画の変化――アードイン地区④

2004年3月

なし

⇩

2006年6月

なし

⇩

2007年7月

なし

⇩

2009年10月

「ドラッグディーラーに NO と言おう」

壁画の変化──アードイン地区⑤

2004年3月

パイプ吹き

2006年6月

ショーン・マッコーヒー

2007年7月

2006年6月と同じ

2009年10月

子どものプロジェクト
──タイルでつくられた作品

壁画の変化——アードイン地区⑥

2004年3月

神話の女王エール

⇩

2006年6月

2004年3月と同じ（やや劣化）

⇩

⇩

2007年7月

ハンガーストライキ25周年記念

⇩

2009年10月

コミュニティ・フェスティバル

壁画の変化――アードイン地区⑦

2004年3月

ゲーリック・スポーツ（劣化）

⇩

2006年6月

2004年3月と同じ（かなり劣化）

⇩

⇩

2007年7月

同じ題材を扱う別の図柄

⇩

2009年10月

2007年7月と同じ

壁画の変化――アードイン地区⑧

2004年3月

同じ話、同じ偏見
（Same Story Same Bigotry）

⇩

2006年6月

2004年3月と同じ

⇩

2007年7月

2004年3月と同じ

⇩

2009年10月

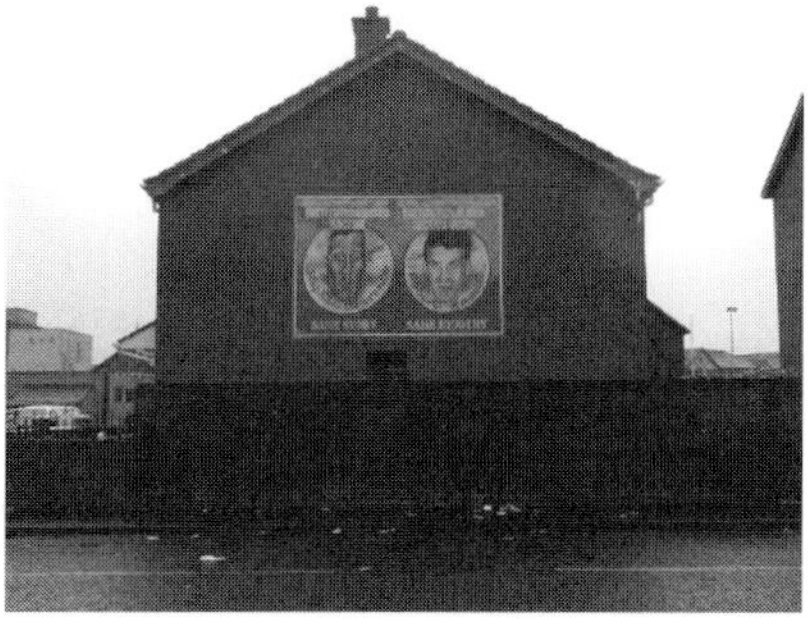

2004年3月と同じ

壁画の変化——アードイン地区⑨

2004年3月

⇩

2006年6月

三色旗とイースター・リリー
やや褪色

⇩

⇩

2007年7月

2006年6月と同じ
かなり褪色

⇩

2009年10月

まったく同じ構図・絵柄の描き直し

壁画の変化——アードイン地区⑩

2004年3月

—

⇩

2006年6月

ブラックタクシー

⇩

⇩

2007年7月

2006年6月と同じ（やや褪色）

⇩

2009年10月

同じ題材を扱う別の壁画
（図案、構図などは変化）

壁画の変化——アードイン地区⑪

2004年3月

⇩

2006年6月

国家による通謀

⇩

⇩

2007年7月

2006年6月と同じ（やや劣化）

⇩

2009年10月

伯爵の逃走

壁画の変化――アードイン地区⑫

2004年3月

⇩

2006年6月

マス・ロック

⇩

⇩

2007年7月

2006年6月と同じ

⇩

2009年10月

2006年6月と同じ（やや劣化）

壁画の変化――アードイン地区⑬

2004年3月

2006年6月

ジャガイモ飢饉

2007年7月

2006年6月と同じ

2009年10月

2006年6月と同じ（やや褪色）

壁画の変化――アードイン地区⑭

2004年3月

―

⇩

2006年6月

野外学校

⇩

⇩

2007年7月

やや劣化

⇩

2009年10月

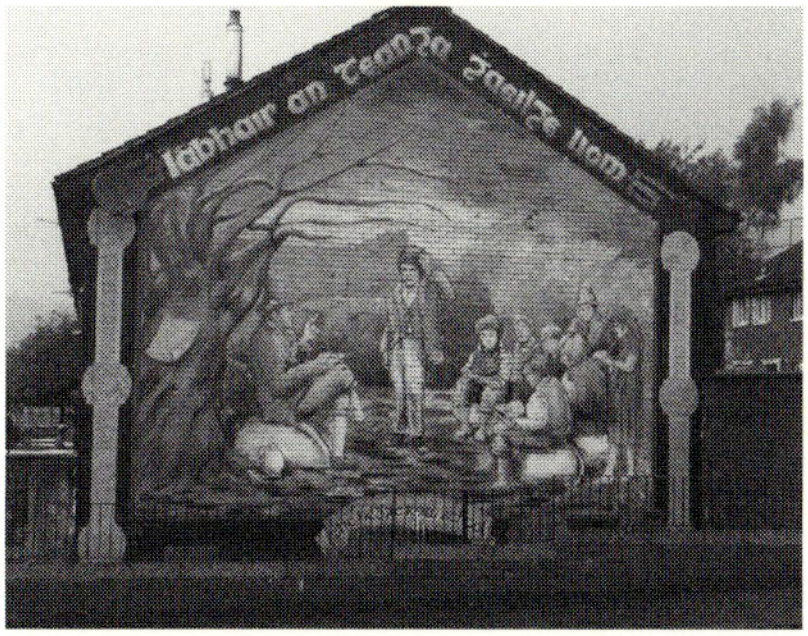

2006年6月と同じ

第7章

二つのコミュニティ

――和解プロジェクトに見る可能性と限界

二〇〇七年夏、ベルファストに『ゲルニカ』のレプリカの壁画が描かれた。これは、対立してきたリパブリカンとロイヤリストが初めて協力して制作した点で、特筆すべき出来事であった。地元のマスメディアのほか、「ガーディアン」「アイリッシュタイムズ」やBBCなど、イギリスとアイルランドの全国紙や全国ネットの放送で取り上げられ、非常に高い注目を集めた。本章では、この壁画の制作過程を筆者の参与観察をもとに記述する。

第6章では政府・行政による壁画のコミュニティ再イメージ化計画について言及し、現場になる地域の壁画の変化について論じた。壁画のコミュニティ再イメージ化計画が、いわば「上から」の和解促進プロジェクトであるのに対して、ここで取り上げるのは、下からの「和解」のプロジェクトといっていいだろう。

本章では、このプロジェクトに注目し、どのような条件下で和解プロジェクトが可能になったのか、またそこで見られる限界を示すことを目的にする。このような壁画の制作が可能になった条件として、まずは三つの点――壁画家、場所、題材――が指摘できる。以下それぞれについて詳述する。

1▼和解の壁画――『ゲルニカ』プロジェクト

『ゲルニカ』のプロジェクト案は、西ベルファストのフォールズ地区で主に活動するリパブリカン・コミュニティ出身の壁画家ダニーによって生み出された。壁画はしばしば複数の壁画家によって描かれるが、『ゲルニカ』プロジェクトでは、ダニーは以前からよく一緒に壁画を描いてきた同じリパブリカン・コミュニティ出身の壁画

表13　壁画の制作状況とインタビューの内容についての概略

2007年8月1日	西ベルファストのフォールズ地域のインターナショナル・ウォールで、『ゲルニカ』の壁画の制作が始まる。
8月2日	壁画の制作作業を手伝う。ダニーになぜ『ゲルニカ』プロジェクトを思いついたのか、何を意図していたのかについて質問する。ミッキーに壁画を描く際の留意点について確認する。また、彼の生活について、普段の仕事と壁画の仕事との兼ね合いについて聞き取り調査をおこなう。
8月3日	壁画の制作作業を手伝う。休憩中にマークに、リパブリカンの地域で壁画を描くことについてどう思うか尋ねる。
8月4日	壁画の制作作業を手伝う。マークに壁画を描き始めた経緯、「コミュニティ再イメージ化計画」についてどう思うかを聞く。
8月6日	ゲルニカの壁画制作の作業を手伝う。作業の休憩時間に、ダニー、マーク、ミッキーに個別に聞き取り調査をおこなう。
8月10日	はじめてマーク、ダニーが並んで同時に『ゲルニカ』の壁画を制作（それ以前は、1人が作業をすると、もう1人は別の作業をおこなっていた）。元武装組織のメンバーで、現在はコミュニティワーカーとして子どもの壁画を通したコミュニティ運動をしているNにインタビュー。地域での壁画の位置づけや「コミュニティ再イメージ化計画」についての意見を聞く。
8月12日	『ゲルニカ』の壁画完成。シン・フェイン党のジェリー・アダムズ、PUPの元党首ディビット・アーヴィンの妻ジャネット・アーヴィンを招き、社会学者ビル・ロールストンの司会でオープニングをおこなった（雨天の日を除いて、およそ1週間で壁画は完成した）。

家ミッキーに声をかけ、さらにロイヤリスト・コミュニティ出身の壁画家マークを誘った。

マークは非常に緊張しながら、リパブリカンのエリアでの壁画制作作業をおこなった。たとえば、マークと同じコミュニティで、友人でもあるダスティーは、「いっしょにプロジェクトをすると、裏切者（trader）だと思われる」[1] 危険があると話す。リパブリカン側と一緒に仕事をすることは、ロイヤリスト側のマークにとって、リスクを冒す行為だと考えられていることがわかる。マーク自身も壁画の作業中「注意しないといけない。そうしないと、危険だ」「〔作業しに〕来て、〔終われば〕すぐ帰る」[2] と話している。こうした発言から、マークはリパブリカンとロイヤリストのコミュニティ双方に注意を払いながら参加していたことがわかる。

図96　『ゲルニカ』の壁画の制作場面（図96から図100まで）

図97　古い壁画をグレーのペンキでいったん塗りつぶす

壁画には通常依頼者が存在するが、『ゲルニカ』プロジェクトにはダニーのアイデアに賛同した地元企業のGASTAがスポンサーとして資金を出している。『ゲルニカ』を含め、同時に三点の壁画が制作された。作業期間は三点で約十日だった。マークが心配したような事態は幸いにも起こらず、壁画のオープニング当日は両コミュニティ出身の有力者が招かれ、壁画の完成が盛大に祝われた(3)。

なぜこうした壁画の制作が可能だったのだろうか。まず、ダニーという壁画家のリーダーシップが大きく、またそうしたリーダーシップのもとに壁画家同士のアソシエーションがこうした共同作業を可能にしていることが指摘できる。

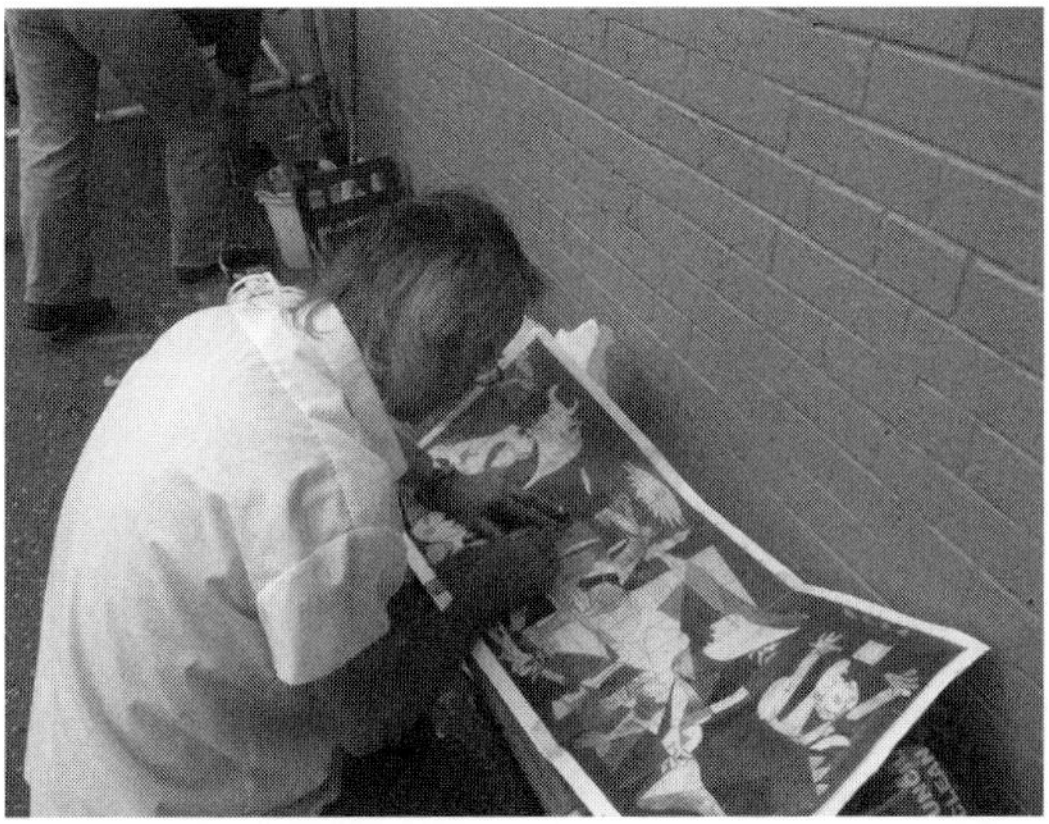

図98　原案に升目を引く

図99　壁面にも升目を引き、下絵の線を描き込む

図100　2つのコミュニティ出身の壁画家が、初めて同じ壁面で同時に壁画を描く

壁画家主導の共同制作――二つのコミュニティ出身の壁画家

壁画家ダニーのリーダーシップ

ダニーは、ロングケッシュでの服役後、シン・フェインが発行する新聞のレイアウトやデザインを描いたりする仕事をしていたが、その後、壁画を描くようになった。シン・フェイン党とは直接的な関係はないと語るが、党首のジェリー・アダムズは刑務所の仲間でもあり、昔の仕事の関係からも壁画の依頼がくるようになった。ダニーのキャリアはほかの壁画家と比較しても長い。ダニーは、フォールズ・コミュニティの大通りにある壁画の大半を描いている。有名なボビー・サンズも、インターナショナル・ウォールの壁画群も、彼が中心になって描いたものである（ちなみに、描き手は一人の場合も、仲間に声をかけて二、三人で描くという場合もある）。

「フォールズの壁画の八割ほどを描く」（コンウェイ・ミルのスタジオ仲間の話）ほど、代表的でまた有名な壁画家だが、それでも壁画だけで生計を立ててはいない。パブや商店の内装業にも従事している。また、フルタイムで働く妻デボラの経済的な助けも大きい。

ダニーは、新聞やテレビなどのマスメディアの取材を頻繁に受けている。取材の依頼があると、都合がつく範囲ですべて引き受ける。話し好きで、壁画の作業中に地元住民や観光客から質問をされると作業を中断し、その場で気軽に説明を始める。リパブリカンの居住地区で壁画が頻繁に描かれるようになった一九八〇年代以降、各国のジャーナリストが彼の家を訪れ、インタビューをおこなっている。

彼は、映画の撮影で、ダブリンに行き、「両側（＝ロイヤリストとリパブリカン）の壁画」を描いたこともある。ニューヨークでは、両側の壁画を描くプロジェクトに参加した。「反対側（＝ロイヤリスト）」の壁画については、自分たちが描くものとは異なると認識している。フォールズ地区では壁画は地域の人々に受け入れられていて、それは「文化」を扱っているからだ、と説明する。「反対側のもの」については、「イデオロギーにすぎない」と感じている。とはいえ、今回のプロジェクトをはじめ、その後も何点かの壁画を「反対側」出身の壁画家マークと共同で制作するなど、非常に柔軟な姿勢を示す。

ダニーは「反対側」の人からも一定の尊敬を集めている人物だといえる。たとえば、シャンキル・コミュニティで、壁画を通じたコミュニティ活動をおこなっているNは、次のようにダニーについて語る。

ダニーと知り合ったのはたぶん五、六年前。確か一緒にシティホールに壁画のことで呼ばれて、そこで初めて会った。ダニーはすごいよ。いいのを描く。

詳細な情報は明確にはされなかったが、ダニーとは行政が関係する行事で出会ったことが明かされる。しかし、実際に過去にロイヤリストと戦った人間だし、どう思うのかを尋ねると、次のように答える。

彼の作品はすごいと思うし、もし会えば、気軽に話すと思うけれど、でも「敵（enemy）」だ。最初に会ったときに、ダニーにパブに（一緒に行こうと）誘われた。けれど、行かなかったね。(4)

コミュニティの敵対関係を意識して、個人的な付き合いを避ける慎重な姿勢をとりながらも、アーティストとしての彼と彼が描く壁画を高く評価していることがわかる。

ダニーが発案したプロジェクトには、スポンサー、そして後述するロイヤリスト・コミュニティ出身の壁画家マーク以外にも、イングランドの著名なアーティストであるコンラッド・アトキンソンや第5章でもふれたアイルランドのアーティスト、ロバート・バラーが『ゲルニカ』制作現場を訪れ、協力を表明している。ダニーは、現場監督のように作業全体を見てそれぞれに指示を出しながら、自分もその合間に描く。ダニーの仕事仲間の壁画家ミッキーは、壁画を描くという点で、実質的に多くの仕事をおこなった。さらに、通りがかりの地域住民など、多くの多様なバックグラウンドをもった人が制作に参加した。とはいえ、このプロジェクトが高い注目を集めた理由は、やはりロイヤリスト・コミュニティの壁画家が参加したことが大きいのである。

ロイヤリスト・コミュニティ出身の壁画家マーク

マークは三十代半ばの壁画家である。子どもの頃から壁画を描き、地域の小学生対象の壁画のコンクールでは優勝したこともある。マークの説明によれば、ダニーに初めて会ったのは、プロジェクトの前年である二〇〇六年の十月で、そのときは五分程度話をしただけだったが、何か通じるものを感じたという。二マイル（約三・二キロ）ほどしか離れていない近所に住んでいたにもかかわらず、彼はダニーのことをそれまでまったく知らなかった。(5)

ダニーよりも一つ下の世代に属しているためか、マークの作風は、写実的なものから、有名なアニメキャラクターを用いたもの、シュールレアリスム風のものなど多様である。作品によってはスプレー缶を使用する。スプレー缶は、広い範囲に同一の色を塗る際に用いるが、いちばんの利点は、すぐ乾くため、早く仕上がることだという。

彼はこれまで、シャンキル地区、彼の居住地区である東ベルファストで壁画を描いていて、フォールズ地区にも、彼の作品が存在する。場所は、シャンキル地区では大通り（シャンキル・ロード）沿いのレックス・バーの横、フォールズ地区では住宅地の路地に存在する（東ベルファストの壁画は二〇〇七年現在存在しない）。以前、武装組織のUVFからガンマンや旗の壁画の依頼を受けたことがあったが、それは断っているという。彼によれば、「ソンムはいい。歴史だから」と自分のなかで明確に、描いてもいい題材とそうでない題材を区別しているようである。(6)

彼がフォールズ地区を含め、広範囲のエリアにわたって作品を描くのは、一つには、先にふれたように、ロイヤリストのエリアでは、壁画に適した主要な場所の多くが武装組織関係者によって占有され、それ以外の人間が壁画を描くことが困難だったということが理由にある。マークは、「（描くことができる）場所がない」という。それでも壁画という形態にこだわるのは、「ギャラリーで（カンバスの）作品を展示しても、人は見にこない」と認識しているからである。(7)

彼は、ロイヤリスト・コミュニティの出身者のなかでは、非常に進歩的な考えをもつ壁画家だといえるだろう。少なくとも、リパブリカンのエリアに作品を描くことが可能な程度には、リパブリカンのコミュニティでも、認められている。

マークは、ダニーとは異なり、紛争に関する大きな直接行動に関与したことはない。ロングケッシュでの拘留経験もない。しかし、それでも完全に無関係な描き手ではない。彼の父親は、和平プロセスに深く関与したPUP（進歩ユニオニスト党）の元党首であり、マークも認めるように、彼は「上の人たち」に知り合いが多い。マークやダニーは、武装組織のメンバーではないし、直接的な関係はないが、それでもそういった人物たちを含めた全体としてのコミュニティの信頼を、ある程度得ている。

これまで示してきたのは、壁画家個人の資質と代表性の二点である。すなわち、この壁画のプロジェクトの成功には、多くの人とのつながりを作り出すことができる壁画家がおこなったプロジェクトだったという点が影響している。アーティストとしての技能の高さだけでなく、話し上手で、ジャーナリストや観光客、そのほか壁画について関心をもつ様々な人々に、壁画について説明することができるという点は、より多くの人から支援を得ることにつながる。初めておこなう、それゆえ困難も多いプロジェクトを成功させるためには、広い支援を受けるという点は非常に重要である。

この壁画家の個人的な資質は、ほかの壁画家、アーティスト、地域の有力者、各種組織、政治家、研究者など多くの人の積極的な関わりとつながりをもたらした。地域社会での信頼が高いだけではなく、彼らの性格によって多くの人物を巻き込むことができたのである。

また、二人の壁画家のこれまでの壁画制作の実績から、彼らがそれぞれのコミュニティを代表する壁画家であることが指摘できるが、この点もプロジェクトの成功に少なからず影響を与えたと考えられる。ダニーについては、前述したとおり、壁画数と題材の多様さとでリパブリカン・コミュニティを代表する壁画家の一人であり、ベルファストでは最も有名な壁画家である。制作壁画数こそ限定されるが、マークはロイヤリスト・コミュニティで、数少ない地元コミュニティ出身の、武装組織関係者ではない壁画家である。ロイヤリスト・コミュニティでは、武装組織の影響から描き手の情報が少ないが、多くの場合、武装組織の関係者、あるいは依頼されて地元のコミュニティの外からやってくる壁画家が多い。そのような状況のなか、子どもの頃から身近なものとして壁画を捉えながら、地元コミュニティの歴史観に合致するような壁画を描いてきた壁画家である。

和平プロジェクトの成功には、どのような壁画家が描いたのかという点が関係している。次に、プロジェクトの成功には欠かせない要因だったと考えられる壁画の場所についても見ておこう。

場所「インターナショナル・ウォール（国際的な壁）」——大きなコミュニティの見解を表現する場

『ゲルニカ』の壁画は、インターナショナル・ウォールと呼ばれる場所に描かれている。この場所は、ベルファストの中心から、一キロから一・五キロほどの距離にあるリパブリカンの居住地区への入り口に位置し、幹線道

図101

図102

図101—108　2007年7月23日撮影。インターナショナル・ウォールの壁画群。
壁に連続して複数の壁画が描かれる

إيرلندا
Tiocfaidh ár lá
MAGHABERRY POWs
Not forgotten
SEGREGATION FOR IRISH POWs
IRPWA
Inspired by two
Irishmen to escape
from slavery
Frederick
to Ireland
championed
the abolition
of slavery,
womens rights

図103

MAGHABERRY POWs
Not forgotten
SEGREGATION FOR IRISH POWs
IRPWA
FREDERICK DOUGLASS
BODENSTOWN

図104

MANCHESTER MARTYRS
BRING THEM HOME
TO IRISH SOIL
God save Ireland!
Fight Bigotry
No Blacks No Dogs No Irish
Fight Racism
AMERICAS GREATEST FAILURE

図105

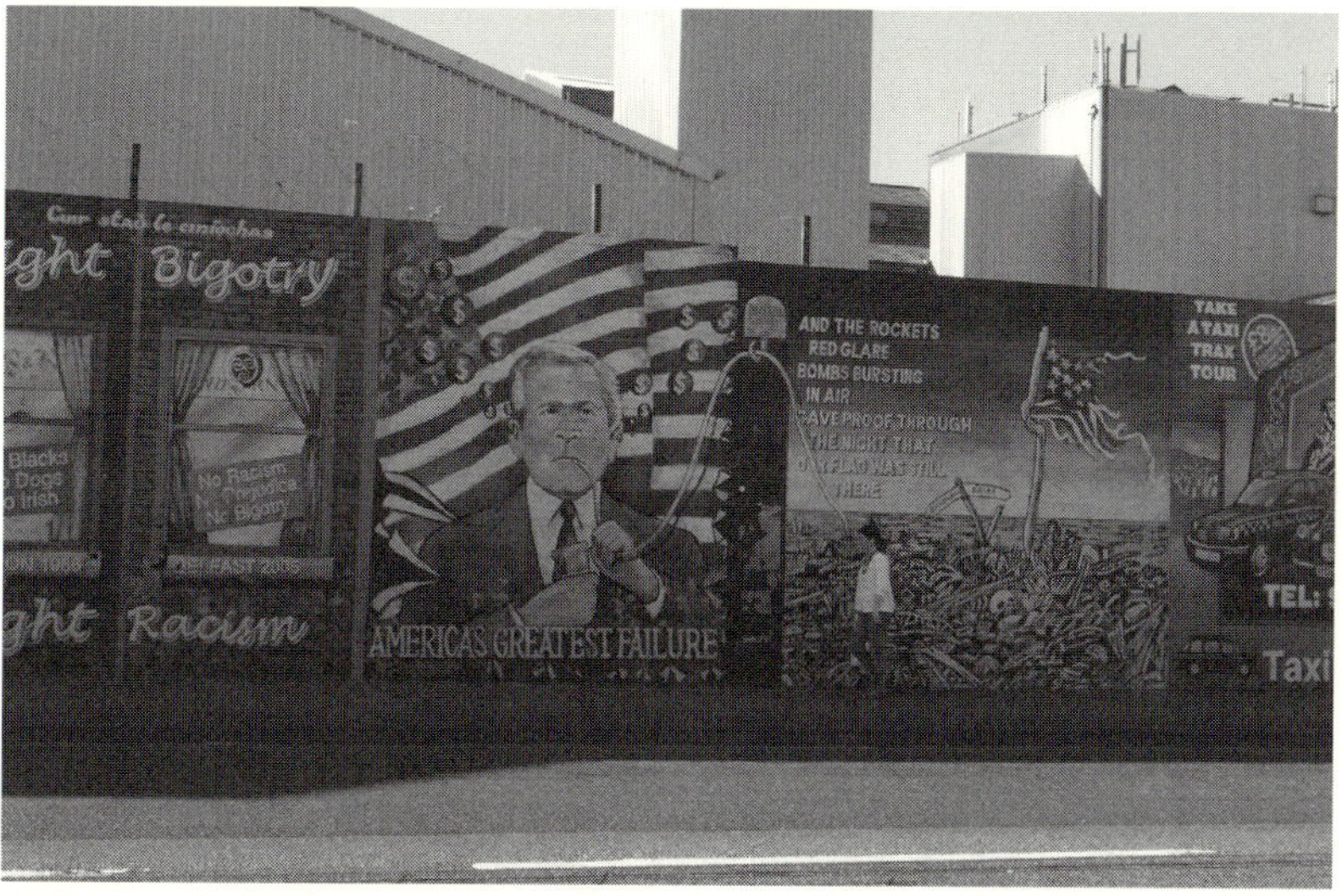
Bigotry
Racism
AMERICAS GREATEST FAILURE
AND THE ROCKETS RED GLARE BOMBS BURSTING IN AIR
TAKE A TAXI TRAX TOUR
Taxi

図106

TAKE A TAXI TRAX TOUR
West Belfast Taxi Association
Providing a public transport system for over 35 years
TEL: 90315777
CONTACT:
TaxiTrax.com
COLLUSION
WAS NOT ONLY NOT AN
ILLUSION
IT WAS THE WHOLE GODDAMN
INSTITUTION

図107

USA: Hands Off Cuba
STOP PLAN BUSH
Support Cuba's Right to Continued Independence
No to Imperialism —— No US Military Aggression
End the US Economic Blockade of Cuba
End the US occupation of Guantanamo Bay
Stop the crazy son of a Bush
GAEL-PATRIOT
Councillor Liam MacCarthy
IRELANDS FORGOTTEN SON

図108

図109

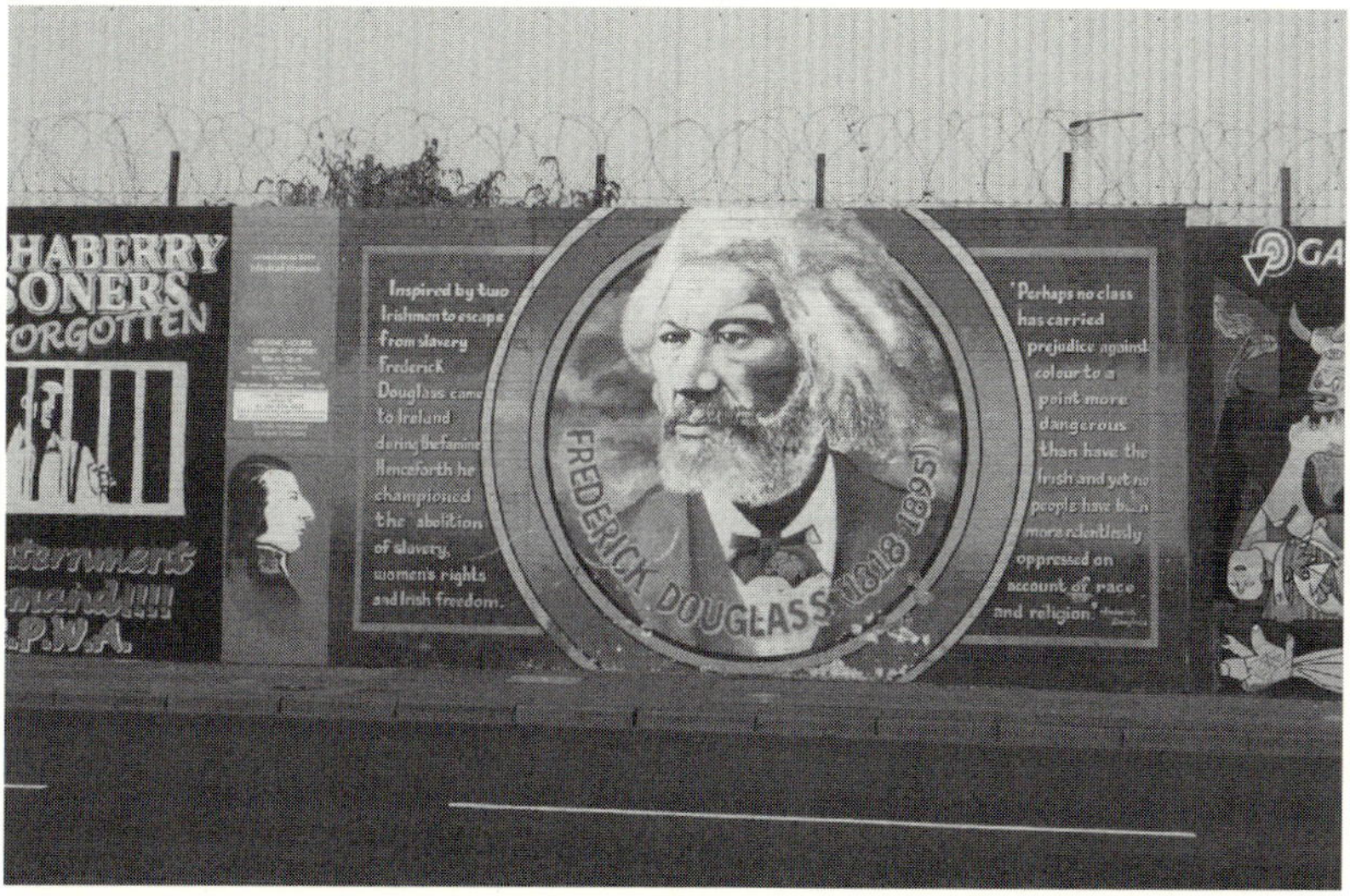

図110

図109―113　2009年9月3日撮影。インターナショナル・ウォールの壁画群。前掲2007年7月と比べると、残されているものもあるが、多くの壁画が描き替えられている

GASTA.COM SUPPORTING COMMUNITY ARTISTS
THE MANCHESTER MARTYRS
CONVICTED IRISH FELON
BRING THEM BACK TO IRISH SOIL
GOD SAVE IRELAND

図111

Everyone has the right to live free from sectarian / racist harassment!!!
ARKANSAS '57
SOUTH BELFAST '09
ARDOYNE 2001
WBTA
TAKE A TAXI TRAX TOUR
TAXI TRAX.COM
TEL: 90315777..07892716660
MARTIN MEEHAN
ARDOYNE
A leader is gone
The legend forever lives on!

図112

ASKATASUNA
MARTIN MEEHAN
A leader is gone
The legend forever lives on!
NOT SPAIN
NOT FRANCE
OF CUBA
GAEL·PATRIOT
Councillor Liam MacCarthy
IRELANDS FORGOTTEN SON

図113

路であるフォールズ・ロードに面した塀には、常時複数の壁画が描かれている（図101―108）。北アイルランドのなかで、壁画の密集度が最も高い場所の一つである。壁画の密集度、またシティセンターからのアクセスのよさから、近年は観光地としても有名であり、写真がウェブ上で多数紹介されるなど、この場所に描かれた作品は、より広範に流通している。またこうした注目の高さから、描き直しも比較的頻繁にされている（図109―113）。

路地にある壁画はより小さいコミュニティに対応したテーマを題材に選ぶ一方で、大通りの壁画は大文字の政治を題材にする傾向がある。(8) インターナショナル・ウォールは、その名に示されるようにアイルランド以外の他国の闘争も参照しながら、フォールズ地区全体を大きなコミュニティと捉え、リパブリカン全体の主張を表現した壁画が多い。

この場所は最も注目を集めやすいという点、また大きな枠組みでのコミュニティの主張を表現する場であるという点で、特別な存在である。地元企業のスポンサーや政治家、有力者の広範な協力が得られた背景には、この場所の象徴としての特性が理解されているためと考えられる。

題材『ゲルニカ』――「当事者」として経験した受苦の表象

壁画は紛争経験を含む地域の問題を扱うコミュニティ・メディアであった。ではなぜ、北アイルランドにとっては、外国のテーマが選択され、描かれたのだろうか。

ダニーは次のように説明する。

〔ピカソの『ゲルニカ』は〕みんなが知っているし、反戦をテーマにしている。『ゲルニカ』には何も説明がないし、まずはアートだ、ということ。プロパガンダはたくさんあるけれど。(9)

「みんなが知っている」という発言から、壁画家ダニーが地域住民以外の観光客などの外部者の目にふれること

図114　バスクの民族自決への支持

が多いこの場所の特性について意識的であり、そうした外部者へのアピールが可能な題材を選択したことがわかる。『ゲルニカ』は有名な作品であり、北アイルランドの歴史・社会・政治状況にあまり詳しくない人でも知っている可能性が高い。また、「まずはアートだ」という発言から、ダニーが『ゲルニカ』という「アート」であれば、「プロパガンダ」とは異なり、多くの人の賛同を得られること、さらにロイヤリスト・コミュニティ出身のマークが参加しやすいと考えたことがわかる。

ダニーは、マークの出身コミュニティの考えやマークの立場をよく理解している。それは『ゲルニカ』の制作中、ダニーが『ゲルニカ』と同じインターナショナル・ウォールに、別の壁画（アイルランドとバスクの闘争を題材にしたもの）（図114）を並行して描き始めた際に、その作業に関してマークに一度も声をかけなかったことに見て取れる。

壁画の作業をする合間の休憩中に、ダニーにその理由を尋ねると、次のように述べる。

　マークを手伝わせたくないんだ。マークは手伝いたくないだろうし。

この話の途中、マークがちょうどやってきたので、ダニーはマークの顔を見る。すると、首を横に二、三度振ってマークは次のようにいう。

手伝っているところを見られたら、大変だ。[10]

互いに確認しなくても、それぞれの立場がどのようなものであるか、壁画家同士は理解しているのである。

この題材については、さらに後の節で詳述するが、まずはここまで、ⅰ壁画家の資質、ⅱ多くの人の目にふれる、注目度が高い場所、ⅲ両コミュニティが賛同しやすい題材、この三点によって、様々なバックグラウンドをもつ人々の関与と賛同が可能になったことを示した。この三点によって、行政・政府の資金を頼らずに、民間企業からの資金援助で、この和解を題材にした壁画の制作が可能であった。『ゲルニカ』を題材にした壁画は、おそらく申請すれば行政・政府の資金を獲得できるプロジェクトだったと思われるが、壁画家のアイデアとつながりから、地域の関係者や組織を巻き込んで制作したという点で、下からのプロジェクトだといえる。

西ベルファストの新たな交流空間の生成

『ゲルニカ』プロジェクトは、一つのプロジェクトにすぎないにせよ、こうした和解プロジェクトの実施が可能になった前段階とでも呼べる環境の変化が地域コミュニティに存在してきたことを、次に紹介する。繰り返しになるが、政治的には一九九八年のベルファスト和平合意によって武力による戦いは終わりを宣言されたものの、地域住民は隣人との日常生活そのもののなかで紛争を経験している場合が少なくない。したがって、和平合意がなされても、相互不信は簡単に解消されるものではない。とはいえ、生活世界での実践を見ると、対立を修復しようとする試みも存在する。少なくとも紛争の時代に戻れないことについては、両コミュニティの住民レベルで異議はないのである。

ベルファスト市の事務総長（Chief Executive of Belfast City Council）のブライアン・ハンナによれば、一九九〇年代以降、ベルファストではパートナーシップアプローチという方策が採用された。パートナーシップアプローチとは、市評議会・政府・コミュニティ・ボランティア組織・私企業など様々なセクターを巻き込んで共同で地域再生や地域の問題に取り組むことである。この方策は、自分たちのコミュニティに直接影響を与える決定事項に関わりたいとする人々の要求の高まりに対応したシステムである。(11)

第6章の注（16）でふれているが、西ベルファストでは、リパブリカンのコミュニティであるフォールズとロイヤリストのコミュニティであるシャンキルの双方が、それぞれ西ベルファスト共同評議会（West Belfast Partnership Board）と大シャンキル共同評議会（Greater Shankill Partnership Board）を設立し、地域の再生に力を注ぐようになった。この共同評議会は、就職支援、職場の創出、求職者に対する教育とトレーニング、子どもの社会的排除を予防する教育プログラム、地域のインフラの整備の調整など、経済を中心にした地域再生を目的にした組織だが、観光による地域再生にも力を入れ、主導的な役割を果たしている。シャンキルとフォールズが協力することによって、観光地としての整備が進む。そのために共同で地域の問題を確認し、地域発展へ向けて取り組むべき課題を提言し、報告書にまとめている。重要な点は、報告書（*A report of the West Belfast and Greater Shankill Task Forces*）に記述されている地域の課題や問題の多くは、二つの地域で同じであり、生活レベルでは、西ベルファストのロイヤリストとリパブリカンには、実は多くの共通点があることを確認したということである。(12)こうした作業をおこなうなか、共同評議会の担当者は定期的にミーティングを開き、互いの地域の問題について、共通の認識をもつようになった。

また、より下部のレベルでも、同様の交流の動きが始まった。両地域は住民のなかに元囚人を多く抱えているが、彼らの職の一つとして有力視されているのが、「当事者」の地元住民による観光ツアーの実施である。共同で実施すればより大きな効果が得られるため、実施に向けての方法が模索されている。

また、壁画家同士の交流も、一九九〇年代後半以降に数は多くないものの、おこなわれるようになった。北アイルランド国内と外国の壁画関連イベントで、互いに知り合いになっていくケースが見られ始めるのである。たとえば、ダニーと、壁画家マークの父親でPUP党首だったディビット・アーヴィンは、ニューヨークでおこなわれたアイルランド文化紹介のプロジェクトに招聘された。彼らは、それぞれのコミュニティを代表する関係者として呼ばれたのだが、ダニーはこのときに、ディビットの息子のマークが壁画家だということを知った。これが、のちに壁画の共同制作プロジェクトとつながっていった。また、先のシャンキル・コミュニティで壁画を通じたコミュニティ活動をしているNは、ベルファスト市主催の集まりに招待された際、同じく招待されたダニーと出会っている。このようにして、顔を合わせる機会が少しずつ増えていった。こうしたイベントが開催されるようになったのは和平合意の影響だといってよいだろう。

和平の機運の高まりのなか、日常生活のなかでも接触が積み重ねられ、相手の顔が見えるようになっていった。二〇〇〇年代初頭までは、非常に消極的に相手に会うというかたちで、限られた接触しかおこなわれてこなかったが、接触の機会は個人・組織のレベルで徐々に増えていった。こうした接触の場が、その後のゆるやかな和解の空間の出現を準備した。

2▼「文化」と政治——対立の記憶の表象と題材の困難

和解のプロジェクトを成立させるための、コミュニティの変化が存在したことが背景にあるとはいえ、対立と分断の状況に長く置かれていたコミュニティが、壁画の題材として一体何を描くことができるだろうか。『ゲルニカ』は一見すると、非常に無難な和平の象徴のように思われる。反戦のシンボルとして、クリシェ化したものと捉える人もいるだろう。しかし、ここでは別の角度から、『ゲルニカ』を題材にした理由を考えたい。それは、北アイルランドのコミュニティの状況に立ち返り、この題材でなければならなかった理由を具体的に解き明かす作業になる。

戦いのアリーナとしての文化

『ゲルニカ』という題材が選択されるにいたった北アイルランドの社会・文化背景の理解、特に、一方の文化の尊重が他方にとっての脅威になるようなゼロサムの関係について示すため、ここではやや迂回して、北アイルランドの「パレード問題」を取り上げて論じることにする。

パレード問題とは、主にユニオニスト／ロイヤリストのお祭り（なかでもボイン河の勝利を祝うお祭り）でおこなわれるパレードをめぐって生じる対立であり、比較的小規模のいざこざまで含めると、毎年のように繰り返されてきた。そのため、衝突が頻発するパレードの季節には北アイルランドを離れる住民もいる。特に問題になることが多いのが、パレードのルートに、ナショナリスト／リパブリカンの住民の居住地区が含まれる場合である。比較的静かにおこなわれるパレードがある一方で、「反逆者を打ちのめせ（Croppies Lie Down）」といった昔ながらの蛮声をあげ、けたたましい太鼓の音を響かせて大声で歌いながら、彼らの居住地区を行進するケースもあり、当然ながら、ナショナリスト／リパブリカンにとっては、自分たちの居住区を通ることへの強い反発がある。[13]こうしたパレードでの行為が暴力行為を誘発し、しばしば大きな衝突につながる。

ナショナリスト／リパブリカンの住民がパレードのルートを変更するよう要求するのに対して、反対するユニオニスト／ロイヤリストの主張の根拠になっているのが、「伝統」であり「文化」である。[14]ユニオニスト／ロイヤリストは、パレードには二百年以上にわたる長い歴史があり、公共の空間で伝統的な儀式を遂行する市民の権利があると主張する。さらに北アイルランドでは、カトリックの住民の人口増加率がプロテスタントの住民の人口増加率を上回っていて、それにともない、かつてはプロテスタントの住民の居住地区だった地域が、現在ではカトリックの住民の居住地区に変化したところが存在する。とりわけそうした場所では、ユニオニスト／ロイヤリストにとって、パレードのルートを変更することは空間的な勢力の縮小を認めることになり、心理的に抵抗が強いと推測できる。

ユニオニスト／ロイヤリストの主張に伝統や文化が持ち出されるようになった背景には、一九九〇年代になって注目された「尊重の等価性（parity of esteem)」という概念が存在する。[15]「尊重の等価性」とは、九二年から九三年にかけて開催されたオプサール委員会で提唱された言葉である。これは、北アイルランド社会で、武力を排除して安定を達成するためには、ナショナリズムとユニオニズムに対する対等な扱いを確固たるものにする構造を目指さなければならない、という考え方に基づいている。もともとは二つの伝統を同等に扱い、尊重するという意味に解釈できるこの概念が、みずからの主張の基盤になる言葉として広く使用されていった。

この「尊重の等価性」の名のもとに、ユニオニスト／ロイヤリストは伝統的儀礼を主張する。またパレードに反対するナショナリスト／リパブリカンは、自分たちの文化は尊重されるべきであり、自分たちの文化でない（とりわけ自分たちを征服した側の勝利を祝う）祭りが、居住地区でとりおこなわれないことこそが、「尊重の等価性」だと主張する。武力行使を封じ込め、どうにかして平和的な手段で共存をはかっていかなければならない環境で、「文化」という言葉を使用した言説や活動が、戦いのアリーナになっている。

北アイルランドの文化の多くは、第4章で示したように、戦いの記憶と関係がある。ナショナリスト／リパブリカンの文化は、第4章でふれたゲーリック・スポーツや音楽の位置づけなどを見ても明らかなように、イギリスとの差異化の言説のもと、アイルランドの独立の物語と密接な関係をもつ場合が多い。対イギリス独立戦争とアイルランド文化は、みずからのアイデンティティを立ち上げる際に、重要な文化・歴史的要素であり、中核的なものと位置づけられている。

UKの一部である北アイルランドに住むアイルランド系住民のリパブリカンにとっては、独立をめぐる出来事やアイルランド文化は、分断された祖国とのつながりや一体感をもたらすものであり、それらはみずからのよって立つ位置を確認する、重要な物語である。また、こうしたナショナリスト／リパブリカンの文化的主張は、彼らが置かれた歴史的・社会的背景を考慮すれば、戦略的なものとしても十分理解できるものであり、彼らの文化的主張は、ユニオニスト／ロイヤリストのそれに比べて、北アイルランドの外の社会でも、はるかに共感をもって受け止められているといっていいだろう。しかし、北アイルランドという場所で、対イギリスという視点で語られることが多いこうした物語は、同じ土地に住む、相手側のユニオニスト／ロイヤリストに対しては、先鋭的、あるいは攻撃的なものに受け取られる場合も少なくない。

他方で、ユニオニスト／ロイヤリストにとって、戦いの記憶は、より中心化された、彼らの文化の重要な一部である。彼らは様々な戦いを祝うが、それは第一次世界大戦前後だけでなく、遠く十七世紀の戦いにまでさかのぼる。繰り返し戦いの記憶を想起する理由は、ユニオニスト／ロイヤリストにとって、それがアイデンティティの基盤として機能してきたためである。[16] 戦いを通じて作り出される「一体感」は、彼らをブリティッシュという「想像の共同体[17]」の一員として位置づけるのに大きな役割を果たしてきた。

それと同時に、こうした戦いの記憶に対する彼らの固執は、より直接的には「包囲の心理」に基づく不安の反映だとする見解が、ユニオニスト研究で提出されている。[18] ユニオニスト／ロイヤリストの少数派への転落に対する現実的な不安によって、それは強化される。また、和平条約締結に向けて譲歩し続け、不安定な状況に追い込んだ、あるいは状況を放置し続けるイギリス政府に対する異議申し立てとしても用いられる。

ユニオニスト／ロイヤリストにとっての戦いの記憶は、イギリス政府への異議申し立てや見捨てられる不安という「包囲の心理」からたとえ生じるとしても、戦いの記憶である以上、相手──敗者、抑圧された者（＝北アイルランド社会のなかのリパブリカン／ナショナリスト）──が存在する。たとえみずからの誇りを保つための物語であっても、それは地域社会の文脈では、対立の引き金になる。自分の「文化的基盤」を強調すると、異なる文化をもつ人々との対立を深刻化させるのである。

北アイルランド社会で、「文化」は長い戦いの歴史のなかで二つに明確に色分けされ、ラベル付けされた。文化の政治性については、一つの国の文化内部でのヒエラルキーや階級性が様々に論じられることがあるが、北アイルランド社会では、また別の次元で文化と政治が関係し、政治と無縁の文化が極端に存在しにくい状況にある。

したがって、共同で壁画を制作するときに生じる問題は、どのような文化を表現するのかという点である。北アイルランドでは、題材自体がこうした政治と文化の関係に絡め取られた状態にあり、選定が非常に困難なのである。しかしこうした困難を、このプロジェクトでは対立の痕跡を消すというかたちで回避することはなかった。この点が、上からのプロジェクトとの大きな違いである。

「明るい」壁画と「暗い」壁画

第6章で取り上げた、政府・行政のプログラムであるコミュニティ再イメージ化計画（Re-imaging Communities Programme）を再度取り上げ、このプログラムが目指したものと『ゲルニカ』プロジェクトの違いを明らかにする。

行政支援による壁画の制作プロジェクト

ベルファスト市や北アイルランド政府にとって、壁画によっていっそう顕在的になる空間の分断は、地域の経済発展と社会統合への大きな障害とみなされる。そこで、分断のマーカーになる壁画を消す政策が講じられた。二〇〇六年、北アイルランド政府は「地域を明るくする」ことを目的に、コミュニティ再イメージ化計画を導入した。このプロジェクトは政治的な壁画を消し、別の「明るい」壁画を描く場合に、プロジェクトを実施するローカルカウンシルやコミュニティグループに助成金を与えるものである。

手続きは、地元団体が地域で話し合って消す壁画を決め、次に置き換えるのに望ましい壁画のイメージを選び、描き手を決めて、提案書をアーツカウンシルに提出し、その提案が目的にかなっていると認められると助成金が得られる。このプロジェクトは、否定的に見られがちな地域に、望ましい自己イメージの決定権を与え、そうした変化を促進することを目的にする。このプロジェクトは、地域住民にとって望ましいものであり、肯定的に捉えられうるもののはずだが、実際には批判も多い。

一般的に文化政策は、多様な価値の共存＝文化的寛容とある価値の選別とを両立させなければならないという根本的な難しさを有する。[19]とりわけ北アイルランドのような「文化」が住民対立の構図に深く関わり合ってきた地域では、より複雑な政治的問題を避けられず、文化的多様性と価値の選別を両立させることは根源的な困難を有する。

こうした点から、アーツカウンシルの対応は非常にわかりにくいものにならざるをえない。アーツカウンシルの担当者によれば、このプロジェクトでは、アーツカウンシルではなくコミュニティが主体になって申請するという点が強調される。一方で、コミュニティによって事情が様々であるため、途中の段階で助言をすることが必要な場合もあるという。しかしその場合でも、これを消してこれを描くように、というような具体的な指示を出すことは決してせず、直接的な関与はしない。デリケートな問題を扱っていることを担当者がよく自覚していて、こうした仕事を進めるうえで様々なプレッシャーがあるということも述べている。[20]

主体的に関与し、プロジェクトを進めるのがコミュニティ側であるのならば、申請者のコミュニティは助成金を得るにはどうすればいいのか、どのような壁画を描けばいいのかを理解する必要がある。しかし題材についての具体的で明確な基準は明示されない。[21]また現実的にも、そうした基準をアーツカウンシルが細かく指定することは難しいと考えられる。他方で、コミュニティの「文化」を題材にすると手続きが滞る。こうした事情から、申請するコミュニティ側は「ひまわり」などの無難な題材を勧められていると感じ、そうした題材を選択する場合もある。[22]

こうした動きに対し、長年地域で壁画制作に関わってきた壁画家やコミュニティワーカーは反対を表明する。[23]そこで以下では、両コミュニティに遍在するメモリアルを目的とした壁画を一例として取り上げ、この点をさらに議論したい。

紛争と深く関わる「暗い」壁画

第4章で論じたように、壁画の題材のなかで一貫して一定の数描かれているテーマに、紛争に関わる死者を描いたものがある。一般の住民から、いわゆる「戦士（fighter）」として死んだ人間まで、その地域出身の死者を追悼するための壁画である。

戦士として描かれる壁画では、人物像の周囲が武装組織のエンブレムや旗などで装飾されていることがあり、一般住民の死者は、生前の日常の姿で描かれることが多いが、こうした区別は、必ずしも常に明確なものではない。また死者によっては、「一般住民」「戦士」のどちらとも判別し難い場合もある。紛争地の住民のなかには、ある時期武装組織のもとで「戦士」として闘い、別の時期には組織から距離を置いたという人は珍しくない。そもそも紛争では、「テロリスト」か「戦士」か「一般住民」か、認識の仕方や名づけ方自体が争いの一部である。(24) その死者の出身地域では、「戦士」も「一般住民」も地域出身者として壁画に描かれ、そうした壁画はいったん描かれると、消されることはほとんどない。

リパブリカン、ロイヤリスト問わず、多くの壁画家はコミュニティ再イメージ化計画はこうしたメモリアルの壁画を消し、地域とは無関係な壁画へと変更を促すものだとして、反対を表明する。

死んだ人は誰も脅さない。（略）死んだ人をただ追悼する（commemorate）だけだ。〔コミュニティ再イメージ化計画の〕お金をもらって壁画を描くことは、あっち〔ロイヤリスト〕のコミュニティにとってもよくない。(25)

（リパブリカン・コミュニティの壁画家ダニー）

追悼のものはコミュニティにとっては、何かの意味のあるものだ。ガンマンのものはいらないかもしれないけれど。（略）それはフォールズの人にとって、何らかの意味があり、シャンキルの人にとって意味があるものなんだ（略）"Re-imaging〔コミュニティ再イメージ化計画〕"は何にもならない。中産階級の人たちの考えだ。人は、政治的であるから壁画を見るんだ。(26)（ロイヤリスト・コミュニティの壁画家マーク）

さらにロイヤリストの居住地区であるシャンキル地域で、主に子どもたちに壁画を通した教育活動をしているコミュニティワーカーも次のように言う。

ここに住んでいない人間、中産階級の人間が、わあ、ここにまだガンマンの壁画がある、消すように、という。でもコミュニティ出身の人が命を落とした。もし壁画が勝手に消されたら、どうして消したのか、〔自分の息子を〕忘れたのか、ということになる。（略）コミュニティが〔そうした〕壁画を必要としているわけではない。けれどもコミュニティの相談（consultation）なしで消すことはしない。[27]

実際にアーツカウンシルが直接、個々のメモリアルの壁画を消すように助言したのかは明確でない。しかしこうした発言から、政府や「中産階級の人」がメモリアルの壁画は望ましくないものと認識していると、壁画家やコミュニティワーカーが考えていることがわかる。

さらに、「ガンマン」と「死者」の区分が明確に存在している。銃を構え、覆面をするなどの威嚇的な姿勢をとる姿を描いた「ガンマン」と、紛争に深く関与していても、ただ生前の顔や姿を思い出として描写した「死者」とは、別物だと認識されている。

「コミュニティが壁画を必要としているわけではない」という発言から、こうした壁画を新たに描こうという積極的な動きや意思はもはやあまり見られないものの、すでに存在しているメモリアルの壁画を消すことには強い抵抗感情が表明される。濃淡の差はあるが、武装組織の影響が残り、さらに何らかのかたちで紛争に関与した住民を複数含む地域では、壁画の取り扱いには慎重な配慮が必要であることがわかる。

死者というくくり、描かれ方、新たに描かれたものか、あるいは残されている壁画かという差異は、地域の外部の視点では瑣末なことにすぎないと捉えられる。紛争で死んだ人を描いた壁画が存在しているのであり、そうした壁画は変化が見えない地域の保守性を示すものにほかならない。他方、地域内では、壁画は地域住民の悲しみ・怒り・喜びといった感情を含む媒体なのであり、そうした感情面での配慮は不可欠だが、行政主導のプロジェクトでは、地域の事情への配慮が十分に払われていないと認識されるのである。

壁画は、地域の人が感情移入《アイデンティファイ》するものだ。ひまわりは誰の役にも立たない。きれいな絵を描きたいのではない。きれいじゃないのだから。(28)

壁画家たちは、地域の事情や歴史から無縁な壁画では、地域にとって必要なものにはなりえないと認識している。地域を無臭化するような壁画で地域を明るくすることはできないと考え、地域の紛争の痕跡を消すように政府や行政がはたらきかけ、関与することを問題にしているのである。

したがって、政府の政策にもかかわらず「政治的」な壁画が消されない地域に関して、変化を嫌う原理主義的主張が維持されているとすぐに結論づけるのは早計である。壁画の関係者やコミュニティにとって、追悼の壁画について、描かれたものが残されていることと、新たに描かれることとは、意味が異なる。壁画がある地域では、描かれているものが消されることは、もはや忘れてもいい、あるいはそれほど重要ではないというメッセージとほぼ同義である。また、死者が新たに描かれる場合は、どういう姿で描かれているのかという点が問題になる。地域を明るくするという行政や政府の試みは、紛争経験という負の歴史を超えてコミュニティを再生させるという非常に重要な意図をもつが、コミュニティが経験した負の歴史を経由しないというまさにその点で、コミュニティでは必ずしも支持されない。他方で、死者の追悼や負の歴史を覚えておくことには一定の意味があるという点で、二つのコミュニティの間に共通の認識があることが確認された。両コミュニティに遍在する死者の壁画はこのことを示している。

『ゲルニカ』という題材

政府・行政によるコミュニティ再イメージ化計画と、『ゲルニカ』プロジェクトに関わる壁画家たちの見解の違いは、当事者性と受苦経験を排除・無視するのではなく、壁画でそれを表現する点にあることをここまで述べてきた。当事者性と受苦経験の重視という点については、両コミュニティの壁画家・関係者ともに、同じ認識を確認することができる。

リパブリカンはもちろん、ロイヤリストもイギリス政府によって苦しんできたと認識している。みずからを抑圧された民衆という視点をとるコミュニティにとって、『ゲルニカ』は受け入れ可能な題材である。『ゲルニカ』に表現される政府の弾圧や迫害に苦しむ民衆という視点は、両地域の住民に受け入れられやすい。とはいえ、『ゲルニカ』というスペインの巨匠による有名な作品を題材に選ぶことは、北アイルランドの政治や歴史とは無関係であり、二つの住民集団間の対立する争点を避けたようにも思われるかもしれない。また、インターナショナル・ウォールには、これまでもアイルランド以外の地域の題材が描かれており、そうした壁画との違いが明確でないように思われるかもしれない。

しかし、少なくとも壁画制作の関係者にとって『ゲルニカ』は、北アイルランドに関する題材とみなされている。政府によって苦しめられた民衆という視点がとられ、リパブリカンの主張を表現するための場所で、リパブリカンだけでなくロイヤリストの苦しみも包摂する題材として選ばれている。リパブリカンにとっては、イギリスのアイルランド支配によってアイルランドが南北に分断され、多くの苦しみと困難を経験した。またロイヤリストにとっては、多くの犠牲を出して多大な貢献をしたにもかかわらず、イギリス（イングランド）政府が自分たちを見捨てたことによって、大きな苦しみと困難を経験した。ここでは抑圧者としての位置づけは考慮されていないが、「包囲の心理」のなかで被害者としての意識をもつロイヤリストのコミュニティにとっては、根強く存在する感情である。

両コミュニティともにイギリス政府の政策や支配によって人々が苦しんだという共通点が見いだされているものの、両者の北アイルランドでの歴史的・社会的な位置の違いから、その苦しみの内実や経験の仕方はもちろん異なる。しかしそうした違いに注目することをいったん保留して、「当事者」として経験した受苦の歴史という観点から、二つの住民集団に受け入れ可能な題材として『ゲルニカ』は選択される。またロイヤリスト・コミュニティが抱く被害者という視点や苦しみの感情について、リパブリカン・コミュニティの人々にある程度理解されている。『ゲルニカ』は和解の象徴として重要だが、その成立の背景にあるのは、こうした死者を含めた地域の負の歴史に対する共通の認識である。

『ゲルニカ』プロジェクトに見られるコミュニティの表象の限界

とはいえ、『ゲルニカ』プロジェクトで同時に明らかになったのは、当事者性と受苦経験を北アイルランド社会のなかで、どのように表現できるかという点での限界である。壁画は、それぞれのコミュニティで、自分たちの文化や歴史について表現してきた。壁画家マークの先に紹介した言葉を用いれば、それは地域の人が感情移入《アイデンティファイ》するものである。

では、二つのコミュニティが共同で感情移入《アイデンティファイ》できるものは何か。二つのコミュニティがそれぞれ従来表現してきた題材では不可能であり、北アイルランド社会で新たな題材を探しても、合意を得られそうなものが存在しない。第3節で確認した、文化と政治の問題が再度立ち現れる。文化的自画像の困難がここではあらわになる。共同でおこなう表象では、紛争経験にまったくふれないことが最も容易な方法だが、「当事者性」を重視する場合は、この問題を回避することはできない。

そこで、題材は別の次元で選ばれることになる。それは、「私たちは何を過去から受け取り、未来に伝えていくのか」という視点である。『ゲルニカ』は、人々の苦難の経験を記録し、反戦を訴えるものである。北アイルランドの二つのコミュニティの人々の苦難の経験をコミュニティの外部へとわかりやすく示したうえで、未来に向けて紛争状態には戻らない、戦争反対のメッセージを表したものだといえる。

自分たちが何者か、共有すべき文化は何か、という壁画にとって重要な問題をいったん棚上げしなければならない点、また、苦難の経験と反戦を表す際に他国の題材を経由しなければならない点に、二つのコミュニティが抱える困難があり、限界がある。

『ゲルニカ』のような対立の枠組みを超える可能性がある揺らぎをもつ壁画は象徴的な場所に成立しており、数としては例外的な事例といえるだろう。しかし、伝播と保存の観点から判断すると、『ゲルニカ』の壁画はコミュニティである程度重視されているといえる。壁画の完成直後に『ゲルニカ』の題材は、デリーの子どもの壁画プロジェクトに採用され、またインターナショナル・ウォールに描かれた『ゲルニカ』の壁画は、二〇〇九年八月時点で同じ場所に残されている。ここは、ベルファストで壁画の変化の度合いが大きい場所の一つであり、〇六年八月に描かれていた壁画の半数近くが、〇九年八月までに別の題材の壁画に描き直されている（図101―108と図109―113とを参照）。こうした場所で、『ゲルニカ』の壁画は保存の対象になっていて、重要視されていると考えられる。

まとめに代えて

二つのコミュニティ出身の壁画家による、和解のプロジェクトが成立した三つの条件について検討してきた。第一に、壁画家同士の理解、ダニーのリーダーシップと柔軟性、マークの進歩的考え方という壁画家の個人的な資質が、こうした壁画の制作を可能にした。第二に、それは、地元住民だけでなく外部の人も多く往来し、ベルファストの壁画を象徴する場所といえる空間に描かれた点が挙げられる。このような開かれた空間であれば、未来志向の壁画がより受け入れられやすい。第三に、題材については、負の経験についてふれないのではなく、そこを迂回できない地域の状況とそれに対する共通の感情のもとで選ばれた点が、とりわけ重要だった。

対立してきた集団出身者が共同で壁画を制作するという『ゲルニカ』プロジェクトは、対立してきた住民集団の和解実現という観点から、壁画の歴史での大きな出来事である。他方でこうした壁画が制作されるには、場所と題材には慎重な選択が必要であり、そうした条件のうえに成り立つものであることを理解することも重要である。

注

(1) 聞き取りは二〇〇七年七月二十七日。場所は、ベルファスト市内のバー。
(2) 聞き取りは二〇〇七年八月三日。
(3) 表13にもあるように、シン・フェイン党のジェリー・アダムズとPUPの元党首故ディビット・アーヴィン(David Ervine)の妻ジャネットがゲストスピーカーとして挨拶した。当初はシャンキル出身の北アイルランド女性連合(NIWC)の創設メンバーの一人であるメイ・ブラッドがゲストスピーカーとして出席予定だったが家庭の事情で欠席せざるをえなくなり、ジャネットが代役になった。
(4) N(本人の希望で匿名とする)への聞き取り。八月十日シャンキル・コミュニティのメモリアル・ガーデンでおこなった。
(5) 聞き取りは二〇〇七年八月十六日。なお、年齢などの情報は調査当時のものである。
(6) 聞き取りは二〇〇七年十月十九日。場所は、ダニーのスタジオ。
(7) 聞き取りは二〇〇七年七月二十七日。
(8) 福井令恵「コミュニティ・メディアとしての壁画――北アイルランド西ベルファストの『想像の共同体』」、前掲「エール」第二十七号、一〇三―一二〇ページ
(9) 聞き取りは二〇〇七年八月三日。
(10) 聞き取りは二〇〇七年八月六日。インターナショナル・ウォールでの壁画の作業中。
(11) Brian Hanna, "Belfast: A Partnership Approach to Local Governance," in Frank Gaffikin and Mike Morrissey eds.,

City Visions: Imagining Place, Enfranchising People, Pluto Press, 1999, pp.200-201.

（12）*A report of the West Belfast and Greater Shankill Task Forces*, prepared by the Chairmen, Pardraic White and John Simpson 2002. 二〇〇三年の現地調査の際、Partnership Board で入手。インターネットで入手可能（http://www.detini.gov.uk/front_cover_membership_terms_of_reference.pdf）［アクセス二〇一五年二月三日］。

（13）前掲『北アイルランドのプロテスタント』八六―八七ページ

（14）Dominic Bryan, *Orange Parades: The Politics of Ritual, Tradition and Control*, Pluto Press, 2000, p.161.

（15）前掲『暴力と和解のあいだ』一九〇―一九三ページ

（16）同書一七八ページ

（17）ベネディクト・アンダーソン『増補　想像の共同体――ナショナリズムの起源と流行』白石さや／白石隆訳（ネットワークの社会科学）、NTT出版、一九九七年

（18）Jennifer Todd, "Two traditions in Ulster Political Culture," *Irish Political Studies*, 2(1), 1987, p.4, Patrick Mitchel, *Evangelicalism and National Identity in Ulster, 1921-1998*, Oxford University Press, 2003, p.99、前掲『北アイルランドのプロテスタント』二二一―二二二ページ

（19）吉澤弥生「文化政策と公共性――大阪市とアートNPOの協働を事例に」「社会学評論」第五十八巻第二号、日本社会学会、二〇〇七年、一七四ページ

（20）二〇〇七年十二月十二日に、南ベルファストにあるアーツカウンシルの事務所で、コミュニティ再イメージ化計画の担当者から聞き取りをおこなった。

（21）とはいえ、武器を描いてはならないという禁止事項は存在するようである。そのために時代物や神話を題材に兵士を描く場合に支障が出るという不満は、両コミュニティの関係者から聞かれた。

（22）「ひまわり」は、特に子どものためのプロジェクトの題材として多用されるが、行政が推進する地域の歴史とは関係がない壁画一般を指す言葉として、壁画家の間で用いられている。

（23）彼らは、「政治的でない」壁画（学校・コミュニティセンター・チャリティ用の壁画）も多く制作している。したがって仕事を失うという観点から、こうした反対をしているわけではないと思われる。

（24）Stuart Hall, "The West and the Rest: Discourse and Power," in Bram Gieben and Stuart Hall eds., *Formations of Modernity*, Polity, 1992, p.293.

（25）聞き取りは二〇〇七年七月二十四日。

（26）聞き取りは二〇〇七年八月四日。

（27）聞き取りは二〇〇七年八月十日。

（28）二〇〇七年八月十六日に壁画家マークから聞き取りをおこなった。

第8章

壁画と紛争経験の表象

本書では、「壁画」という公共空間に存在する絵に注目してきた。北アイルランドの壁画に注目することによって見いだされたものは、壁画ならではの共同性の形成のあり方である。壁画による統一的でない複数の主張・意見・感情の表出と、それとは一見矛盾する、壁画の作り出すゆるやかなつながりが、結果として北アイルランドの紛争後の社会で、ある種の「和解」のための環境作りに、一定のプラスの機能も果たしていると考えられる。

ここでの「和解」とは、武力衝突などの力の行使のような決定的な事態にいたらない状態を保ち続ける――対立をそれ以上先鋭化せず、宙づり状態で止めておく――という意味で用いている。後ろ向きの定義に聞こえるかもしれないが、決してそうではない。場所には歴史があり、その場所の歴史に密接に結び付いた記憶がある。長い対立の歴史を有する地域で、住民は不信感・怒り・悲しみ・恐怖といった負の感情と記憶を抱えて生活している。場所の歴史性を棄却せずに、「和解」――直接の武力行使といった最悪の事態を避けながら生活し続けるという困難な試み――を遂行することは、非常に大きな困難と忍耐を必要とする。本章では、前章までの議論を振り返りながら、壁画という媒体の特性について改めて考察し、北アイルランド社会での意味合いとの関係で検討を加える。

1▼絵という形態が作り出す共同性

これまで述べてきたように、北アイルランドでは、二つのコミュニティの間に二つの異なる政治言語が存在する。外部――とりわけ政府、相手側のコミュニティ――に向けてのコミュニティの言説は概して一貫していて、それぞれ強固であって簡単に譲歩できるものではない。文字文化の政治言語では、二つの住民集団の対話は結局のところ袋小路に入ってしまう(1)。

絵は、多くの人が一見して何が描かれているのか理解可能という意味で、より広い共通性をもつ。その解釈については、時代や受け手によって多様であり、解釈の多義性をもつ。誤解やズレを含みながらも、容易に緩やかな理解をもたらす。この点で、文字の文化よりも緩やかな理解の共同性を作る可能性がある。

北アイルランドの壁画は、それぞれの想いを込めながらズレを含み、しかし他方でそうしたズレを、言語ほどには明確な対立として見せることはない。それは、一つの意見に収斂する構造をもたず（非線的構造）、コミュニティの記憶や意見を広く観客に示す。そしてそれは観客にとっても、それぞれ一定の「理解」が可能なものとして存在する。この「絵」がもつ緩やかな意味伝達の可能性こそが、受け手に都合がいい読み取り方をすることが可能な余地を残しながら、バラバラで断片的な記憶や感情の表出を、一定の意味があるまとまりをもつものにも見せかける。

こうした対立を比較的争点化しにくい曖昧で緩やかな意味伝達は、一般に文字で書かれた内容よりも、外部者の関わりを容易にさせる。外部者がどの程度、そして何を絵から読み取るのかは、受け取る側によって異なる。受け手側の受容の自律性については、メディア研究がこれまで明らかにしてきたが（代表的な研究として、スチュアート・ホールのエンコーディングとディコーディング論(2)がある）、視覚メディアのなかでも、ストーリーラインが存在する場合が多い映画やマンガ以上に、絵や写真は、受け手側の読みの多様性に開かれている。

この読みの多様性——不安定さと言い換えることもできる——は、北アイルランドの地域住民や壁画家に、おそらく明確に認識されている。住宅地のなかに描かれているものと比べ、人通りが多い場所に描かれる壁画には、作品のなかにキャプションがつけられることが少なくない。また、ベルファスト合意後観光客が増加した地区では、しばしば言葉による説明書きが絵の横の壁に付け加えられていることに、それは見て取れる。

こうした絵（壁画）の技法は、観光を成立させた大きな要因の一つである。第6章で示したように、ベルファスト合意以前から、また、観光が積極的に推進されていった合意後はさらに多くの外部の人々が、ベルファストのなかの、とりわけ壁画が存在する場所を訪れている。もし住民たちの記憶が、ほかの技法——たとえば文章で書かれるなど——で表現された場合には、壁画ほど幅広い関心がもたれることは、不可能だっただろう。

本書の対象である壁画は、屋内に飾られる絵画とは異なって都市のなかに多数存在し、より開かれた空間のなかにある。また大きさという特徴も加わって、イメージが力強く観客に迫ってくる。壁画の「絵」としての性質と、地域住民以外にも様々な外部者がアクセスできる街のなかに配置されている点が、地域をより広い外部へと開くのである。

二〇〇〇年代後半以降、外部者にも一定の「理解」が可能というこの絵の技法は、情報テクノロジーと相まって、ポストカードやインターネット、CD−ROMの販売などというかたちで、壁画のイメージをさらに広く流通させている。

2▼文化による対話と対立

第7章で、二つのコミュニティの壁画家がどのような題材なら相手側のコミュニティで受け入れられ、どのような題材は不可なのかを互いに認識している点を論じた。『ゲルニカ』プロジェクトで確認されたこうした壁画家の相互理解のあり方に見られるように、言葉で確認しなくとも、相手側の主張については一定の理解をしているのである。同時に、第4章で確認したように、大筋で相手の主張とは別の主張を、別の歴史や事件をもとに想起し、それを表現する。そこには、互いの主張をぶつけ合い、その交渉の結果が結実したかたちで壁画に表現されるというようなケースは、見られない。

記憶研究では、記憶を語ることを禁じられること、当事者の申し立てを取り上げることなく過去のことを水に流そうとする忘却の強要は、抑圧的だという指摘がされてきた。紛争後社会の場合、真実の追求によって社会の分裂が深化することへの懸念から、秩序回復を優先することを選択するケースに忘却の強要が多いこと、その際に犠牲者の声がかき消され、正義の回復が遅れるとともに、加害者側に都合がいいかたちで社会の記憶が形成されていく危険性が指摘される。

記憶の力学に関しては、こうした明白な被害—加害の関係の場合以外に、被害—加害の関係が入り交じったケースも、複雑な意味を帯びる。ベルファストの記憶は、加害と被害の線引きが必ずしも明確ではない場合がある。自分たちを加害者とするような記憶は、（積極的に）忘却されるか、都合がいいように改竄されるか、どちらかであることが多い。他方で受けた被害は語り継がれるため、語られる物語のズレは大きい。こうしたズレを埋めるため、また正義を実現するためには真実の追求が必要不可欠だが、壁画の表象で加害側が加害の真相を究明し、表現する事例を見いだすことは困難である。もちろん、内部からの異議申し立てがそれぞれの集団内でおこなわれることはあるが、それが相手の被害に目を向けたものへの言及にまでいたってはいない。

主に被害——被害者であると同時に加害者でもある記憶の、被害面の表出——について声高に主張するようにも思われる壁画は、それゆえ社会の統合という和平への重要なプロセスに対する障害としばしばみなされる。第6章で取り上げた「コミュニティ再イメージ化計画」のように、和平合意以前、また和平合意後にも一部残る、壁画をなくす、あるいは描き替えるようにはたらきかける北アイルランド政府・行政の取り組みや、研究者や紛争跡地以外の住民によって表明される壁画の表象に対する否定的な見解の背景には、こうした歴史・社会状況が存在する。社会統合に向かう兆しは見られず、むしろ受けた被害だけが強調されることによって、壁画は分断状態を強化するのではないかと危惧されるのである。

しかし、本書では壁画が果たす役割にもう少し積極的な意義を見いだす。こうした北アイルランドの壁画のあり方は、ある種の「文化的対話」だと捉えることが可能だろう。

一般に近代的な対話モデルは、対話と議論を重ねるなかで、双方の間で合意を導いていくことを想定しているが、この近代対話モデルは、北アイルランドの調査対象地域で、全体的にはあまり有効に機能していない。もちろん、話し合いの積み重ねによって和平合意が締結され、政治的な合意締結にいたった点でいえば、話し合いの意義は決して小さくない。また、現在もいくつかの団体による話し合いの努力が継続していて、一部の試みは、ある程度の成果をあげている。とはいえ、話し合いで互いに一つの合意に達するという意味での成果は、住民の日常生活レベルでいえば、非常に限定的である。先の第4章で確認したとおり、断片的な記憶や主張が個別に表され、それは近代モデルの「合意」とは、対極とも思われる様相を呈している。

したがってここでの「対話」は、一般的にイメージされる近代的な対話モデルとは異なる相互行為のモデルである。まずは和平合意以後の和解の次元を、一般的にイメージされる和解とは別に設定する必要があると考える。ベルファストでは、もはや武力による衝突が起こることはほとんどなくなったが、長年にわたって生じ、紛争期に増幅された憎悪などの否定的感情は、短期間で解消できるほどやさしいものではない。それでも、互いに隣り合わせの場所で生活していかなければならない。そうした社会状況で、決定的・直接的な対立を避けながら、土地の歴史性を維持し、それぞれが記憶や感情を抑圧するのではなく表明し合い、直接相手側に力の行使をせず、感情や主張を訴え続ける。

一つの合意に達することが重要なのではなく、対立的な関係にあったとしても、意見を表明する場が確保され、それらが内部に閉じず、外部——対立する相手側と、さらに外部の他者——から見えるように、また交渉に対して一定程度開かれた状況にしておくことが重要なのである。壁画研究によって得られた知見は、そのような「文化的対立」の成り立ちであり、相互行為のあり方である。武力衝突などの最悪の事態を避けながら、内部に閉じることなく、対立感情をもちながら冷戦状態を維持している社会状況である。

3▼「別の対話モデル」——言い合う、ということがもたらすもの

第4章の追悼の題材、第5章の地域の出来事を扱う際の表現方法の工夫、第6章の壁画の題材の選択、そして第7章の地域コミュニティの担当者のインタビューに見られるように、紛争の際には誰よりも苦しんだ、和平合意後でさえ自分たちの地域の問題——ほかの地域よりも高い失業率や経済開発の遅れ——が放置されているという認識は、強い感情として存在する。過去からのつながりにこだわることを通してしか未来への展望は考えられず、それは紛争についてふれずに、社会の再建を目指す政府・行政の「未来志向」のスタンスとはまったく異なる。

したがって、まずは記憶や意見、感情を表明する場が確保されることが必要である。都市空間に多数存在する北アイルランドの壁画は、様々な複数の声を表現することが可能である。地域コミュニティ内で複数の記憶を断片的に保持し、表現し続ける、また、一つの声に収まらない断片的で雑多な声がそれぞれのコミュニティ内で表現され、大きな枠組みでは、二つのコミュニティ間で互いに対立した主張を繰り返す。そうした様々な複数の声を、外部者にも見える都市空間という開かれた場所に顕在化させることができるという特徴がある。

北アイルランドの紛争跡地に暮らす二つの住民集団が、記憶や感情を表現し合うことにはどんな意味があり、どのような効果が生じるのだろうか。改めて確認しておけば、それは、感情の発露と慰撫、外の視線に対する意識と地域の経験へのこだわり、反発とコードの共有、一つに収斂しない多数の声、という四点が指摘できる。以

下、順を追って見ていこう。

①感情の発露と慰撫――承認されること

地域の経験を扱う表象のなかには、和平合意後の社会にとって適当ではないと、コミュニティの外部からみなされる場合が少なくない。しかし、コミュニティの外部からの承認は必ずしも得られないが、その土地では重要視されている記憶や経験がある。こうした住民の感情の表現の機会は、ほかの媒体ではあまり提供されることはなかった。そうした背景で、壁画はコミュニティ内の経験に一定の承認を与えるものとして機能した。

紛争の時期に地域で亡くなった人を追悼することについて、コミュニティ外の視点では、死者はメモリアルの対象としてふさわしいかどうかが問われる。すなわち、「無垢の市民」なのか、「テロリスト」や「犯罪者」なのか、というように、どのような人物であったのか評価され、選別される。しかし、地域ではそうした評価を死後にまで適用するのはなじまないと考えられている。犯罪行為をおこなった人も、まったくそうした行為と無関係な人も、同じ地域で生きてきた「住民」だとする考え方が強く存在するのである。

この認識は、友人・知人・家族という身近な生活世界で、誰か「犯罪者」とされた人がいる場合が多い、紛争地の現実を反映したものである。死後にまで否定的な判断をするのではなく、存在を承認する。亡くなった人が地域にゆかりのある人なら、それが誰でも――褒められる人物ではなかったとしても――存在を忘れないという姿勢を示すことは地域にとっては一定の意味があるものとして、両方のコミュニティで同様に理解されている。このことは、死者を追悼する壁画が、両コミュニティ内で一貫して一定数存在し続け、そうした壁画はなくなることなく、メンテナンスされ続けていることにも表れている。

比較的コストが少なくてすみ、手軽に利用できるという壁画の特徴が、ここでは重要である。銅像や肖像画とは異なり、制作時に選別をする必要はない。手軽に利用できるからこそ、特定の人物の功績を称えるためだけではなく、多くの住民を記憶し追悼するために描かれる。コミュニティ出身であれば、誰もが描かれうるのであり、

「英雄」と「犯罪者」という区分や評価は絶対的なものではない(3)。

まずは、存在が肯定・承認され、感情が慰撫されることが、地域が「前に進む」ためには不可欠だが、壁画は過去の記憶と感情を否定しないのである。

②外の視線に対する意識と地域の経験へのこだわり

より多くの外部者が、感情表現を目にする機会が増えた結果、コミュニティ側も外部の視線を意識し、それによって壁画の表象に一定の変化が見られた。第6章で確認したように、「宗派主義的《セクタリアン》」とみなされるイメージの一部（武装組織のロゴマークや、地域のことに直接言及するのではない一部の征服の歴史、政治的主張など）は、和平合意後徐々に消され、また新たに描かれることはほとんどなくなった。観光客や外部の人にどのような表現で訴えるか、どのような表象が外部に否定的に映るのか、コミュニティ内部で考慮されているケースが見られた。

しかし、外部の視線を意識するからこそ、同時に自分たちが受けた被害も強調される。自分たちが置かれてきた立場や被害の大きさを改めて訴える。二つの住民集団がこだわるのは、より狭い範囲の地域、より具体的な場所の経験である。そこでは、地域のコミュニティで地域住民の被害や犠牲が出た事件（多くの場合子どもが被害者に含まれる）が取り上げられ、これまで不十分だった、あるいは正義が果たされてこなかったと感じられている地域の経験について表現される。

地域の経験という点では、題材だけでなく表現上の工夫も見られる。第5章で地域内でのイメージの流通について検討したが、そこでは、表象におけるローカル化が見られることを指摘した。よりなじみがある、地域に結び付けられたイメージが利用されるケースがいくつか確認されている。ときには複数のイメージが組み合わされ、地域色をより強める工夫がされる。地域住民が愛着をもてるような、自分たちのコミュニティについて言及しているものと考えられるような、ローカル性を付与されたイメージが地域で流通する。

また歴史的出来事も、地域コミュニティに直接的に関係する出来事としての観点からしばしば選択される。第

4章で詳述したとおり、歴史的出来事に関しては、ソンムの戦いやハンガーストライキなどの、コミュニティの現在にとって重要な意味が付与された物語は、住民にとっては重要な「自分たちの歴史」「自分たちのコミュニティの記憶」として認識され、繰り返し語られ、壁画に表象される。

地域にこだわるからこそ、現在の自分たちのコミュニティにつながると考える歴史を描き、地域内で起こった、解決されない出来事や問題について異議申し立てを続けている。ここでの「地域」への愛着とこだわりは、それぞれのイギリス・アイルランドという国家の枠組みのなかからはみ出ることはない。

③反発とコードの共有

壁画には、様々な表現が存在する。それは、コミュニティの外部から支持されるものではないかもしれないが、受け手に訴えかけるインパクトがある表現がされる。実際に、作り手側の伝えたい内容がどの程度伝わるかという点については、受け手側の読み取りのコードの共有の程度によって大きく異なる。何が表現されているのか、内容の読み取りの程度については、概して、観光客をはじめとする外部者よりも北アイルランド住民に、さらに北アイルランド住民のなかでも中産階級の住民よりも労働者階級の住民に、表現内容がより理解される傾向にある。

壁画をめぐる調査で得られた知見は、リパブリカンとロイヤリストの間での主張内容の理解が、地域外の住民よりも深いケースが見られる点である。すなわち、対立してきたリパブリカンとロイヤリストの間でのコードの共有が、同じ民族集団内の労働者階級と中産階級の間の共有の程度より、ときに大きいように思われるのである。コードは、壁画のなかで用いられる表現記号（たとえば、それは、二つのコミュニティ双方で用いられるHのかたちのマークの意味＝「ロングケッシュ刑務所」）という具体的な次元から、そこでの生活体験（「刑務所での経験」）、経験全体という広い次元でのコードの理解まである。

もちろん、これは主張内容に賛成することとは、まったく別のことである。意味内容についての理解の深さと、内容の共有とは異なる。壁画の表象のなかには、そのコミュニティ外、とりわけ対立する相手側の視点からは、受け入れることも認めることもできない、嫌悪の感情をかき立てるものが存在する。他方で、身近で生活する対立関係にある相手の主張は大きな関心事であり、紛争地での生活経験、和平合意後も続く地域の問題や置かれた環境も似ているため、表象のなかのコードの理解は、ほかの地域の生活環境が異なる人より深い。互いに関心をもちながら「言い合うこと」を通して、このコードの共有はより深まるのである。

④一つに収斂しない多数の声

歴史や文化のなかには、絶対に受け入れ不可能なものがある。しかし、紛争地で生活する住民の多様な生活を壁画が表現することで、理解可能・共感可能なものがあることが示される。複数の異なる次元の経験を表現することで、ある部分では共感不可能なものがある一方で、ある部分では一定の理解が可能ということが起こりうるのである。壁画家のプロジェクトで、リパブリカン・コミュニティ出身のダニーが複数の制作中の壁画のなかから、ロイヤリスト・コミュニティ出身のマークに参加してもらう壁画を選別していたことに、それは見て取ることができる。

悲しみや怒りや抗議は数多く表現され、それぞれが空間で存在し合う。対立感情の明確な緩和や解消という点では、紛争後社会に進展が少ないように思われる。しかしそうした状況を通じて、緊張関係が決定的に悪化するわけではない。むしろ、一つの物語に互いに統合していくようなプロセスのなかでは、対立は深刻化するように思われる。絶対的で固定的なただ一つの物語を両コミュニティがもち、それぞれのコミュニティ内で多様な声の表出がなくなったとき、揺らぎや曖昧さを排除した両者の対立は、より深刻化するだろう。むしろ「小さな物語」が多元的に創発されることが重要である。第1節で論じたとおり、壁画がもつメディアとしての特性が、争点を先鋭化せず、多数の声を顕在化させることに役立ったと考えられる。

まとめに代えて

著者は二〇〇三年の調査開始当初、北アイルランドの壁画の表象の変容は、様々な紆余曲折があっても大筋では段階的に和解の方向へ進むという、単線的な和解のプロセスを思い描いていた。和平合意という歴史的な出来事によって社会が変化し、二つの住民集団間の関係にも少しずつ変化が表れ、時間はかかっても壁画に「和解の表現」が描かれるのだと考えていた。それはどのように表現されるのだろうかという期待と疑問を抱き、そして、何よりもそうした壁画を自分の目で見てみたいと思った。しかし、観察を続けるなかで、こうしたイメージは私のナイーブな理想に基づくものであり、紛争を経験した住民の現実とはズレがあると考えるようになった。

とはいえ、私のこうした認識は、彼らが原理主義的なものの見方を維持した変化しない住民集団だということを意味しているわけではない。また、壁画に和平合意の影響が見られない、ということを言っているわけでもない。同時に、住民集団レベルでも対立を乗り越えているという見方も、また正確ではないと考えている。

本書の冒頭で、二つの問いを設定した。改めてこの問いを振り返ってみたい。

1、和平合意締結後の北アイルランド社会で、長年対立関係に置かれた二つの住民集団が、どのような集合的意識や記憶を表現しているのか。

2、和平合意後の社会で、壁画はどのような役割を果たしたのか。

1の問いについて

調査から明らかになったのは、まずは、二つの住民集団が描く壁画には、社会の深い分断状況が反映されているということである。北アイルランドには二つの別々の歴史が存在してきた。北アイルランド社会のなかで生まれる壁画も、また二つの別々の歴史を取り上げ、描いている。和平合意締結後もそれについては大きく変わることはない。しかし、それは対立をあおる意図から描かれるわけではなく（とはいえ、そうした結果を生むことはありうる）、コミュニティにとっては払拭することができない重要な歴史――それぞれの立場から見える歴史――を訴えるために描かれている。「文化」のカテゴリーも同様に、分断社会を反映する。

しかし、ごく一部ではあるものの、分断線を超える可能性もわずかに見え始めている。第4章で取り上げた、同じスポーツ選手を描いた壁画は、その一つの例だろう。さらに、紛争を経験したコミュニティが現在抱える問題を描いたものなどに、共通の題材が見られる。地域社会の経験を扱う壁画では、労働者階級の生活や紛争後社会が抱える問題（政治犯の社会復帰の問題、若者の教育、生活環境の改善）に関して、生活感覚に基づいた主張をおこなっている。相手側のコミュニティについて直接言及することはほとんどないが、紛争後にも続くいくつかのコミュニティの問題は共有されていて、そのため同じ題材を選んで壁画に表現する場合があること、そうしたコミュニティに内在する問題意識から、ごく少数ながら共同作業が見られることさえある。また特に重要な点として、追悼のあり方、紛争地に住む人々の経験に根差した感情の部分については、紛争地の外に住む人（中産階級の人々）とは異なる、同じ追悼方法が用いられる。紛争を「忘れ（られ）ない人々」という共通性がここでは見られるのである。

もちろん、このような壁画で見られる主張は、紛争を経験した社会に深く根づいたものである。対立や敵対心を隠さずあらわにするケースもあり、その点で社会を統合するというよりも、分断に向かうように見える場合もある。しかし、壁画の分析を通して、様々な交錯点・共通点を見いだすこともできるのである。

つまり、対立感情を持ち続けながら、もう一方で、「当時者」経験に基づく共苦の意識が同時に存在している。壁画にはそうした感情の表現が見られるのである。

2の問いについて

紛争後社会での壁画の重要な役割の一つは、その記憶を当事者以外の、より多くの人々に開いたことである。壁画は、それを見る多くの人に意味を伝えることができる。壁画という視覚メディアは、新聞や書物などの活字メディアや映画やテレビなどの映像メディアに比べて多義的であり、表現される内容についての理解の程度には人によって差があり、また読みのズレをもたらす。また、紛争を経験した土地に存在するため、壁画が置かれた地理的・空間的文脈について、否応なしに思いをめぐらすことになる。そしてそのために、外部者を含め多数の人々を巻き込む力が大きい。これが、地域を開くことにつながっている。

地域内で重視されている記憶について、住民は、コミュニティの構成員だけではなく、ときには外部者（の視線）の存在を意識しながら題材を選び、表現を工夫する。保存するのか、一部を改変するのか、変更するのか、消去するのか、コミュニティのなかで検討され続けるのである。壁画がある場所では、常にこうした交渉やせめぎあいが継続しておこなわれている。表通りには大きな枠組みの政治や歴史が表現され、住宅地では地域の問題が描かれるという傾向があるが、壁画という交渉の場——集合意識や記憶の表象についてのせめぎあい——は、ベルファストの都市空間に多数存在する。この点で、壁画は紛争後社会のなかで重要な役割を果たしているといえるだろう。

注

（1）ここでメディア理論の研究を参照して、文字と絵の特徴について述べておこう。文字と絵では、与えるイメージや経験の質が異なる。文字はストレートに意味対象を示すため、意味の伝達に際して解釈の幅は絵に比べて狭く、道筋を直線的にたどる思考に適し、論理的である特徴をもつ。絵は文字よりも広く何らかの意味（解釈の幅やズレは大きさを含む）を伝達することが可能である。

マーシャル・マクルーハンは、絵と文字の与える効果の違いについて、次のような興味深い例を示している（マーシャル・マクルーハン『メディア論――人間の拡張の諸相』栗原裕／河本仲聖訳、みすず書房、一九八七年、八四ページ）。

かりに、星条旗を掲げる代わりに、一枚の布に「アメリカの旗」と書いて掲げたら、どういうことになるだろうか。記号は同一の意味を伝えるであろうけれども、効果は完全に異なるであろう。星条旗のもつ視覚的に豊かな図柄を文字形式に移し変えてしまえば、それと一体化したイメージや経験の質の多くが奪い去られてしまうであろう。（栗原裕・河本仲聖訳をもとに一部改訳）

残念なことにマクルーハンは、ここから絵と文字文化の特徴についてさらに踏み込んだ議論はしていない。この点についてヒントになるのが、ウォルター・オングの著書 Walter Ong, *Orality and Literacy: The Technologizing of the Word*, Routledge, 1982.（＝W・J・オング『声の文化と文字の文化』桜井直文／林正寛／糟谷啓介訳、藤原書店、一九九一年）である。オングは声の文化（演説、伝承など）と文字の文化（文学など）を対置して、その特徴を明らかにしているが、そうした議論をもとに、さらに絵の文化を加えて、三つの文化を比較することができるだろう。

（2）Stuart Hall, "Encoding/decoding," in Stuart Hall et al., *Media, Culture, Language: Working Papers in Cultural Studies, 1972-79*, Centre for Contemporary Cultural Studies, University of Birmingham, 1980, pp.128-138.

（3）人物の「扱いの差」は、それがどの場所に描かれるかという点では存在する。大通りにはコミュニティを象徴するもの――英雄や象徴的人物――が描かれ、住宅地の一角にはその近所出身の人物が描かれる傾向が強い。しかし、それ以外の点では、明確な違いはない。

おわりに

「話し合えばわかる」のではなく、「話してもわかりあえない」人同士がともに同じ場所でどのように暮らしていくのか、日々の生活で感情や行為の調整がされているのかという点について、北アイルランドのフィールドで学んだことを日本社会で共有したいと思いながら、本書を執筆した。話してもわかりあえない人たちとの共存について考えることは、現代の社会状況に鑑みれば、とりわけ重要だろう。歴史的経緯や現在の社会構造から、より複雑化するイスラム社会と欧米社会の対立や、各地の民族紛争の事例に見られるように、異なる意見を自由に交わして合意にいたるというユルゲン・ハーバーマスの公共圏の概念がほとんど機能しない状況があり、話し合いが解決につながるどころか、互いに相容れないことを確認するだけに終わることは少なくない。

話し合いによる合意や問題の解決は、理性に対する信頼に基づくものだが、理性に基づく論理は突き詰めると、どちらの意見が正しいのかという「正しさ」をめぐる価値観のぶつかり合いに行き着く。しかし、ある集団のなかの「正しさ」は、集団固有の歴史や文化から紡ぎ出されるものであり、別の歴史的・文化的背景をもつほかの集団の「正しさ」とぶつかる場合、互いに簡単に譲歩できるものではない。どちら側が、どちらの考え方が、より正しいのかについての争いは、譲歩の程度によって「勝敗」が明確なものになってしまうがゆえに、対立関係が強固になり、深刻になればなるほど、それぞれ引くことができない。

そうであるならば、話し合いで問題の解決を図る地道な作業を放棄しないまま、同時に別の方途を考え、話し合いによるもの以外の道を確保することが必要になる。それは、正しさをめぐる定義や闘争の決着をいったん保留しながら、直接的な力の行使がないことが保証された空間で、生身の人間を感じられる身体的な接触をもたらす場を確保し、そうした場を増やしながら、そこから生まれる共感の瞬間を一つひとつ重ねていくことである。

近代以降のメディアにおそらく不十分なのは、この生身の人間――身体――の接触という側面である。紛争後の北アイルランド社会で、壁画は不十分ではあっても、他者との接触をもたらし、反感とともに共感も生み出す可能性をもつ地域メディアである。言葉を基盤にした論理をもとに他者を説得する方法だけでは、不十分なのである。生身の人間に出会うための接触点を増やすこと、特定の歴史や事件についてだけでなく、住民生活に関する様々な複数の場面について多面的に出会うこと、敵対感情が表明される場合が一方であっても、他方で局所的で一時的な共感が生まれる契機を確保し、そうした瞬間を重ねることである。

私は、北アイルランドという場所やベルファストという街が好きである。好悪が入り混じったような複雑な感情ももっているが、ベルファスト空港に着くと、いつも家に着いたようなほっとした気持ちになる。ベルファストでの最初の調査から、すでに十数年経過し、北アイルランドという場所は、私のなかの重要な一部になっている。

本書では紛争という負の記憶や歴史をもつ土地の住民集団の記憶や集合意識をテーマにした。そのために、ベルファストという街や、そこに住む魅力的な人々についての記述をせずに、否定的な面を強調しすぎたかもしれない。また、二つのコミュニティの紛争後の関係性について、事実を一つずつ取り上げて論じるというよりも、集団として表出される感情に注目し、まずはその感情をそのままに、できるだけ内在的に理解しようと努めた。しかし同時に、歴史・政治の構造と、そうした構造のもとでの支配―被支配の枠組みがもたらしてきた不平等、個別の出来事の加害―被害についての真実の追求は重要である。紛争時の真実の追求をめぐる重要な活動や、二つのコミュニティの歴史・社会・政治的な不均衡を、結果として軽視するようなことにつながっていなかっただろうかという懸念も本書の執筆を終えたいま、抱いている。本書の冒頭で記したように、外部の調査者が、壁画(絵)を媒介にして、どのように紛争後社会というフィールドを読むのか、壁画がもつ対話の可能性について示したいと思ってきた。その成否について、読者諸氏のご判断を仰ぎたい。

本書の調査は、二〇〇三年から〇九年の間におこなったものである。〇七年以前は、和平合意後の不安定な社会状況のなか、地域住民とのコンタクトが非常に限られていたため、地域住民に広く壁画に対する認識を調査することがかなわなかった。〇七年と〇九年の調査では、地域状況にやや変化があったため、一部の住民に対しては聞き取りをおこなうことができた。とはいえ、聞き取りをもとに住民の意識を論じた個所は、全体としてはかなり限られている。

本書では、壁画の生成と管理のあり方を経年で見ることで、受容のあり方を探ることができるという議論を展開してきたが、地域住民の声をもとに地域での壁画の受容のあり方を描き出すことができれば、本書の議論がさらに説得的になったと思う。博士論文の公開審査の際にいただいたこの指摘は、本格的な追加調査が必要になるため、本書のなかでは補うことができなかった。今後の研究のなかで応えていきたい。

本書は二〇一三年三月に九州大学に提出した博士論文「北アイルランド紛争後社会と壁画――二つの住民集団の集合意識と記憶」と既発表論文をもとに、加筆修正したものである。

本書の全体的構想に関連する論文には、以下がある。

・「分断社会の二つの歴史と共苦――北アイルランドのリパブリカン・コミュニティとロイヤリスト・コミュニティを事例として」「年報カルチュラル・スタディーズ（Cultural Studies Review）」第二号、カルチュラル・スタディーズ学会、二〇一四年、一一三―一三〇ページ

はじめに、第1章、第2章、第8章、おわりに、は博士論文の執筆時の書き下ろしをもとにしている。そのほかの章は、以下の既発表論文をもとに、博士論文をまとめる際に大幅に加筆・修正したものをベースにしている。

・第3章：「コミュニティ・メディアとしての壁画――北アイルランド西ベルファストの「想像の共同体」」「エール」第二十七号、日本アイルランド協会学術研究部、二〇〇七年、一〇三―一二〇ページ

・第4・5章に関する萌芽的論文：「ベルファストの記憶と表象――壁画という媒体からみえてくるもの」『記憶

と表象から読む東アジアの二十世紀』ソウル大学社会学科・九州大学比較社会文化学府、二〇一一年七月、九八—一〇九ページ
・第6章：「紛争跡地観光に関する一考察——ベルファスト市を事例として」「比較社会文化研究」第十九号、九州大学、二〇〇六年、一二一—一三五ページ
・第7章：「壁画と二つのコミュニティ論」「エール」第二十九号、日本アイルランド協会学術研究部、二〇〇九年、一〇九—一二四ページ

本書の完成までには、本当に多くの方々のご助力をいただいた。まず、大学院の博士課程で指導教員としてお世話になった三隅一人先生には、どれほど感謝の言葉を表現すれば十分なのかわからない。いったいどのようにテーマをまとめていくつもりなのかとご心配をおかけしたが、先生は一度として研究の幅を狭めるようなかたちでの指導はされなかった。絵を対象とした境界領域的な研究方法を考えていくための大きな勇気を三隅先生からいただいたように思う。

九州大学から東京藝術大学に転任された毛利嘉孝先生には、先生のフットワークのよさによって構築された人間関係のネットワークを、惜しげもなく私に開放していただいた。毛利先生を通じて、全国の関心を共有する多くの研究者らと出会うことができ、彼ら／彼女らと交わす活発な議論や会話は大きな刺激になった。研究のネットワークを能動的に作ることの重要性を特に毛利先生から学んだように思う。

杉山あかし先生には、九州大学の大学院修士課程から博士課程を通じて、最も長い期間ご指導をたまわった。研究の進め方などに自信を失いがちなときに、しばしば相談にのっていただいた。その際杉山先生からは、メディア・スタディーズ、カルチュラル・スタディーズから社会学にいたる幅広い豊富な知識に基づいた貴重なアドバイスを多数いただいた。論文の方向性が定まらず、まだまったく原稿のかたちになっていない段階から、「おもしろいテーマだから、きちんと書けば大丈夫」と言っていただいた。この先生の言葉は本当に大きな励みと助

けになった。

学位論文の審査にあたっては、三隅、毛利、杉山諸先生のほか九州大学の阿尾安泰先生、早稲田大学の三神弘子先生からご指導をたまわった。阿尾先生からは、本書の議論の根本的な方向性に関わる大変重要な視点についてコメントをいただいた。いただいたご指摘は、本書のなかで一部改訂したが、依然として不十分であることも承知している。すぐに答えが出せそうにはないが、今後の研究での自分自身への宿題にしていきたいと思っている。

アルスター大学院留学時代に知り合った三神先生には、長年公私両面で大変お世話になってきた。三神先生からいただいた丁寧なご指導やご助言、また何げない会話からも、北アイルランドを研究することのおもしろさと難しさを学んだ。尊敬する先輩研究者の背中を遠く目で追いながらも、少しでも近づきたいという思いが、怠けがちな私を勉強に駆り立てる大きな動機になっている。

比較社会文化学府は学際的な研究・教育をおこなっていて、修士課程では古谷嘉章先生、太田好信先生、清水展先生（現・京都大学）の文化人類学のゼミに長い間参加させていただいた。これらのゼミでの議論を通じて文化人類学の基本的な考え方、おもしろさと困難さを学ぶことができた。

本書のなかでも記したとおり、現地調査では多くの人に大変お世話になった。特に壁画家のダニーに敬意と感謝を伝えたい。彼との会話から非常に多くのことを学んだ。壁画についてはもちろん、紛争地に住むということがどういうことなのか、労働者階級の人たちが何を大切にしているのか、価値観はどういうものなのかを学んだ。資本主義の原理ではない、コミュニティ内の人間関係をもとにした暮らしというものが、一部しっかりと機能していることについても知ることができた。

また、彼を通して実に多くの人と出会うことができた。アイルランド国内・海外のジャーナリスト、画家・映画監督・脚本家などのアーティスト、社会活動家、コミュニティワーカー、学校の教師、コミュニティセンターやユースセンターの担当者、企業のマネージャー、かつての革命家、政治家、研究者と知り合い、多くのことを教わった。

マーク、マーティー、ミッキー、ショニー、キアラン、ジェラルドとは、壁画の作業をしながら、お酒やコーヒーを飲みながら、壁画制作について、政治について、教育について、社会について話をした。また、壁画家の妻のデボラやドナ、母のジャネットには、バーやレストランで、ときには自宅で食事やお茶をごちそうになりながら、コミュニティ内での暮らしについて様々な話を聞かせてもらった。スペクトラム・センターのロズ、コンウェイ・ミルのスタッフの方々にも長年にわたり大変お世話になった。様々な困難を抱えたコミュニティがどうしたらよりよくなるのか、いつも真剣に考えている姿に感銘を受けた。彼ら／彼女らとの出会いと支援がなければ、本書が生まれることはなかった。

九州大学大学院に入学する以前に私が在籍したのは、アルスター大学大学院のメディア・スタディーズのコースだった。そこでは、ジョン・ヒル先生、デイビッド・バトラー先生、ダン・フレミング先生、マーティン・マクルーン先生にお世話になった。アルスター大学で受けた知的刺激が、私の研究の原点である。

アルスター大学大学院留学時代からの友人である高美哿、畑あゆみの両氏には、十年以上にわたる長期間、非常に大きな支援をいただいてきた。同じ釜の飯という言葉があるが、私にとって、この言葉で真っ先に思い浮かぶのは両氏のことである。長年にわたって切磋琢磨することができる関係をもつことができた幸運をかみしめている。

北アイルランドの壁画研究の第一人者であるアルスター大学のビル・ロールストン教授は、壁画の参与観察中などにしばしばお会いし、現地での最新情報を教えていただいた。マサチューセッツ大学のリア・ウィング氏とは、同じ時期に同じ調査地でしばしば行動をともにした。専門分野は異なっていても、関心を共有する研究者に出会えたことは、とても幸運だった。

また、ベルファストでの調査中には、在外研究で現地に滞在されていた法政大学の北文美子氏に大変お世話になった。驚くほどの博識で、何げない雑談のなかでもいつも勉強になった。北アイルランドの研究者として、尊敬する先輩であると同時に、調査が長引いて最終列車に乗り遅れると決まってベルファストの彼女の家に泊めてもらうなどプライベートでも非常にお世話になった。また、現地では、ダニエル・ベラール氏（現・東京工業大学）と北アイルランドに当時留学中だった研究者の千葉優子氏にも大変お世話になった。

九州大学の大学院の仲間には、いつも励まされてきた。大学院仲間全員のお名前を記すことはできないが、心から感謝している。非礼を承知で数人のお名前を挙げさせていただくと、稗島武氏には博士論文執筆時の草稿の段階で有益なコメントをいただいた。菅澤貴之氏、石松紀子氏にはお世話になり続けている。大学院仲間との議論によって、様々な角度から研究を考えることができた。

本書の刊行にあたっては、九州大学の出版助成（平成二十六年度九州大学教育研究プログラム・研究拠点形成プロジェクト）による支援をいただいた。厚くお礼を申し上げたい。また、出版助成の機会を利用して本書を出版することを応援していただいた、現職場の九州大学研究戦略企画室の上瀧恵里子先生、橋本幸治先生にも感謝を伝えたい。

本書の出版をお引き受けいただいた青弓社、また編集者の矢野未知生氏には何から何までお世話になった。初めての出版で不慣れな筆者に、出版に関して考えるべき点を一から丁寧に教えていただいた。また、出版助成の決定から出版まで三カ月という非常にタイトなスケジュールをお願いすることになってしまったが、非常に柔軟に対応してくださった。

本書は、本当に多くの方々からいただいた温かい支援の賜物である。しかし、内容に誤りや混乱があれば、それは言うまでもなく、私個人の責任である。今後の研究の糧にさせていただきたい。

最後に、これまで研究を継続していくなかで、家族の存在は本当にかけがえのないものであった。社会人経験を経て研究の道へ進むことを突然決めた私を忍耐強く見守り支援してくれた父と母、福井稔・聡子、夫、野口勝彦、家族に心からの感謝を伝えたい。

［著者略歴］
福井令恵（ふくい・のりえ）
愛知県生まれ
アルスター大学大学院メディアスタディーズ・コース修了（修士：International Media Studies）、九州大学大学院比較社会文化学府博士課程単位取得退学（修士・博士：比較社会文化）、現在、九州大学戦略企画室学術研究員
専攻は社会学、北アイルランド地域研究、文化研究
論文に「コミュニティ・メディアとしての壁画――北アイルランド西ベルファストの「想像の共同体」」（「エール」第27号）、「分断社会の二つの歴史と共苦――北アイルランドのリパブリカン・コミュニティとロイヤリスト・コミュニティを事例として」（「年報カルチュラル・スタディーズ」vol.2）など

紛争《ふんそう》の記憶《きおく》と生《い》きる　北アイルランドの壁画とコミュニティの変容

発行――――2015年3月31日　第1刷
定価――――4000円＋税
著者――――福井令恵
発行者―――矢野恵二
発行所―――株式会社青弓社
〒101-0061 東京都千代田区三崎町3-3-4
電話 03-3265-8548（代）
http://www.seikyusha.co.jp
印刷所―――三松堂
製本所―――三松堂

ISBN978-4-7872-3387-5 C0036